世界一のアントレプレナーシップ育成プログラム

Teaching Entrepreneurship,
Volume Two
A Practice
Based Approach

［著者］
ハイディ・M・ネック
カンディダ・G・ブラッシュ
パトリシア・G・グリーン

［監訳］
島岡未来子／朝日透／山川恭弘
［翻訳］T-UNITE＋チーム

―――――――――――

革新的事業を
実現させるための
必須演習43

―――――――――――

SHOEISHA

Teaching Entrepreneurship, Volume Two
A Practice-Based Approach
by Heidi M.Neck,Candida G.Brush,Patricia G.Greene

Japanese translation rights arranged with Edward Elgar Publishing Limited, UK
through Tuttle-Mori Agency, Inc., Tokyo

世界中のアントレプレナーシップの教育者へ。
「何を教えるか」ということと同じくらい、「どのように教えるか」が
重要であることを受け入れてくださりありがとうございます。

日本の読者の皆さまへ

　2014年に東京を訪れた際、私はこの都市に魅了され、そのパラドックスにも衝撃を受けました。驚いたことに、ドライバーたちはクラクションを鳴らしておらず、交通渋滞の中に静寂がありました。にぎやかなビジネス街の混沌の中、日本庭園に入ろうとすると、そこには静けさがありました。地下鉄のスピードは速く、観光客には少しわかりにくかったですが、乗り手は穏やかで親切でした。過去の遺物に対する敬意と、新しいビルが建ち並ぶ活気がありました。このようなパラドックスは「どちらか一方」ではなく、「両方」を表し、新たな起業活動のプラットフォームになり得ます。異質なもの、人、場所、感情、これらを1つにまとめる行為こそが、起業家精神であり、イノベーションなのです。では、今あるものを使い、斬新で価値ある方法で新しいものを生み出すにはどうすればいいのでしょうか。

　できる限り市内を周ろうとしたある日、私は様々な起業家たちで賑わう屋外マーケットの中を歩きました。私が接した起業家たちは皆、プライドと、通りすがりの地元の人や観光客に売り込む説得力の才能を兼ね備えていました。私はその市場で迷子になりましたが、振り返ると、私はわざと迷子になったのだと思います。結局、財布の中身は700円ほどしか残らず、食べ歩きで体重も少し増えました！

　その後、東京タワーの入り口に近づいたとき、小学生の集団が走っているのが見えましたが、ギリギリまで彼らが私に向かってきていることに気づきませんでした。「なぜ彼らは私に興味があるのだろう？」と思いましたが、彼らは単に、自分たちに似ていない誰かと写真を撮りたかっただけで、サイン帳にサインしてくれと頼んできたのです。お互いに、学校でも旅行でも培われる好奇心というものに深くかりたてられて、話をしました。彼らは英語を学んでいることを知り、私は初めて東京に来たこと、東京タワーを見に行くことを話しました。彼らも、見たことのある東京タワーを見るためではなく、観光客に会って英語の練習をするためにに来た

のです。「なんて勇気のある子たちなんだろう！」と思いました。タワーの頂上で再び彼らを見かけたとき、今度は私の方から一緒に写真を撮らないかと誘いました。

　東京での滞在時間は短かったですが、起業家マインドの証拠を至るところで目にしました。マーケットからタワーのてっぺんにいる子供たちまで、そこには無言の大胆さがありましたが（もうひとつのパラドックス）、驚きませんでした。日本の経済は起業家精神によって築かれたのですから。アメリカに戻って考えてみると、私は日常的にトヨタ、ソニー、任天堂、パナソニックなどに慣れ親しんでいます。起業家精神はこれら企業に宿るものではありません。人が起業家精神を持つのです。これが、私と私の執筆チームが『Entrepreneurship：The Practice and Mindset』を書いた理由です。

　アントレプレナーシップは、歴史的に、狭義的に、新しいビジネスを始めることと定義されてきました。変化を生み出し、世界を改善し、自分の人生だけでなく他の人々の人生にも変化をもたらすマインドセット、スキルセット、ツールセットを持つ個人（あらゆるタイプのアントレプレナー）には、ほとんど注意が向けられてきませんでした。このテキストでは、アントレプレナーシップに関する最新の見解が述べられています。これは、起業家精神が選ばれた一部の人だけのものではなく、すべての人に必要とされるライフスキルであるという考え方です。世界は、新しいベンチャー企業を立ち上げる人たちからだけでなく、起業家的な行動をとる全ての人たちからも恩恵を受けるでしょう。私たちは起業家的な世代に生きているのであり、すべての学生は、新しいアイデアを生み出し、試し、不確実な環境を切り抜け、行動するために学ぶのではなく、学ぶために行動することに慣れなければなりません。

　本書を日本語に翻訳していただき、光栄で身が引き締まる思いです。私にとっては、私の仕事が日本の起業家教育運動に貢献することを意味して

います。この本を読み、実践する皆さんが、やがて日本のスタートアップやイノベーションのエコシステムを積極的に創造し、貢献する存在になることを期待します。起業家としての過去の歴史、峻厳な伝統、多様な国民性、そしてすべてを再定義する新しい世代のエネルギーを組み合わせることで、日本は＿＿＿＿＿＿＿＿するのに適した位置にいるのです。私はわざと空欄を入れました。空欄を何で埋めるのかは、本書を読み終えた皆さん次第です。

　日本の新しいムーブメントのほんの一部でも携わることができたことに、あらためて感謝します。
　謝意をこめて。

2023年11月　ハイディ・M・ネック

監訳者まえがき

本書は、『Teaching Entrepreneurship, Volume Two: A Practice-Based Approach』の日本語版です。原書は、アントレプレナーシップ教育で世界的に名高いバブソン大学のハイディ・M・ネック教授らが編纂したものです。

監訳者のうち2名が所属する早稲田大学は、バブソン大学が展開するバブソン・コラボラティブのメンバー大学であり、教育や研究面において様々な連携を行ってきました。例えば、2021年に本学が主幹機関として採択された、国立研究開発法人科学技術振興機構（JST）「社会還元加速プログラム（SCORE）大学推進型（拠点都市環境整備型）」では、『Tokyo United Network for Innovation with Technology and Entrepreneurs (T-UNITE)』の名のもと、「起業家育成プログラムの指導・支援人材の育成プログラム」を展開しました。その一環として、バブソン大学とプログラムを共同開発し、実施しています。

訳者は、この流れを汲み、主として本成プログラムの共同機関からの参加者で構成しました。また、我々は、本書で紹介されている手法は高校生らにも十分展開可能であるものを含むと考えており、現場でアントレプレナーシップ教育に取り組む高校教員にも翻訳に参加いただきました。そのため、翻訳チーム名を「T-UNITE＋」としています。

バブソン大学Jean Ann Schulte氏、渡邊哲氏ら、様々な関係者のご支援やご協力により、本書が出版に至ったことを深く感謝申し上げます。日本では、アントレプレナーシップ教育に携わる指導者の養成が急務な課題です。バブソン大学におけるアントレプレナーシップ教育の粋が凝縮した本書を活用し、まずはできるところから、一緒に実践いただければ幸いです。

2023年11月　監訳者一同

ハイディ・M・ネック博士は、バブソン大学の教授兼ジェフリー・A・ティモンズ・アントレプレナー研究教授です。ネック博士は、バブソン・アカデミーのアカデミック・ディレクターです。同アカデミーは、バブソン大学内の専門機関であり、大学がアントレプレナーシップについて指導し、アントレプレナーシップ教育エコシステムを構築する方法に変革をもたらしています。バブソン・アカデミーは、ネック博士によるバブソン・コラボラティブ（アントレプレナーシップ教育能力の向上を図る大学のためのグローバルな機関会員制の団体）の立ち上げ、バブソン大学のシンポジア・フォー・アントレプレナーシップ・エジュケーターズ（SEE）（世界各地の教員陣が、アントレプレナーシップの指導やアントレプレナーシップ・プログラムの構築に関する技術や技能をさらに磨くことができるようにするためのプログラム）における博士のリーダーシップに基づいています。

受賞歴のある教員兼著者であるネック博士による教科書『Entrepreneurship: The Practice and Mindset』(2017)は、Sage Publishingの2017年ブレークスルー・ブック賞、テキストブック&アカデミック・オーサーズ・アソシエーション（TAA）の2018年モスト・プロミシング・ニュー・テキストブック賞を受賞しており、現在第2版（2020年）が刊行されています。

ネック博士は、『Teaching Entrepreneurship: A Practice-Based Approach』(Edward Elgar Publishing) の共著者です。同書は、教員がアントレプレナーシップについてより経験的・参加的な形で指導する助けとなるよう執筆されたものです。近著『The IDEATE Method』(Sage 2020)は、アントレプレナーになったばかりの人々が有望なビジネスアイデアを特定する助けとなるものです。ネック博士は、アカデミー・オブ・マネジメントや米国中小企業・起業協会（USASBE）などの国際的団体から優れた教授法とコース設計を評価されています。高等教育におけるアントレプレナーシップ教育の新境地を開拓したとして、シュルツェ・ファンデーションとアントレプレナー・アンド・イノベーション・エクスチェンジは、ネック博士に2016年「アントレプレナーシップ・エジュケーター・オブ・ザ・イヤー」賞を授与しました。

ネック博士は、アントレプレナーシップ教育の推進に特化した学術機関であるUSASBEの代表を過去に務めました。また、アントレプレナー的なマインドセットの育成や社会変革手段としてのアントレプレナーシップの前向きな力の受容について世界中で講演、指導しています。学術分野での職務に加え、ネック博士はコンサルタント、アントレプレナー、取締役、投資家でもあります。博士はコロラド大学ボルダー校で戦略経営・アントレプレナーシップ博士号を取得しました。また、ルイジアナ州立大学でマーケティング学士、コロラド大学ボルダー校でMBAを取得しました。

カンディダ・G・ブラッシュ教授は、フランクリン・W・オーリン・アントレプレナーシップ教授兼バブソン大学ダイアナ国際研究所の主任を務めています。教授は、アントレプレナーシップ研究の草分けの1人であり、女性アントレプレナーに関する米国初で最大規模の研究の1つを実施しました。教授は、経済協力開発機構(OECD)、グローバル・アントレプレナーシップ・モニター(GEM)、ゴールドマン・サックス財団の報告書の共著者を務め、ダボスで開催される世界経済フォーラムや米国商務省において自身の研究を発表しています。

ブラッシュ教授は、アントレプレナーシップに関し、書籍14冊を含む180を超える出版物を執筆するとともに、同分野で最も被引用回数が多い研究者の1人です(hi10index：160)。教授は、ダイアナ国際プロジェクトの共同創始者です。同プロジェクトは、600人超の研究者による共同研究で、世界各地の成長志向の女性アントレプレナーについて調査しています。2007年、ブラッシュ教授は、グローバル・コンソーシアム・オブ・アントレプレナーシップ・センターズから21世紀のアントレプレナーシップ研究者に認定され、2015年にはバブソン大学アントレプレナーシップ研究コンソーシアムへの貢献から終身会員資格が授与されました。また、USASBEと中小企業研究国際協議会(ICSB)から生涯功労賞を受賞しました。

ブラッシュ教授は、アントレプレナーシップ指導に関する教育者向けのベストセラー『Teaching Entrepreneurship: A Practice Based Approach』の共著者です。「Entrepreneurship Theory and Practice」誌の上級編集委員や、他にも複数の編集審査委員会のメンバーでもあります。最近の研究対象は、新興ベンチャーに対するエンジェル投資家による資金提供や、女性アントレプレナーに対するベンチャーキャピタルによる資金提供です。

ブラッシュ教授は、Anchor Capital Advisors, LLC、Clarke's Organics(ドミニカ共和国)の取締役、Boston Harbor Angels投資グループのメンバーであり、成長性の高い女性アントレプレナーを支援する投資ファンドPortfoliaに参加しています。そのほか、スタートアップ・ベンチャー数百社に対し、コーチングや助言を行っています。ブラッシュ教授は、バブソン大学のグローバル・アントレプレナリアル・リーダーシップ副総長や学部長を歴任しました。また、ボストン大学の博士号、スウェーデンのヨンショーピング大学の名誉博士号を保有しています。ブラッシュ教授は、ノルウェー・ボーデのノード大学ボーデ大学院、アイルランド共和国・ダブリンのダブリン・シティ大学で客員教授を務めています。

パトリシア・G・グリーン博士は、バブソン大学の名誉教授です。2017年から2019年にかけて、米国労働省女性局の第18代局長を務めました。それ以前には、バブソン大学ポール・T・バブソン・アントレプレナー研究教授を務め、同大学では総長（2006年〜2008年）、学士課程の学長（2003年〜2006年）を歴任したほか、ミズーリ大学カンザスシティ校（UMKC）ユーイング・マリオン・カウフマン／ミズーリ・アントレプレナー・リーダーシップ教授（1998年〜2003年）、ラトガーズ大学ニュージャージー小企業・アントレプレナーシップ教授（1996年〜1998年）を歴任しました。グリーン博士は、テキサス大学オースティン校で博士号を、ネバダ大学ラスベガス校でMBAを、ペンシルベニア州立大学で学士を取得しました。また、ラトガーズ・センター・フォー・アントレプレナリアル・マネジメントの創設者の1人であり、ラトガーズ・アントレプレナーシップ・カリキュラムのコーディネーターを務めました。UMKCでは、KCソースリンク、アントレプレナリアル・グロース・リソース・センター（EGRC）、iStrategyスタジオ、ビジネス・アンド・インフォメーション・ディベロップメント・グループ（BRIDG）とアントレプレナリアル・エフェクトの創設を後押ししました。

グリーン博士は、ゴールドマン・サックスの「10,000 Small Businesses」創設時の全国アカデミック・ディレクターであり、バブソン大学のスタッフによる課程カリキュラムの設計、作成、展開を指導し、全米の参加コミュニティー・カレッジのスタッフに対し研修を行うとともに、品質管理システムを管理していました。さらに、ゴールドマン・サックスの「10,000 Women」イニシアチブのグローバル・アカデミック・ディレクターも務めました。

グリーン博士の研究分野はアントレプレナーのリソースの特定、獲得と組み合わせで、特に女性とマイノリティーのアントレプレナーによるものを対象としています。博士は、女性とベンチャーキャピタル産業に重点を置いた研究グループであるダイアナ・プロジェクトの創設メンバーでもあります。2007年、ダイアナ・プロジェクトはSFS-NUTEK賞を受賞しました。同賞は、アントレプレナーシップに関連し、卓越した質と重要性を備えた科学的研究を実施する人々を評価するものです。アントレプレナーシップ教育に関する著書もあり、『Entrepreneurship Education』（M・ライスと共編）や、『The Development of University-Based Entrepreneurship Ecosystems: Global Practices』（M・フェターズ、M・ライス、J・バトラーと共編）などが挙げられます。

グリーン博士は、中小企業庁（SBA）中小企業開発センターの全国諮問委員会の連邦政府指名委員、女性ビジネス研究センターの理事長、AACSBのアントレプレナーシップ・アフィニティ・グループ運営委員会共同委員長を歴任しました。

マット・アレン、准教授（アントレプレナーシップ）

ラクシュミ・バラチャンドラ、准教授（アントレプレナーシップ）

ローレン・バイテルシュパッハ、准教授（マーケティング）

カンディダ・G・ブラッシュ、F・W・オーリン・アントレプレナーシップ特別教授

デニス・J・セル、上級講師（アントレプレナーシップ）

レス・チャーム、上級講師（アントレプレナーシップ）

アンドリュー・C・コーベット、ポール・T・バブソン・アントレプレナー研究特別教授

エリアナ・クロシナ、助教（アントレプレナーシップ）

キャロライン・ダニエルズ、上級講師（アントレプレナーシップ）

スーザン・G・ダフィ、センター・フォー・ウィメンズ・アントレプレナリアル・リーダーシップ・エグゼクティブ・ディレクター

メアリー・D・ゲイル、上級講師（アントレプレナーシップ）

ウィリアム・B・ガートナー、ベルタレリ財団ファミリー・アントレプレナーシップ特別教授

ブラッドリー・A・ジョージ、准教授（アントレプレナーシップ）

ベス・ゴールドスタイン、非常勤講師（アントレプレナーシップ）

パトリシア・G・グリーン、名誉教授（アントレプレナーシップ）

アントネット・ホー、バブソン大学MBA（2017年度）、アントレプレナー課程元アソシエイト・ディレクター

アリサ・ジュノ＝チャールズ、助教（アントレプレナーシップ）

ドンナ・ケリー、フレデリック・C・ハミルトン自由企業研究教授

フィリップ・H・キム、ルイス・ファミリー社会イノベーション特別教授

シェリル・カイザー、ルイス・インスティテュート＆バブソン・ソーシャル・イノベーション・ラボ・エグゼクティブ・ディレクター

デビ・クレイマン、アーサー・M・ブランク・センター・フォー・アントレプレナーシップ元エグゼクティブ・ディレクター

シンディ・クライン・マーマー、ジョン・E・アンド・アリス・L・バトラー・ローンチ・パッド准教授

ハイディ・M・ネック、ジェフリー・A・ティモンズ・アントレプレナー研究教授

エリック・A・ノイス、准教授（アントレプレナーシップ）

アンジェラ・F・ランドルフ、助教（アントレプレナーシップ）

ヴィッキー・L・ロジャーズ、教授（数学・科学）

キース・ローラグ、教授（経営）

ローリ・ユニオン、インスティテュート・オブ・ファミリー・アントレプレナーシップ・ナルセン・ファミリー・エグゼクティブ・ディレクター

ベス・ウィンストラ、助教（人文科学）

アントン・ヤクシン、バブソン大学卒業生（2008年度）・Venture Blocks最高経営責任者（CEO）

山川恭弘、准教授（アントレプレナーシップ）

アンドリュー・ザカラキス、ジョン・H・マラー・ジュニア・アントレプレナー研究教授

CONTENTS

第 **1** 章 / 『世界一のアントレプレナーシップ
育成プログラム』へのはしがき

第 **2** 章 / アントレプレナー的な指導を
しているか —— 自己評価

第 **3** 章 / 「遊び」の実践演習

第 **4** 章 ╱ 「共感」の実践演習

第 **5** 章 ╱ 「創造」の実践演習

『世界一のアントレプレナーシップ育成プログラム』へのはしがき

『世界一のアントレプレナーシップ育成プログラム』へのはしがき

■ ハイディ・M・ネック、カンディダ・G・ブラッシュ、パトリシア・G・グリーン

　教育者としての私たちの役割は、受講生のアントレプレナーシップを引き出し、実践のマインドセットを養成し、実践を起こせる環境をこれまで以上に作り出すことにあります。そうすることで、受講生は、行動志向を新たに見出し、行動を通じて学ぶことを理解し、曖昧性にも不安を覚えることなく、よりアントレプレナー的な人生を送ることができます（Neck et al., 2014, p. 1）。

　2014年、私たちは『Teaching Entrepreneurship: A Practice-Based Approach』第1巻を出版しました。同書は、より経験的なアントレプレナーシップ教育を求める世界中の声に直接応えたものです。そうした声の多くは「アントレプレナーシップを習得するためには、アントレプレナーシップを実践しなければならない」という考えを反映したものです。第1巻は非常に好評で、売上記録を更新したほか、スペイン語と中国語に翻訳されました。また、教育者からは圧倒的に好意的な反応が得られました。これは、同書がアントレプレナーシップを学ぶ受講生にとって、より経験的かつ参加的な学習環境を作り出すために大いに必要とされていたリソースを提供したからです。このことは、私たちの責務は当時も今もアントレプレナーシップの教育者として、指導内容だけでなく指導**方法**についても重点を置く必要があるということを示しています。このために、第1巻では、アントレプレナーシップ教育に関連する鍵となる5つの実践を提示しました。すなわち、遊び、共感、創造、実験と省察です。これは受講生がアントレプレナー的に考え、行動することと直接的に関連します。そして、これらの実践に関係する演習を提示しました。

第1巻を執筆したときには、従来とは異なるアントレプレナーシップ指導方法が定着しつつありました。これらのアプローチは、アントレプレナーシップを**実践**し、アントレプレナー的に**行動**、あるいはアントレプレナーらしくなることが極めて重要であるということに基づいていました。この間、リーン・スタートアップ（Ries, 2011; Blank, 2013［2020］; Blank and Dorf, 2012［2020］）とデザイン思考（Dunne and Martin, 2006; Brown, 2009; Sarooghi et al., 2019）が米国の西海岸で誕生しました。東海岸ではアントレプレナー的思考と行動（Greenberg et al., 2011; Schlesinger and Kiefer, 2012）と、規律あるアントレプレナーシップ（Aulet, 2013）が誕生しました。エフェクチュエーション理論（Sarasvathy, 2008）は世界中で受容されましたが、欧州で最も普及しました。2014年に初めて第1巻を出版して以降に誕生した大半のアントレプレナーシップ教育のアプローチに共通するテーマは、次の通りです。すなわち、不確実性を受け入れ、曖昧性に直面しても前進し、学ぶために検証し、実践の中で、また実践について省察するために、アントレプレナーシップには「アントレプレナー的行動を裏付ける学習モデルとしての実践に基づくアプローチ」（Neck et al., 2014, p. 13）が必要だということです。アントレプレナーシップ教育の分野が、実践という幅広くも強力なテーマにまとまり、教育者としての私たちの指針となるとともに、1つの分野として差別化されることは素晴らしいことです。本書の出版以降、高い評価を受けている Neck et al.'s（2020）の教科書『Entrepreneurship: The Practice and Mindset第2版』が広く採用されることになりました。これは、同書が、実践とマインドセットとしてのアントレプレナーシップを支持し、前述のあらゆるアプローチの枠組みを利用しているからです。私たちは、アントレプレナーシップを指導し、学習するにあたり、唯一かつ最善の方法は存在しないということを喜んで認めたいと思います。

　私たちは、アントレプレナーシップ教育の5つの実践、すなわち遊び、共感、創造、実験と省察（図1.1）を初めて導入して以来、その普及ぶりに

身が引き締まり、フィードバックに元気付けられ、自分たちの思考について評価してきました。本書は、第1巻に関する省察であるとともに、その延長線上にあります。本書の目的は第1巻と変わりません。私たちは、特定の実践セットに根ざした行動に基づく方法を利用して、あらゆる受講生に対するアントレプレナーシップ教育を推進したいと考えています。第1巻では、5つの実践を裏付ける理論について掘り下げ、実践に関連した42の指導演習を提案しました。本書では、5つの実践について端的に振り返り、アントレプレナーシップ教育に関する最新の思想を取り上げ、そして何より重要なことに、5つの実践に関係する43の新たな演習を提案しています。バブソン大学の同僚29人とともに、私たちは詳細な指導メモを備えた多様で実験的な新しい演習群を紹介し、教育者が5つの実践を活用してアントレプレナーシップをよりアントレプレナー的に指導する上で役に立てることを楽しみにしています。また、第1巻同様、各演習はすでに受講生による検証を行っており、多くはオンライン環境に適応可能です。私たちが把握する範囲では、検証において差し支えのあった受講生はいませんでした。

図 1.1　アントレプレナーシップ教育における5つの実践

また、私たちは、2014年に第1巻を出版して以来、5つの実践の重要性は高まったと考えています。5つの実践を身に付け、より頻繁に応用する中で、受講生の間でアントレプレナー的マインドセットを養成する上で5つの実践は関係があり、貢献していることをますます認識するようになりました。その結果、アントレプレナーシップ教育に関する最新研究は、2014年よりも、私たちの取り組みを一層裏付けるものになっていると結論付けました。

▌アントレプレナーシップ教育と
　アントレプレナー的マインドセット

　アントレプレナーシップは時間をかけて学べることが研究結果から裏付けられています（Busenitz and Barney, 1997; Sarasvathy, 2008）。一方で、私たちの受講生のような、なりたてのアントレプレナーがアントレプレナーシップを持ち、機会を特定し機会を活用するために必要なマインドセットを養成するには、実践と経験が必要だということも広く受け入れられています（Baron and Ensley, 2006; Baron and Henry, 2010; Cohen et al., 2020a; 2020b）。過去7年間のアントレプレナーシップ教育に関する研究の結果、アントレプレナー的マインドセットという概念が、ビジネス・非ビジネス等分野を問わず最も望ましい学習成果として取り上げられるようになりました。しかし、アントレプレナー的マインドセットに関する単一の、統一的な定義や測定方法については、これまでのところ研究者たちの中で結論に至っておらず、研究と学術的対話が盛んな素晴らしい分野となっています（Haynie et al., 2010; Davis et al., 2016; Neck and Corbett, 2018; Kuratko et al., 2020）。

　早期教育における学生のマインドセットに関する代表的な研究者であり、スタンフォード大学の心理学教授であるキャロル・ドゥエックは、学生の自己認識が意欲と成果に大きな影響を及ぼすと主張しており（Dweck, 2012）、「マインドセットは、人々の頭の中で作動している計算を形作って

いる」と述べています（Dweck, 2015, p. 25）。このような私たちの世界観に関するマインドセットについての認識はうなずけるものです。というのも、私たちが認識する世界において、観察し、解釈し、決断する際に、中身のない透明な額縁に似たそのマインドセットの枠組みの中からのぞき見ているからです。であれば、問題はどうすれば今のマインドセットから脱却し、よりアントレプレナー的マインドセットに移行できるのか、ということになります。もしかしたらアントレプレナー的マインドセットは測定可能なはっきりした状態として捉えるのではなく、「マインドシフト」すなわちある段階の思考、行動、状態から次の段階に移ることとして捉えるべき問題なのかもしれません。そうすると、重要な前提となるのが、受講生によって出発点と到達点が異なるかもしれないということです。実際の思考が何であるかということよりも、思考の**変化**がより重要になります。結果としての変化は、受講生の判断により、感覚的に測られることになるかもしれません。

　私たちは、アントレプレナー的マインドシフトの概念を、受講生の現在のマインドセットがよりアントレプレナー的なものへと移行することとして捉えていますが、そのためには実践が必要になります。すなわち「新たな機会を発見または創造する能力と、その機会を活用する勇気とを組み合わせるような、思考、行動と状態の在り方」（Neck et al., 2020, p. 3）への旅が必要となるのです。受講生の中でマインドシフトの変化を生み出すために必要な訓練は、私たちが第1巻で導入し、本書でも引き続き強調している、実践に基づく方法を教育者が活用することで促進することができます。もっとも、実践に基づく方法は、私たちが教育者として実際に行う中でアプローチが発展してきたことにより拡張されています。私たちは、教育者が指導中に5つの実践を活用すれば、受講生は現在の思考法からよりアントレプレナー的思考法に移行し、新たな機会を活用するために必要な勇気と自信を培うことができると主張します。

アントレプレナーシップ教育の実践・再検討[1]

『Teaching Entrepreneurship』第1巻は、「アントレプレナーは、不確実性や曖昧性の高い状況下で行動を起こす自信と勇気を得るために、アントレプレナー的になる実践を行っている」という考え方に基づいています。この前提は、本書にも適用されています。私たちは、アントレプレナー的教育者として、アントレプレナーシップ教育の5つの実践に根ざした教育法を通じてアントレプレナーの育成を推進することが可能です（図1.1、18ページ）。それぞれの実践は、各分野の実行可能な理論に基づいており、共に文脈を問わないアントレプレナー的な思考・行動法を構成しています。

実践理論（Practice Theory）（cf. Giddens, 1984; Bourdieu, 1990; Pickering, 1992; Rouse, 2007）は、特定の種類の学習活動は、「実践に関する理解を深めるが、それは実践から、実践を通じて得られるものであり、実践の代わりとなるものではない」という考えに基づいています。アントレプレナーシップ研究において実践理論を活用することへの関心は高まってきました（Chalmers and Shaw, 2017; Antonacopoulou and Fuller, 2020; Thompson et al., 2020）が、これまでのところ、重点はアントレプレナーが物事を成し遂げる方法に関する実践に置かれてきました。私たちの実践に対するアプローチはより従来的なもので、習慣を身に付けるために行動を重視するというものです。特に、そうした習慣がよりアントレプレナー的な考え方と在り方を身に付けることに関連する際に重視されます。さらに、私たちは「職業を構成する種類の活動と相互作用を実行すること」（Billett, 2010, p. 22）という実践の定義に基づき、アントレプレナーシップ教育に対する実践に基づくアプローチを推進するため、発見された主要な理論的テーマ（Rouse, 2007）を活用しています。

1　本節は『Teaching Entrepreneurship: A Practice-Based Approach』第1巻（Neck et al., 2014）の実践に関する内容を要約したものです。

1. 実践とは、社会の規則と規範が適用される有意義な活動のことです。
2. 実践は、文化を創造し、社会構築のプラットフォームの役割を果たします。
3. 実践は、他者および／または環境との継続的な交流を必要とし、それを通じて、実践における知識構造とマインドフルネスが拡張します。
4. 実践は、言語、枠組み、道具と共通の経験を活用することで、参加者の間で共通の意味を生み出します。
5. 実践は、行動と思考法の双方において習慣を生み出します。

　アントレプレナーシップ教育には、唯一の実践というものはありません。複雑で学際的なアプローチが必要なため、私たちが提案する実践のポートフォリオは、受講生がよりアントレプレナー的に思考し、行動する助けとなるように望ましい成果を伴う、より総合的な指導法に通じるように設計されています。その結果、アントレプレナーシップ教育には5つの中核的な実践があります。すなわち、遊びの実践、共感の実践、創造の実践、実験の実践と省察の実践です。第1巻では、5つの実践を裏付ける理論について掘り下げました。それぞれの実践の概要は次の通りです。

▍遊びの実践

　「遊びの実践とは、自由で想像力豊かな心を育み、多くの可能性、多数の機会、そしてアントレプレナーらしくなるためのより革新的な方法への道筋が見えるようにすることです」（Neek et al., 2014, p. 25）。学生だけでなく、私たち**全員**にとって、学ぶのに最適なのは非常に熱中しているときであり、より熱中するのは、通常、遊び心を持って楽しんでいるときです。しかし、「楽しみ（fun）」や「遊び（play）」という言葉が高等教育と結び付けられることは多くはありません。皮肉なことに、遊びと教育の関係があま

りにタブーとされているため、もっぱら教育目的のゲームであることを示すために、ゲームカテゴリー全体を「シリアスゲーム」（Abt, 1970）と表記しなければなりませんでした。私たちは、「学びが本領を発揮するのは、大真面目かつ非常に遊び心あふれるときである」という Kafai（1995）の考え方に同意します。

　遊びには、認知レベルの異なる3つの形態があります。

　第1に、**社会劇遊び**（sociodramatic play＝ごっこ遊び）は想像力と空想に基づいています。新たな機会を得るために平凡なアイデアを魔法のようなアイデアへと変える創造的な演習を通じてアントレプレナーシップを学ぶ人々を導きます。第2の**機能遊び**（functional play）には環境との相互作用が必要です。例えば、有名なビジネスモデルキャンバス（Osterwalder and Pigneur, 2010）を取り上げてみましょう。第1巻では、ビジネスモデルキャンバスの9つの要素を用いたカードゲームを紹介しました。受講生のチームには、9枚のカード1組が配られ、それぞれのカードにはビジネスモデルの要素が1つ記載されています。チームは、時間の制約がある中で、それぞれの要素について重要度が最も高いものから最も低いものへと並べるように求められます。受講生がカードを物理的に動かし、ビジネスモデルキャンバスの各要素について話し合いながら、「正しい」順序を巡って他のチームと競争することから、この種類のカードゲームは機能遊びの例として挙げられます。第3の**構成遊び**（constructive play）では、受講生に対し、構築し、創造し、問題解決を促します。第1巻で説明した「マシュマロタワー」や、本書の「バブソン航空機会社」は構成遊びの例です。受講生は、様々な素材を用いて解決策を構築し、検証します。

　これらの三形態の遊びは、受講生に対し、受け身の姿勢で学ぶよりも、アントレプレナーシップの概念と物理的に関わることを促します。受講生を遊び心ある学習体験に関与させることが、受講生を安心領域から脱却させ、恐怖を克服するという達成困難な成果につなげる可能性もあります。

しかし、私たちにとって、アントレプレナーシップ教育において遊びを用いることは、文化の構築でもあります。というのも、私たちのコースでは、堅固な学習コミュニティをデザインする意図をもって取り組んでいるからです。

▌共感の実践

共感とは、「他者の感情、事情、意図、思考とニーズを感じ取り、理解する助けとなる社会的・感情的スキルであり、機微で、鋭敏で、適切なコミュニケーションや支援を提供することができる」(McLaren, 2013, p. 11) ことです。共感を磨く経験やシナリオを作り出すことで、時間をかけて培うことができます (Kouprie and Visser, 2009)。Preston and de Waal (2002) は、共感は、例えば、親しみやすさ、類似性、過去の経験や顕著な特徴により増加するということを発見しました。これは、共感を培うには実践が必要だという考えを裏付けるものです。

共感の実践は、主に2つの理由から、アントレプレナーシップ教育において重要です。第1に、受講生は、自分がなりたいと望むアントレプレナーの人生を理解することで共感を培う必要があります。第1巻で提示した「アントレプレナーにインタビューする」演習は、受講生が、自身のアントレプレナーになる能力を評価しつつ、現役のアントレプレナーに対する共感を養う上で役に立ちます。第2に、共感により、受講生は、アンメットニーズ[2]を特定するために、ステークホルダーとより意味のある、確かな方法でつながることができます。アンメットニーズは、新たな製品、サービス、組織に先立つものです。本巻の「AEIOU法による観察」演習は、受講生に対し、食料品店であれ、スポーツイベントであれ、平和

2　アンメットニーズ：（顧客の）声にならない声や満たされない潜在ニーズ

的な抗議活動であれ、Zoomのミーティングであれ、特定の環境において何が起きているのかを見て、聞いて、感じることを促します。アントレプレナーシップ教育においてデザイン思考が普及していること（Hug and Gilbert, 2017; Sarooghi et al., 2019; Dunne and Martin, 2006）は、共感を培うことが私たちのコースに盛り込むべき非常に重要な実践であることの証拠です。IDEOによるデザイン思考の3フレーズ、すなわち、着想、概念化と実現（Brown, 2008）は、第1巻で使用した多くの演習で役に立ってきたのは確かです。読者の皆さんは、本書の演習の一部においてこれらのテーマが引き続き用いられていることに気付くでしょう。

創造の実践

創造の実践は、必要だと思われることに基づいた制約により作らないのではなく、持ち合わせているもので価値あるものを作るという受講生の創造力を開放することに関するものです。エフェクチュエーション理論（Sarasvathy, 2008）、創造理論家（Amabile, 1983, Csikszentmihalyi, 1996; de Bono, 1985）に着想を得ています。この実践は多面的で、機会の創造と発見、問題解決、機会領域の探索、アイデアの創造、世間に対して全般的に開かれた態度を取ることが含まれています。エフェクチュエーション理論（2001, 2008, 2012）は、理想的な出発点です。エフェクチュアルなアントレプレナーは、単に機会を発見したり探したりするだけではなく、機会を創造するからです。機会創造の実践の展開は、以下の原則に基づいています（Sarasvathy, 2008; Dew et al., 2009; Neck, 2010; Schlesinger and Keiffer, 2012）。

1. *他の何よりも行動する欲求が先立ちます。* 貪欲な学びへの欲求、飽くなき好奇心、揺るぎない活力がなければ、長期的に機会を維持し形成することは困難です。

2. リソースがないように思われることは、行動しないことを正当化する上でよく使われる言い訳です。創造は、**必要なものではなく、持っているものから始める**ことを受講生に求めます。エフェクチュエーション理論は、受講生に3点の基本的な質問に答えるように促します。すなわち、「自分は何者か」「何を知っているのか」「誰を知っているのか」というものです。これらの質問への回答は、受講生が、直ちに何かを始める上で、持ち合わせている個人的な資産を計算する上で役に立ちます。行動を通じて、リソースとそれに続く機会が、時がたつにつれて、成長していくでしょう。

3. (売り込んだり、ピッチしたりするのではなく)**他者をアイデアに巻き込む**ことは、競争よりも協働を必要とします。アイデアを共有し、関与するステークホルダーのネットワークを構築することは、最終的には、リソースの基盤を拡大し、アイデアを実証し、利用可能な可能性を広げることにつながります。

4. 前進するために**失っても構わないと思うもの (許容可能な損失) を計算すること**は、変動性の高い内部収益率を推計することよりもパワーになるものです。最初の小さなステップにはほとんどコスト (資金、時間と評価) がかかりませんが、かけがえのない自信を築きます。

5. **失敗することを予想し、活用しましょう。**アントレプレナーシップの教室では、Fから始まる単語 (Failure：失敗) は無視されがちですが、失敗は避けられるものではなく、当然のことです。失敗から学ぶことは当たり前ですが、どのように学ぶかについては「一度手を出したら最後、悪化の一途をたどる」です。創造の実践においては、主に小さな行動を参照するため、小さな失敗を参照することになります。したがって、失敗から学び、その新たな知識を活用することが重要です[3]。

---

3 Shepherd (2004) は、より深刻な種類の失敗を取り上げ、学生に対しビジネスの失敗に対処する手助けをする方法の興味深い例を提示しています。Shepherdは、死と悲嘆に関する教育の理論を取り入れています。

この5つの要素は、受講生に対し、曖昧性や不確実性が極端な状況下において、不完全な情報を基に、新たな価値あるものを作るために行動するように促します。さらに、恐怖や制約と考えられるものなど、創造力の障害となるものを克服します。

　本書では、創造のカテゴリーで8つの新たな演習を紹介しますが、本書の多くの演習が、複数の実践に同時に関連します。例えば、本書では、第1巻で人気の演習「パズルとキルト」をオンライン授業用に作り直しました。本書の「パズルと物語」は遊びの実践に分類されますが、学生に創造の実践を経験させ、マネジャー思考と、Saras Sarasvathy のエフェクチュエーションに関する著作で示されたアントレプレナー思考の違いを浮き彫りにしているのは明らかです。

▍実験の実践

　アントレプレナーシップ教育での実験は、問題解決型学習（Barrows, 1985）、エビデンスに基づく学習（Howard et al., 2003）とセンスメイキング（Weick, 1995）に関連した理論を借用しています。問題解決型学習は学習の刺激としての認知的葛藤を引き起こし、エビデンスに基づく学習は、往々にして不完全な既存の情報を新たな知識を生み出す出発点として用いることを促します。そして、センスメイキングは、問題解決型学習とエビデンスに基づく学習を組み合わせたものです。受講生が自らの行動に対し、環境の文脈の中で「意味を理解（メイクセンス）」し、「意味を与える」からです。Weick（1995, p. 50）によると、センスメイキングとは、「起きたことについて秩序を作り、後から意味を理解する取り組みから生まれる現在進行形の成果」のことです。そのため、方法を問わず、実験を通じることで受講生は行動し、その行動から学び、学んだことを次の反復に組み込むことを促されます（Schlesinger and Kiefer, 2012; Neck et al., 2020）。

実験の実践は、学生が行動や応用の前に学習するのではなく、学習するために行動することとして説明することが最もふさわしいでしょう。バブソン大学のシンポジウム・フォー・アントレプレナーシップ・エジュケイターズで教わる同大学の Entrepreneurial Thought & Action® (ET&A®) の方法 (Schlesinger and Kiefer, 2012; Neck et al., 2020) などのツール、リーン・ローンチパッド (Blank and Dorf, 2012 [2020]; Blank, 2013 [2020])、ビジネスモデルキャンバス (Osterwalder and Pigneur, 2010)、イノグラファー・ツールキット (Bruton, 2020) は、いずれも実験を通じて行動し、建物から外に出て、新たな概念を検証するため、Google 検索や大学の豊富なデータベースに頼るのではなく、新しく本当の情報を収集することを求めています。あらゆる新たなアイデアや機会には、それに関連する想定と疑問が伴います。実験の実践は、受講生にあらゆる想定を検証し、あらゆる疑問に答えるように促します。

　説得力ある実験には、明確な目的が備わっており、信頼できる結果を生むはずです。第1巻の「市場テストを発展させる」演習は、小さなことから検証し、大きく発展させる方法を受講生に指導する明確な例です。このトピックの重要性に鑑み、本巻にはこの演習を若干改定したものを盛り込みました。

　私たちは、実験の定義を拡張し、受講生が新たなトピックに取り組み、新たな概念を試すことを含めるようにしています。例えば、アントレプレナーシップへのアプローチとして、私たちはジェンダー感覚とジェンダーの差異に関するロールプレイを取り上げています（304ページ「6-1　包摂的なアントレプレナーのリーダーシップ能力としてジェンダー感覚を涵養する」を参照）。さらに、サプライチェーンにおける小さな変化が、環境に対する悪影響を軽減し得ることを見ていきます（334ページ「6-4　サプライチェーンのイノベーションによって生態系への影響を軽減する」を参照）。

省察の実践

最後にあたる省察の実践は、18ページの図1.1の中心に位置しています。これは、省察の実践が他の実践を結び付け、充実させるからです。省察の実践にはメタ認知、すなわち学習内容を体系化するための思考に関する思考の実践（Schraw and Dennison, 1994）が必要です。これまでの実践の全てが行動志向であったことを踏まえると、省察は、ここではさらなる活動として用いられていますが、遊び、共感、創造と実験の実践で必要なその他の活動の理解を助ける行動としても用いられています。

この実践の理論的基礎は、Schonの省察的実践家に関する著作（1983）と、Brockbank and McGill（2007）による高等教育における緻密で厳格な省察の扱いにあります。省察の目的は、表面的な学習を越えて、深い学習、すなわち「学習に対する積極的なアプローチであり、重要な点を把握し、関係性を築き、結論を導き出すこと」（Brockbank and McGill, 2007, p. 42）で、アントレプレナーシップを学ぶ受講生が、「自らが学びの主体であることを感じられる」（Marton, 1975, p.137）ようにすることです。Schonは、「実践に関する省察」と「実践における省察」を、経験から学び経験において学ぶ持続的サイクルにとって重要なものとして取り上げています。Brockbank and McGill（2007, pp.126-7）とNeck et al., （2014）による改訂版は、次の6つの異なる種類の省察を提示しており、これは第1巻に盛り込んでいます。私たちは当時、また現在もそうですが、これらの形態の省察により、行動志向で実践に基づくアントレプレナーシップ教育へのアプローチから学びを引き出し、強固なものにできると述べました。

1. 語りによる省察：起きたことを説明すること。
2. 感情の省察：感じた内容、その理由、そしてどのように感情をコントロールしたのかについて焦点を当てること。

3. 知覚の省察：（自身と他者の）認識と自身の経験への影響について思考すること。
4. 分析的省察：出来事の過程と重要な要素、それらの結び付きや関連性を説明すること。
5. 評価的省察：経験を評価し、評価に用いた基準を特定すること。
6. 批判的省察：経験とアプローチを検討し、代替的選択肢や矛盾を特定するとともに、その過程で自らについて学んだことを省察すること。

　いずれの省察も異なるレベルの深さと認知的複雑性を反映しています。例えば、受講生にとって、語りによる省察は批判的省察よりもはるかに容易に達成できます。私たちは、学期または課程の中でコースの複雑性が増すことに合わせて自身の省察の実践を支えることを提案します。本書には省察の実践について、新たに8つの演習が収録されています。これらの演習は、意図的により内省的になるようにしています。例えば、「7-1　未来を思い描く」演習では、受講生は、未来のある時点を想像するように求められる一方で、「7-4　自省」演習は、新たなベンチャーの設立において、あまり議論されてこなかったアイデンティティーの役割について受講生が取り組む助けとなります。本巻には省察のための独自の演習が収録されていますが、いずれの経験的演習を用いる場合であっても、6種類の省察のうち、1種類以上を盛り込むことを推奨します。

アントレプレナーシップ教育の5つの実践の活用法

　5つの実践は、コース開発の枠組みであり、受講生に培ってもらう必要のある能力とは異なるものです。5つの実践は、受講生がよりアントレプレナー的方法で思考を進めることを助け、不確実性の状況の下で機会を活用するための大きな勇気と関連するスキルセットを含む、マインドシフト

に導くための指導法です。私たちが5つの実践枠組みを活用し始めたのは、私たちの教育課程を通じて、受講生がコースを開始したときよりも修了したときの方が、よりアントレプレナー的に思考し、行動できるようにするためです。このアプローチは、現在コースとカリキュラムの開発に関するコンサルティングの指針となっており、私たちは教育者に対し個別の演習、グループ活動、シミュレーション、ゲーム、プロジェクト、現地調査や、1つ以上の実践に関連するその他の体験を活用するよう奨励しています。私たちの経験から、5つの実践のそれぞれを複数回にわたって、時には同時に応用するようにコースを設計できれば、受講生はコース修了時によりアントレプレナー的に思考・行動できるようになることを理解しています。

　ハイディ・ネックとカンディダ・"キャンディー"・ブラッシュの両者が指導するコースを例に取ってみましょう。2人はMBAレベルの「アントレプレナーシップ入門」コースを指導しています。7週間にわたるコースは、初期のアントレプレナーシップ活動の曖昧な前工程を見て回るものであり、アントレプレナーシップについて包括的に概観するものではありません。学習目標は以下の通りです。

- バブソン大学のEntrepreneurial Thought & Action®の方法を体験すること。
- アントレプレナー思考とマネジャー思考を区別すること。
- 概念化の方法を実践し、よりよい形でアイデアを創造し、大胆な機会にする上で役立てること。
- 素早く学び、常に調整できるようにした反復的でペースの速い分析を活用することで機会を評価すること。
- 潜在的な新たなビジネス構想の実現可能性、持続可能性と魅力性を開発、分析し、明確に伝達すること。

表 1.1　実践の応用

実践	演習
遊び	ボートの操縦、パズルと物語、ビジネスモデル・カードゲーム、キッチンカー課題シミュレーション、収益モデル・スカベンジャーハント、Tシャツスローガンの夜
共感	ニーズ特定インタビュー、観察課題、ゲストスピーカー、フィードバック・インタビュー、ポッドキャスト・レポート、機会分析プロジェクト
創造	キルトとパズル、忠実度の低いプロトタイプ、マインドダンプ、リーンキャンバス作成、機会分析プロジェクト
実験	市場テスト、キッチンカー課題シミュレーション、プロトタイプ演習、アイデアスペース、機会分析プロジェクト
省察	キッチンカー課題シミュレーション、マインドシフト演習、マインドセット・ビタミン、掲示板シミュレーション、顧客フィードバック・インタビュー、ポッドキャスト・レポート

注：多くの演習は、2つ以上の実践に関係しています。実践のバランスが重要です。これらの演習の指導
　　ノートは、第1巻に収録されているものも、本書に収録されているものもあります。

　シラバスに掲載しなければならない必要な学習目標の基盤となる指導目標として、「コース修了時に受講生がよりアントレプレナー的に思考・行動できるようにすること」があります。コースのトピックには、Entrepreneurial Thought & Action®、アイデアの創造、デザイン思考、ビジネスモデルの創造、忠実度の低いラピッドプロトタイピング、市場テスト、顧客開拓、ネットワーキングが盛り込まれています。これらは、通常の入門コースでは標準的な内容です。しかし、ハイディとキャンディーは、5つの実践枠組み（18ページ、図1.1）を活用して全ての演習と課題を作成しました。表1.1は、コースのそれぞれの活動が、5つの実践のうち1つ以上とどのように関係しているかを示したものです。

　最近のコースアンケートに、ハイディは「本コースを受講した後に、よりアントレプレナー的に思考・行動していると思う」の文言を盛り込みました。受講生の選択肢は「はい」「いいえ」「分からない」です。86%が

「はい」、14%が「分からない」と回答し、「いいえ」と回答した受講生はいませんでした。受講生数は47人です。科学的とは全くいえませんが、私たちは正しい方向に向かっていると感じております。受講生の認識が受講生にとっての事実なのです。

本書の構成

　本書は、あらゆるアントレプレナーシップの教育者向けのツールです。主要な実践別に、43の指導ノートが収録されています。主要な実践としているのは、表1.1の通り、演習は2つ以上の実践と関係していることが多いからです。第3章は遊びの実践演習をテーマにしています。第4章は共感の実践演習を、第5章は創造の実践演習を、第6章は実験の実践演習をテーマにしています。そして、第7章は省察の実践演習をテーマにしています。それぞれの演習には、次ページの表1.2に掲げるアイコンを使用しています。一番左側のアイコンが主要な実践を表しており、それより右側のアイコンは派生的な実践となっています。

　実践に加え、演習ではアントレプレナーシップに関する多くのトピックを横断的に取り上げています。例えば、ビジネスモデルの開発、顧客開拓、（プロトタイピングを含む）デザイン思考、アントレプレナーの資金調達、アントレプレナーのマーケティング、チーム、失敗、概念化、市場分析や競合分析、マインドセット、ネットワーキング、機会評価、ピッチング、リソース獲得、規模と成長管理、検証などです。そのため、本書の巻末付録を利用すれば、トピック別に演習を探すことができます。演習の大半は、新たなベンチャーの設立、コーポレート・アントレプレナーシップ、ソーシャル・アントレプレナーシップなど多くの文脈に応用することができるため、こうした文脈はトピックとして扱ってはいません。しかし、2つの演習は、ファミリー・アントレプレナーシップの文脈に特化していま

す。それぞれの指導書は、授業で演習を行う上で十分詳細な情報を提供しています。また、オンライン、対面あるいはその双方など、授業の形態についても提案しています。私たちは、オンラインでも機能する演習を含めるよう協力して努力しました。

　最後に、各指導書の「指導のヒント」に特に注意を払ってください。本巻に収録された全ての演習は、バブソン大学の教員陣が検証しています。読者の皆さまが筆者らの失敗を生かしてくださることを願っています。

表1.2　実践に関するアイコン

アイコン	名称
（アイコン）	遊び
（アイコン）	共感
（アイコン）	創造
（アイコン）	実験
（アイコン）	省察

　ところで、演習に移る前に、第2章で楽しい省察的活動を用意しています。これは、指導者の皆さんがアントレプレナーシップ教育へのアプローチについて確認し、現在の指導の中で、本書に収録した実践をすでに活用しているかどうかを把握する上で役に立つものです。

アントレプレナー的な
指導をしているか
── 自己評価

アントレプレナー的な指導をしているか —自己評価

ハイディ・M・ネック、カンディダ・G・ブラッシュ、パトリシア・G・グリーン

　私たちが指導においてアントレプレナーに似たアプローチをしていなければ、どうして受講生がアントレプレナー的マインドセットを養うことを期待できましょう。第1章では、アントレプレナーシップ教育の5つの実践、すなわち遊び、共感、創造、実験と省察について紹介しました。また、実践全体について、演習のバランスを取ることの重要性も論じました。本章では、指導においてどの程度バランスが取れているかを検討する上で役立てるため、4つのステップからなる簡単な自己評価を提案します[1]。

ステップ1
次の質問について、あなたが指導している1つ以上のアントレプレナーシップのコースについて想定してください。

	評価用の質問		はい／いいえ
A1.	授業／コースについて、受講生は楽しい、面白い環境だと述べていますか。		
A2.	受講生は、授業の一環として、ゲームをしますか。		
A3.	課題の完了に対して得点やバッジを獲得するなど、受講生はゲーム的な仕組みを体験していますか。		
A4.	受講生が没入感のあるアントレプレナー的活動に参加できるよう、シミュレーションなどの方法を利用していますか。		

1　この評価法は、フィリップ・キムとハイディ・ネックがバブソン大学のアントレプレナーシップ教育者養成プログラム用に開発した独自の評価法に基づいています。

B1.	コースでは、受講生はインタビューや観察法に関する訓練を受けていますか。これには、顧客、経営者、アントレプレナーやその他の専門家へのインタビューを含みます。	
B2.	受講生は、経験からの学びを促進するため、メンターに接触することができますか。	
B3.	思慮深いディスカッションやディベートにつながるケーススタディを活用していますか。	
B4.	授業では、ロールプレーイングによる演習を活用していますか。	
C1.	コースでは、受講生は創造力に関するテクニックを学んだり、活用したりしていますか。	
C2.	受講生は、授業の一環として、何か新たなものを創造するよう求められますか。	
C3.	コース修了時に、受講生は創造的な問題解決能力を身に付けたと述べるでしょうか。	
C4.	新たな指導法の開発に多くの時間を費やしていますか。	
D1.	受講生が失敗しても罰を与えることなく許容していますか。	
D2.	受講生には、最初の取り組みを踏まえて、提出物を「改良・再提出」する機会がありますか。	
D3.	(ビジネスの文脈において) 失敗についてコースで論じていますか。	
D4.	(文章や試験ではなく) 受講生が何かを試し、試行から学習し、再度挑戦できる活動はありますか。	
E1.	受講生に対して、構造化された省察課題を課していますか。この課題は、文章、口頭、その他の媒体でも構いません。	
E2.	受講生は、他の受講生と自らの省察について共有したり、議論したりしていますか。	
E3.	指導中、省察を実践していますか。	
E4.	授業中、失敗例より成功例について多く省察していますか。	
F1.	指導を楽しんでいますか。教室での自身の活動を夢中になって他の人に話していますか。	

ステップ2

それぞれのカテゴリー（AからF）で「はい」と回答した数をカウントし、下に点数を記録してください。次に、数式を用いて合計を計算してください。

カテゴリーと実践	「はい」と回答した数	
A：遊びの実践		4問中
B：共感の実践		4問中
C：創造の実践		4問中
D：実験の実践		4問中
E：省察の実践		4問中
F：ボーナス質問		1問中
AからFまでの合計		21問中
AからFまでの合計を5倍する	×5	
合計		

ステップ3

以下の凡例に沿って、得点を解釈してください。

アントレプレナー的 教育者レベル	得点	講評
金賞	90点以上	実践に基づく優れたコースで、参加とアントレプレナー的指導のレベルも高いです。
銀賞	80〜89点	若干の調整が必要です。上を目指すために何をしますか。
銅賞	70〜79点	改善の余地が多くあります。とても楽しみです。
銅賞未満	70点未満	本書をご覧くださりありがとうございます。すぐに次の章に進みましょう。

ステップ4

省察し、行動を起こしてください。

　ステップ2に戻り、長所と短所を把握してください。改善できる実践は
ありますか。特定の分野を重視しすぎたり、軽視しすぎたりしていません
か。次章以降の演習を読み進める中で、指導中に活用し、実践のバランス
を改善することに活用してください。勇気をもって実験し、失敗から学
び、教室での参加度が上がることを楽しみましょう。受講生のマインド
セットについて考えると、アントレプレナーシップは、実際には「新たな
機会を発見または創造する能力と、その機会を活用する勇気とを組み合わ
せるような、思考、行動と状態の在り方」(Neck et al., 2020, p. 3) です。「機
会」という語を「アントレプレナーシップの新たな指導法」に置き換える
と、あなたは私たちの考えるアントレプレナー的マインドセットを備えた
アントレプレナーシップ教育者になります。しかし、どうか指導にも実践
が必要だということを忘れないでください。粘り強く進めてください。ア
ントレプレナーシップの指導**方法**は指導**内容**と同じくらいに重要なのです
から。

第 **3** 章

「遊び」の実践演習

3 ／「遊び」の実践演習

　遊びの実践とは、自由で想像力豊かな心を育むことであり、可能性や機会、そしてアントレプレナーらしくなるためのより革新的な方法への道筋が見えるようにすることです。受講生にとって学ぶのに最適な状態は非常に熱中しているときであり、より熱中するのは、遊び心をもって楽しんでいるときです。本章では、遊びの実践に関連する8つの指導演習を行います。

3-1 　コラボレーション・アート

```
作成者：カンディダ・G・ブラッシュ
実践へのつながり：🌑💡👁
```

・ アントレプレナーシップにおける主要テーマ ・
デザイン思考、アントレプレナー的チーム、マインドセット

・ 説明 ・
本演習はチームで行います。受講生には、短い時間で"共同で"アート・プロジェクトの制作をしてもらいます。受講生には、制作過程を楽しむように促します。制作過程では、各人は一度に1本しか線を引くことができません。作品が"できあがり"、その中で成果が明確ではないときに、どのようにチームが協力し、プロジェクトを管理したかを検討する機会が生まれます。本演習は、成果が不明な場合の創造の論理に基づいています。手段を重視した演習により、参加者はお互いの貢献を足掛かりにすることができ、作品は各人が全体に加筆するにつれて発展していきます。

・ 利用例 ・

対象となるのはあらゆる参加者、受講生、実務家です。本演習を行う時期は、学期のはじめや、お互いのことをあまり知らない新しいグループに適しています。参加者の規模は、20〜60人が最適です。本演習は、受講生が新しいグループに入った際の緊張をほぐすための活動としても活用できます。

・ 実施方法 ・

対面

・ 学習目標 ・

○ 創造的活動においてメンバーの役割がどのように明らかになっていくかを特定する。

○ どのように集団力学が具体化し、創造的プロジェクトの成果に影響を及ぼすかについて探求する。

○ コラボレーションにより制作した絵（作品）を通じて、創造力を培う。

・ 理論的基礎と参考文献 ・

-Neck, H.M, C.P. Neck and E.L. Murray (2020), Entrepreneurship: The Practice and Mindset, 2nd edn, Los Angeles, CA: Sage, pp. 2-29

-Noyes, E. and C. Brush (2012), 'Teaching entrepreneurial action: application of creative logic', in A.C. Corbett and J.A. Katz (eds), Entrepreneurial Action: Advances in Entrepreneurship and Firm Emergence and Growth, Bingley: Emerald, pp. 253-80.

-Sarasvathy, S.D. (2001), 'Causation and effectuation: toward a theoretical shift from economic inevitability to entrepreneurial contingency', Academy of Management Review, 26 (2), 243-63.

- 複数色の油性マーカー（各グループに6~8本のセット）
- 各グループにフリップチャート1セット
- A4大の紙に描かれた様々なイラスト（各グループに1点）の写し
 グループによって絵は異なる方が望ましいですが、全てのグループで同じ絵を用いても構いません。

・ 受講者に求められる事前作業 ・

なし

・ タイムプラン（60分）・

0:00 - 0:03

はじめに、本演習がチームでの演習であり、目的は共同作業を通じて独創的な絵を描くことであることを説明してください。本演習は2部構成になります。

0:03 - 0:06

数字を使って分けるか、別の方法により、クラスを4〜6人の参加者からなるグループに分けてください。各グループに、油性マーカーのセットと大きなフリップチャート2枚を渡してください。

0:06 - 0:10

本演習の第1部として、配布したA4大の紙に描かれた絵を可能な限り「まね」させてください。この絵を「まね」する時間は3分間です。

0:10 - 0:12

各グループに元の絵と再現した絵を共有するよう指示してください。

- どのようにこの課題に取り組みましたか。はじめに何をしましたか。
- 計画は立てましたか。
- どこから描き始めましたか。
- 誰かが主導しましたか。課題や絵の部分を分担することについて話し合いましたか。
- 「正確」に描くことを気にかけていましたか。それとも創作を混ぜましたか。その理由は何ですか。
- 明確な成果物があることは役に立ちましたか。

この振り返りでは、計画的な行動の例と、計画を立てることで複製が成功したか否かについて探ってください。描くことよりも計画を立てることの方に多くの時間を割いたチームはありましたか。
誰かがプロセスを主導したか否か、そうすることでよりコラボレーションが進んだか否かについて探ってください。

`0:23 - 0:24`

本演習の第2部に進みます。第2部では、作品が登場して、各グループが独創的な絵を描くプロセスについて検討します。
PowerPointのスライドか配布資料を使って、以下の指示を行ってください。PowerPointのスライドを使って説明する場合、演習中は常にスライドを画面に映したままにしてください。各グループに5分で絵を完成させるように指示してください。

- 1人が1色ずつマーカーを取ってください。
- 1番目の人が大きなフリップチャートに曲線、直線あるいは図形を描いてください。
- フリップチャートを隣の人に渡し、線を1本加えてください。ただし、

線が交わらないようにしてください。隣の人にフリップチャートを渡し、全員が描くまで続けてください。

- 2分が経過するまでの間に、可能な限り多く、グループ内全員にフリップチャートを回してください。ただし、線が交わらないようにしてください。創作過程には常に制約、あるいは制限要因があります。受講生に対し線が交わらないように描かせることが重要です。

0:24 - 0:34

参加者に上記の指示を実施させてください。

0:34 - 0:36

次に、クラスに1点追加の指示を出してください。
「グループで、コラボレーションによる絵を観察し、作品にタイトルを付けてください」

0:36 - 0:50 **振り返り**

- うまくいきましたか。
- あなたの行ったプロセスは何でしたか。
- 演習中、話をしましたか。その理由は何ですか。
- 誰かがデザインについてオーナーシップとリーダーシップを発揮し、他のメンバーに何をすべきか指示をしましたか。
- リーダーがとった方向性は満足できるものでしたか。それとも方向性について議論しましたか。どのようにビジョンは伝達されましたか。それともビジョンはコラボレーションを通じて議論し、合意したものでしたか。
- 最初に「描いた線」は何でしたか。その線は成果物に影響を及ぼしましたか。

- 他のメンバーはその線に続きましたか。それとも新たな線やデザインを作りましたか。
- どのような成果物になるのか把握していましたか。そのことで頭を悩ますことはありましたか。
- 線を交差させないという制約は、デザインを制限しましたか。なぜこの制約を導入したのだと思いますか。
- 描いた絵に後から「タイトル」を付けることは困難でしたか。
- どのような成果物を作るのか分かっている方と分からない方、どちらの演習の方がよかったですか。

この振り返りでは、講師は創造の論理と予測の論理の例を探ってください。一方のアプローチを取る傾向が強いチームはありましたか。また、両方のアプローチを効果的に（あるいは効果的ではない形で）利用したチームはありましたか。

誰かがリーダーシップを発揮したかどうかを探ってください。誰かが率先して、「自分のビジョン」を実践しようとしましたか。アントレプレナーとの類似点は何ですか。ビジョンは明確に述べられましたか。それとも新興的でしたか。ビジョンは伝達されましたか。

また、会話をしたか否かについても探ってください。多くの事例において、受講生は静かにしなくてはならないと思い込んでいますが、静かにする必要はありません。なぜ受講生は話さなかったのでしょうか。チーム力学について、競合するアイデアはありましたか。

`0:50 - 0:60` まとめ

本演習から得られる学びは主に3つあります。

1. **チーム力学**：不確実な環境があるときは、チームは異なる方法で機能

することがあります。すなわち、共同作業によりビジョンを作ったり、あるビジョンに従って構築したり、あるビジョンから始めて発展させたりすることです。新しいグループやチームにとって、これはチームの役割がどのように生まれるのか、曖昧なときに誰がリーダーシップを発揮するのか、そして誰が従うのかを把握する便利な方法となり得ます。あるチームメンバーがどの程度「ビジョン」を持ち、どのような絵ができあがりそうか計画を立てようとしたのか。それとも、他のメンバーはただ行動を起こして描き始めたのでしょうか。

2. **観察と注意力**：誰かが描いているとき、他のチームメンバーは注意を払い、最初の人の創造的な作業を観察し、それを基にしてどのように事を進められるのかじっくり考える必要があります。じっくり観察することは、共感の根底です。ある人に対して観察のための関心を払い、じっくり観察すればするほど、共感によるつながりは一層強いものになります。

3. **創造の論理**：予測の論理とは異なり、成果は不確実です。本演習は「目的重視」というよりも、「手段重視」の演習です。予測の論理では様々なモデルの選択肢があり、（メリットとデメリットを）評価し、選択を行い、行動を起こし、実行します。これは「計画的な」アプローチであり、計画プロセスに従うことで、望ましい成果が得られます。創造の論理では、自分の持っているものと知っていることから始めます。観察と振り返りを行い、他の人々を巻き込んで行動を起こします。成果は既知のものというより、表れてくるものです。創造の論理は、計画的なアプローチというよりは、行動のアプローチであることを意味します。同様に、新たな事業を立ち上げるとき、事業を立ち上げているということは分かっていても、その過程で実際に講じるステップがその成果を決め、あるいは再定義することになります。チームメンバーのインプットを踏まえ、ビジョンとその後の実行によって展開されます。表3.1を参照してください。

表 3.1　予想の論理対創造の論理

予想の論理に基づくステップ	予想の論理の前提	創造の論理のアプローチ	創造の論理の前提
機会の特定	インプット・成果ともに既知	知識／スキルのリソースに関する自己評価	個人のスキルと能力
機会の評価	特定されたステップ	観察と省察	機会は創造可能
必要なリソースを特定・定量化	精密なアプローチ	行動と実験	創造的・反復的
計画の作成	直線的	ステークホルダーの引き入れ	双方向的
計画を基に実行	検証済みで予測的	結果を基に前進	手段重視、既知のインプット

・ 受講者に求められる演習後の作業 ・

受講生はチーム内で起きた力学について振り返るとよいでしょう。何がうまくいって、何がうまくいきませんでしたか。誰がどのような役割を果たしましたか。行動を起こす前に計画を立てる方が、単にすぐに始めて作業する中で学んでいくよりも安心できましたか。チームの機能について、どのような結論が得られますか。チームのコラボレーション能力を向上させるために取り組むべきことはありますか。新たなベンチャーを立ち上げるとしたら、チームの契約にどのような労働規則を盛り込みたいと思いますか。

・ 指導のヒント ・

バリエーション：チーム構築の取り組みにより重点を置きたい場合は、2番目の演習を3分間でチーム全員が同時にフリップチャートに描くように実施してください。ただし、線を交差させてはいけません。これにより、本演習は15分間長くなります。また、これはチームによる2番目の演習

よりも前に行うべきです。振り返りは次のようになります。

- 誰かがビジョンを持っていましたか。何を描くのかについてどのように決めましたか。
- 描く内容について計画を立てましたか。それとも計画を立てずに描きましたか。（予測のアプローチでしたか、それとも創造のアプローチでしたか）
- 何を描いているのか話しましたか。それとも単独で描きましたか。（ビジョンはまとまっていましたか、それとも断片化していましたか）
- チームメンバーで作業を分担しましたか。
- 新たなベンチャーの立ち上げにどのような影響があると思いますか。

・出典・

本演習は、2006年8月にミシガン州で行われたケロッグ・コミュニティ・パートナーズ青少年市民参加プログラムの論理モデル開発に基づいた、健全な学校に関する青少年諮問委員会地域連合による取り組みを改良したものです。

3-2 バブソン航空機会社

作成者：ブラッドリー・A・ジョージ
実践へのつながり：🕭⊙

・アントレプレナーシップにおける主要テーマ・

規模と成長の管理、デザイン思考

・説明・

急成長は、よいことで望ましいとされることが多いです。しかし、急成長

への対応は、アントレプレナーに多くの課題を突きつけます。企業がこれらの段階を経て拡大する中で、アントレプレナーの役割がどのように変化するのかについて受講生が理解することも重要です。

本演習では、受講生は急成長を遂げている架空の航空機会社の経営を任されます。そうすることで、アントレプレナーの役割がどのように変化するのかを把握し、会社の成長に備えて計画を立て、成長を管理する上で考慮すべき主要な事柄について理解することができるようにします。

・利用例・

本演習は、学部生、大学院生、経営者、実務家など、あらゆる参加者向けのものです。新規ベンチャー設立コース、アントレプレナーシップ・ブートキャンプやワークショップに適しています。事業の成長と経営に関連する問題を扱うことから、ほとんどの課程／コースでは、後半に位置付けられます。例外となるのは、成長の管理に関するコースです。このようなコースでは、ビジネスを成長させるための行動計画を立てるプラットフォームとして早期に活用することができます。

・実施方法・

対面

・学習目標・

- 企業が成長するにつれてアントレプレナーの役割がどのように変化するのか体験する。
- 企業の成長の異なる段階においてそれぞれ直面する課題について明確にする。
- 特定の成長段階における課題が、アントレプレナーの役割とどのように関連しているのかについて明らかにする。

・ 理論的基礎と参考文献 ・

本演習は、成功する企業がたどる様々な成長の段階に関して、Neil Churchill and Virginia Lewis(1983)の論文に基づいています。Churchill and Lewis(1983)は、その前に公表されたSteinmetz(1969)とGreiner(1972)の論文を基に、様々な成長段階にある83社を対象に、彼らの枠組みを検証しました。

本演習では、受講生に6段階全てを体験させることはしませんが、成長、特に急成長が、様々な課題をもたらし、成功するためにアントレプレナーが異なる役割を担う必要が生じることを受講生に理解させる上で大いに役立ちます。

-Churchill, N.C. and V.L. Lewis (1983), 'The five stages of small business growth', Harvard Business Review, 61 (3), 30-50.
-Greiner, L.E. (1972), 'Evolution and revolution as organizations grow', Harvard Business Review, 50 (4), 37-46.
-Steinmetz, L.L. (1969), 'Critical stages of small business growth: when they occur and how to survive them', Business Horizons, 12 (1), 29.

・ 教材リスト ・

- 様々な色の紙（3色。1色あたり100～150枚）
- 様々な色のマーカー
- はさみ
- テープ
- その他、創造的デザインを促すために盛り込みたいもの
  （ステッカー、アイスキャンディの棒、パイプクリーナーなど）

・ 受講者に求められる事前作業 ・

なし

・ タイムプラン（90分）・

`0:00 - 0:10` **製品のアイデアを生み出す**

はじめに、「創業者役」のアントレプレナーを5～6ペア指名してくだ

い。人数はクラスの規模によりますが、クラスの約3分の1を創業者チーム（＝スタートアップ・チーム）とするのがよいでしょう。最初にペアを指名する際は、まず何人の受講生が紙飛行機を作ったことがあるか尋ねた方がよいでしょう。また、各ペアのうち少なくとも1人は、非常に社交的で活動的な受講生を指名することが有用です。

次に、机やテーブルの上に様々な材料を置いてください。創業者チームに対して、用意された材料を使って独創的なデザインの紙飛行機のプロトタイプを3分間で作成するように指示してください。デザインは各チームに任せます。しかし、最終的には顧客（クラスの他の受講生）に対し、自チームのデザインを買うよう勧める必要があることから、独創的なものを作るように促してください。

クラスの他の受講生に対し、潜在的な顧客になることや、どのデザインが購入するのに最も興味がわきそうかを判断するために観察するよう伝えてください。より参加の度合いを高めたい場合は、各チームがプロトタイプをデザイン・製造する前に、製品にはどのような特徴があった方がよいか他の受講生に意見を述べさせるようにしてください。

プロトタイプを作成する前に、デザインについて話し合うために2分間を設けても構いません。しかし、本演習の作成部分については、非常に手短に済ませることが重要です。なぜなら、クラスの他の受講生はすぐに退屈してしまうからです。

`0:10 - 0:20` 概念実証（POC）

創業者チームが航空機のプロトタイプを作成したら、教室内に展示させてください。クラスの他の受講生に対して、自分たちは新型航空機の調達を検討している航空会社であること、全ての新デザインが展示される見本市に出席することを伝えてください。そして自分たちは「顧客」であり、購入するデザインを1つ選ばなければならないことを伝えてください。

各創業者チームは、クラスに対し30秒でデザインを売り込みます。続いて、受講生に様々なデザインを見て回らせて、検討させてください。アントレプレナーに対しては、最低限の顧客に注文してもらわなければ、資金不足で破産に追い込まれることを伝えてください。講師は、クラスの規模に応じて必要な顧客の人数を指定する必要があります。

このラウンドの終了時に2、3チームのみが残るのが理想的です。あるいは、講師はクラスに対し、航空機産業は極めて資本集約的であり、十分に人気のある企業しか成長やさらなる資本調達に必要な収益を上げることができないことから、勝ち残るのは2チームだけであることを伝えても構いません。

この段階の終わりに、「顧客」に対してどの航空機モデルを調達することに決めたのか（顧客1人につき1モデルのみ）を尋ね、ボード上で集計し、どのチームが次に進めるのかを決めてください。

「創業者」チームに対し、どのように時間を費やしたか、最大の課題は何だったかを尋ねてください。通常、課題は顧客に訴求する構想をデザインし、構築し、売り込むことが中心になるでしょう。この話し合いは簡潔に済ませてください。

`0:20 - 0:40` 需要を満たす

勝ち残った企業はコンセプトを証明できたので、需要を満たすために成長し始めなければなりません。この時点で、7分間を与え、同型機5機のプロトタイプを製造し、その飛行機を購入する顧客を5人見つけるように指示してください。「顧客」はもう購入する必要はありません。デザインが複雑になればなるほど、同型機を製造することは困難になります。この間、クラスの他の受講生は、各チームがどのように課題を達成するのかを観察するとともに、潜在的な顧客として活動してください。すなわち、航空機を製造することに加え、アントレプレナーは売り込みを図らなければ

なりません。アントレプレナーが同社の製品が顧客のニーズを満たせると説得できない限り、顧客は購入する必要がない、ということに留意させることが重要です。受講生に対し、課題を達成する際に各チームはどのような課題に直面したか、またアントレプレナーの役割／活動は第1段階からどのように変化したかということに特に関心を払うよう伝えてください。

5機が完成したら、講師は航空機の調達に同意した顧客に対し、満足する出来か否かを尋ねてください。以下の質問を投げかけて、回答を促す必要があるかもしれません。

- ○ 航空機はプロトタイプと合致していますか。
- ○ 航空機はアントレプレナーが約束したものと合致していますか。
- ○ 品質は均一ですか。

この初期段階において、アントレプレナーにとっての主要な課題は、依然として作業の大半を自ら行わなければならないことと同時に、通常、品質管理システムが整っていないことです。たとえ市場に需要があっても、アントレプレナーが品質を維持できなければ、製品／サービスも維持できないために企業が倒産に追い込まれる可能性があることを述べておくとよいでしょう。さらに、この段階で、受講生は売上を生み出しながら同時に航空機を製造することがますます困難になっていることに気付くでしょう。そこで、企業は人を雇う必要があることに気付くことが多いものの、採用に必要なリソースが不足している状況に直面するでしょう。

この時点で、講師はこの段階における簡単な振り返りを行っても構いません。クラスとアントレプレナーに尋ねる質問として適切なものは以下の通りです。

- ○ アントレプレナーの役割は、第1段階からどのように変化しましたか。
- ○ アントレプレナーは、時間の使い方をどのように変えましたか。
- ○ 生産目標を達成する上で、各チームにとって最大の課題は何だったと

思いますか。

- ○ アントレプレナーのチームにとって、この経験はどのようなものでしたか。
- ○ プレッシャーが増えたと感じましたか。何が変わりましたか。その理由は何ですか。

各チームは全ての作業を行う必要があるため、通常、時間の制約を挙げるでしょう。これにより、事業の中でこの状況にどのように対処するかについて有益な議論ができるようになります。彼らの事業の中での役割は、若干変わったかもしれません。企業がキャッシュフローを生み出すために、販売とマーケティングの重要度が増しているからです。「趣味」としての事業を有する多くのアントレプレナーは、この段階で止めて、さばくことのできる量のみを引き受ける判断を下します。この段階で、アントレプレナーは、次の段階に進むために資金を借りて投資するかどうか、判断を下さなければならなくなることが多いです。

0:40 - 1:05 　急成長

受講生に対し、主要な競合他社が苦戦しており、その結果、自社の受注量が急増したことを伝えてください。そのため、受講生は同型機40機を15分で製造しなければならなくなりました（機数はデザインの複雑さに応じて増減しても構いませんが、所定の時間内に与えられた数を製造することがチャレンジとなるように調整することが重要です）。

新たに従業員を採用しなければ、この目標を達成することは不可能でしょう。そのため、3分間でクラスの中から従業員を採用させてください。創立チームの一員ではない全ての受講生は、残っているチームのうちの1つに採用される必要があります（アントレプレナーが需要拡大にどのように対処するかを記録するため、数人のオブザーバーを指名しても構いません）。

次に、15分間で受講生に航空機を製造させてください。この間に、急成長時にアントレプレナーが典型的に直面する課題について議論できるようにするため、講師側にできることは次の通り複数あります。ほとんどのチームが航空機製造用に組み立てラインを立ち上げるでしょう。プロセスの中で非常に重要であろう2人の受講生を探して、他のチームが「自分たちのところで働くのであれば、給料を40％引き上げると提案している」と伝えるのもよい考えです。その2人の受講生が退職したら、去られたアントレプレナーはどのように代替要員を確保するか、方法を考える必要が生じます。2人が新たなチームで数分間働いた後、講師側は、そのチームの一部の同僚に対し、彼らが最初から会社に尽くしてきたにもかかわらず、この2人ははるかに高い給料で招かれたことを伝えることもできます。同僚にどう思うかと尋ねれば、その結果「退職」することが多くあります。最後に、数人の受講生に対し、このスタートアップ環境は想像していたものとは異なっていたため、彼らは他の仕事に就き、チームを再び離れたと伝えてください。

1:05 - 1:30 振り返り

15分経ったら、チームが生産目標を達成したかどうかを確認し、どのような問題に直面したかについて話し合ってください。

- 生産目標を達成する上で最も大きな課題は何でしたか。
- その課題にどのように対処しましたか。
- 業績を改善するために他にできたことはありましたか。

ここで重要なのは、標準化したプロセス、正規の制度、従業員の研修の側面の必要性です。需要に応えようとする中でこれらが見落とされると、事業が失敗する可能性があります。
他に内容の濃い議論になるのはアントレプレナーの役割についてです。創

業者チームに、これまでの段階と比較して、今回の段階ではどのように時間を費やしたのか尋ねてください。ほとんどの場合、チームは活動よりもトレーニング、指示と監督に重点を置いているでしょう。これにより、彼らが事業においてどのような役割を果たしたいのか、それがどのように事業への情熱に影響するかについて理解するために話し合う機会をもたらすことができます。企業が成長するにつれて、成功するためには人材を見つけて育成し、基準とプロセスを確立し、決定権を他者へ移譲することに対して多くの注意と時間を費やす必要があります。アントレプレナーは、もはやこれまでの段階でしてきたように、全てのことに対応することはできなくなるからです。経営陣の実務能力は、委任・管理能力よりも重要性が低くなります。

他に発生し得る問題としては、デザインにもよりますが、航空機をデザイン通り・マーケティング通りに製造するための資源（特定の色の紙など）が不足する可能性があります。このことは、事業の潜在的な成長にどのように対処し、特定の資源を入手できるかどうかが製品やサービスのデザインにどのような影響を与えるのか、を事前に議論するために活用できます。

最後にまとめとして、各段階における主要な課題や、成功するためにどのようにアントレプレナー（や経営陣）に必要なスキルへと反映させていくかについて簡単に講義するのもよいでしょう。これに関する情報は、52ページで言及したChurchill and Lewis（1983）の論文に記載されています。

・受講者に求められる演習後の作業・

なし

・指導のヒント・

主な目標の1つは、各段階の間の振り返り時間を短くすることです。特定の段階について長く振り返りすぎると、受講生の気力が失われ始め、演習

がそれほど効果的ではなくなります。通常、最終ラウンドは混沌としています。これは、品質を維持しつつ、新たな従業員に働いてもらいながら、これまでのプロセスの対処能力をはるかに上回る速さで製品を生産する必要性にどのように対処するかについて話し合うことに適しています。

3-3　パズルと物語

[作成者：ハイディ・M・ネック
実践へのつながり：🌑🔆]

・アントレプレナーシップにおける主要テーマ・
概念化、マインドセット

・説明・
本演習は、『Teaching Entrepreneurship: A Practice-Based Approach』第1巻（Neck and Greene, 2014, pp. 105-9）で人気の「パズルとキルト」演習をオンライン版にしたものです。この活動は、マネジャー思考とアントレプレナー思考の区別を助けるためのもので、エフェクチュエーション理論の中核的な考え方の1つである「必要だと思うものではなく、持っているものから始める」ということを重視しています。また、本演習は、学ぶために行動する必要があること、不確実な状況の下では従来の計画立案は効果的ではないこと、スタートアップ環境では繰り返しコラボレーションをすることが他社との競争において優先することを反映しています。
本演習は2部構成であり、それぞれZoomのブレイクアウトルームで行われます。第1部はジグソーパズル競争です。各グループにはオンラインのジグソーパズルへのリンクが伝えられます。第2部は描画演習です。各

チームにはGoogle図形描画のスペースへのリンクが伝えられ、物語を描くように求められます。講師から与えられたキーワードに基づいて、自ら選択した物語であれば構いません。振り返りでは、マネジャー思考としてのジグソーパズルと、アントレプレナー思考としての物語を描くことについて探求します。

・ 利用例 ・

学部生、大学院生、実務家向けです。コースやセミナーのはじめに実施すべき演習です。本演習は、50人未満のグループを対象にしています。

・ 実施方法 ・

オンライン

・ 学習目標 ・

- ○ マネジャー思考とアントレプレナー思考の違いを体験する。
- ○ 不確実性と曖昧性のある状況に関与する。
- ○ どちらの思考もアントレプレナーにとっては重要であることを強調する。

・ 理論的基礎と参考文献 ・

-Neck, H.M., and P.G. Greene (2014),'Puzzle and quilts', in H. Neck, P. Greene and C. Brush (eds), Teaching Entrepreneurship: A Practice Based Approach, Volume One, Cheltenham, UK and Northampton, MA, USA: Edward Elgar, pp. 105-9.
-Sarasvathy, S. (2008), Effectuation: Elements of Entrepreneurial Expertise, Cheltenham, UK and Northampton, MA, USA: Edward Elgar.
-Schlesinger, L.A. and C.F. Kiefer. (2012), Just Start: Take Action, Embrace Uncertainty, Create the Future. Cambridge, MA: Harvard Business Review Press.

・ 教材リスト ・

以下へのアクセスが必要です。Googleドキュメント、Google図形描画、https://jigsawpuzzles.io/などのオンライン・ジグソーパズルウェブサイト。本書執筆時点では、オンラインかつグループでジグソーパズルができ、パズルへの参加者を制限できるサイトは同サイトしか確認できませんでした。同サイトは製品のベータ版です。

重要なのは、(「s」のない) https://jigsawpuzzle.io のURLは利用しないことです。同一企業によるものですが、リンクを通して他の人を招待できるベータ版のサイトはhttps://jigsawpuzzles.io/だけです。

・ 受講者に求められる事前作業 ・

なし

・ 進行について ・

本演習は、進行に約1時間かかりますが、講師による相当な準備時間も必要です。

本演習はZoomやブレイクアウトルームが利用可能な類似のサービスにおいてオンラインで始めます。各ブレイクアウトルームには、グループに6人以上入ってはいけません。ブレイクアウトルームは、(希望のチームがあれば) 手動で、あるいはランダムに組織することができます。セッションを行う前に、講師による準備が必要です。次の準備作業は、各グループ5人、5グループを想定しています。

・ 講師による準備 ・

1. この準備過程で作成するリンクを保存できるWord文書、またはGoogleドキュメントを作成してください。これにより、授業中に簡単にアクセスできるようになります。私はこの文書を「リンク保管文書」と呼

んでいます。完成したリンク保管文書がどのようなものかを確認するには、本指導ノートの最後を参照してください。ただし、次の手順に従って、自らリンクを作成することが重要です。

2. 各チーム用にジグソーパズルのリンクを準備してください。jigsawpuzzles.io にアクセスし、サインインしてください。アカウントを作成するには、名前を入力するだけで構いません。本書執筆時点では、本サイトはベータ版だったため、アカウント作成方法は異なるかもしれません。新しいパズル（new puzzle）をクリックし、好みのパズルを選択してください。パズルを選ぶと、ピースの数を選択できるようになります。70〜72 ピースが理想的です。次のゲームモードは「プライベート（private）」を選択し、「始める（begin）」を押してください。するとパズルを完成させる準備ができますが、準備作業はまだ終わっていません。画面の上部に表示された「招待する（invite）」をクリックすると、リンクが表示され、コピーして他の人と共有することができます。リンクをリンク保管文書にコピーしてください。リンクは https://jigsawpuzzles.io/g/efb22e18-7557-447d-877c-0d93ce9429ed のように表示されます。この過程をあと 4 回繰り返し、5 つの異なるリンクを用意してください。5 チームのそれぞれに固有のリンクが必要です。どのリンクがどのチーム用なのかを確実に記録してください。以下に例を示します。

a. チーム 1：https://jigsawpuzzles.io/g/efb22e18-7557-447d-877c-0d93ce9429ed

b. チーム 2：https://jigsawpuzzles.io/g/8c3778c5-8861-470e-b9db-4a22fffc5339

3. 各チーム用に Google 図形描画スペースを作成してください。Google 図形描画は、Google ドキュメント、Google スプレッドシート、Google スライドなどの Google 製品の一式に含まれています。Google 図形描画

には、フリーハンド、インターネットからの画像の挿入、テキスト、線、図形の挿入など受講生が利用できる複数のツールがあります。図3.1はチーム1の描画スペースの例です。上部に指示を追加することを忘れないでください。使用する単語は図のような「カメラ」である必要はありませんが、受講生がより速く作業を進められるよう、単語を提案すべきです。後述する振り返りの一環でもあります。そして、共有設定を「このリンクを知っている全員が編集できます」に設定してください。リンクをコピーし、リンク保管文書に追加してください。各チームには、別々のGoogle図形描画へのリンクを作成する必要があり、このシナリオでは5つの描画スペースが必要になります。

4. クラス全体が取り組む振り返り用Googleドキュメントを1つ作成してください。

図3.2の表と似たような、受講生が回答を入力できる2列の表を作成してください。列1の見出しを「ジグソーパズルを選んだ理由」とし、列2の見出しを「物語を描くことを選んだ理由」としてください。共有設定を「このリンクを知っている全員が編集できます」に設定します。リンクをコピーし、リンク保管文書に追加してください。

5. 同時に行うセッションで利用できるZoom投票を作成してください。投票の質問は以下のようにしてください。どちらに取り組むのがよかったですか。A「ジグソーパズル」ですか、それともB「物語を描く」ですか。「両方」は選択肢に含めないでください。議論のため、答えをはっきりさせるのがよいでしょう。

6. お疲れさまでした。本演習を同時進行のオンラインセッションで進める準備が整いました。

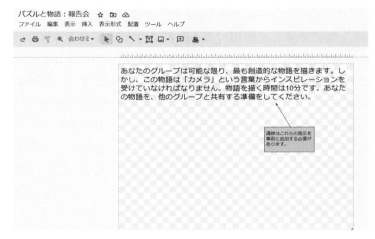

図3.1　Google図形描画スペースの例

図3.2　パズルと物語の振り返り用Googleドキュメント

0:00 - 0:05

Zoomの全体グループとして開始し、演習を以下のように始めてください。

「今日はこれから競争をしてもらいます。間もなく、皆さんはブレイクアウトルームに移動し、簡単な作業をしてもらいます。オンラインのジグ

ソーパズルを完成させてください。私はどのチームが最初にパズルを完成させるか見ています」

リンク保管文書からリンクをコピーし、Zoomのチャットボックスに貼り付けてください。自分がどのチームに所属しているのか受講生が把握できるようにしてください。チーム番号と氏名を記載したスライドを表示しても、グループが小さければ口頭で伝えるだけでも構いません。チーム番号と氏名を記載したスライドを表示すれば潜在的な混乱を解決できるでしょう。リンクをチャットボックスに送ったら、受講生をZoomのブレイクアウトルームに移動させてください。受講生がブレイクアウトルームに移動する前にリンクにアクセスできなくても、（Zoomの）チャットボックスはブレイクアウトルームに表示されます。チャットボックスには、チーム番号とリンクを盛り込むようにしてください。例えば、次の内容を貼り付けてください。

チーム1—https://jigsawpuzzles.io/g/ec281148-10bf-469a-ac10-b38bb898716f

チーム2—https://jigsawpuzzles.io/g/e36081ac-78d3-47e0-b3bf-7f2757591ee3

チーム3—https://jigsawpuzzles.io/g/71bed11e-5b76-41b2-a415-6e839fbd6c7f

チーム4—https://jigsawpuzzles.io/g/7ed54287-28a3-4e50-8d24-ca803a0c38b2

チーム5—https://jigsawpuzzles.io/g/42e42f4f-7c60-47ed-8140-28f7a785ad38

重要な技術的ヒント：リンクが動作しない受講生がいる場合は、リンクをクリックするのではなく、リンクをコピーし、Chromeブラウザーのタブに貼り付けてもらってください。これで問題は解決するはずです。

どこか1つのチームがパズルを完成し、勝利チームになるまで、作業を進めさせてください。5つ全てのパズルを別のタブで表示し、完成までの進行度を確認できるようにしてください。受講生が作業している間、ルームを出入りして状況をチェックしてください。各チームに、他のグループと比べて、パズル完成まであとどのくらいかを知らせてください。グループ間の競争意識を作り出した方がよいでしょう。全ての受講生がパズルを完成させるかどうかは本演習にとってそれほど重要ではありませんが、70ピースのパズルを使用することで、勝利チームが確実に出るようにすることができます。通常、勝利チームは約7分でパズルを完成させています。

ブレイクアウトルームを閉じ、全ての受講生をZoomのメインルームに戻してください。勝利チームを祝うため、コンピュータのマイクで再生可能な拍手の音をスマートフォン上に用意してください（ヒント：Spotifyや類似の音楽ストリーミングプラットフォームで「拍手の音」を検索してみましょう）。次に、受講生に対し、別の活動に進むことを説明します。以下のように指示することを検討してください。

「演習はまだ終わっていません。第2部があります。間もなく、再びブレイクアウトルームに移動してもらいます。今回は、Google図形描画スペースへのリンクを伝えます。Google図形描画に慣れている人もそうでない人もいると思いますが、このスペースの中でどのようなツールが利用できるのか分かるでしょう。今回のグループ作業は、物語を描くことです。実際に、「カメラ」という単語（あるいは講師が選んだ単語であればどのようなものでも構いません）から着想を得た物語を描いてください。ブレイクアウトルームに移動したら、10分間で物語を描き、戻ってきたときに共有してもらいます。チーム番号と割り当てはジグソーパズルのときと同じで

す。グループの描画スペースへのリンクについては、チャットボックスを確認してください」

パズルのときと同様、チャットボックスにリンクを挿入してください（ただし、Google 図形描画スペースへのリンクを利用してください）。受講生をブレイクアウトルームに再度移動させてください。

0:20 - 0:35

ブラウザーで全ての Google 図形描画スペースを開き、確認できるようにしてください。なお、少し後に画面を共有する必要があります。ブレイクアウトルームに出入りし、励まし、本当に行き詰まっているようであればツール面で手助けをしてください。どのツールを利用しなければならないのかを把握することも本演習の一環ですので、受講生に対し Google 図形描画の実演はしないでください。やむを得ない場合に限り介入してください。10 分間あれば、ほとんどのチームは物語を完成させることができます。時間を変更することもできますが、少なくとも 10 分間は必要なことが判明しています。また、時間を与えすぎないようにすることが望ましいです。振り返りにおいて、一部の物語を完成できなかったチームが、物語の構想に時間を費やしすぎて、指示通りに物語を描くことに時間を十分に割けなかったことが明らかになっているからです。

0:35 - 0:45

受講生をメインセッションに戻してください。進んで物語を共有してくれるチームがないか尋ねるか、最初に発表するチームを指名してください。受講生に画面を共有させる代わりに、講師の画面を共有することを推奨します。講師は全ての絵にアクセスできるので、これにより時間を節約できるとともに、各チームが発表する際に、ブラウザーのタブ間を移動することができます。各チームに 1〜2 分間で物語を発表してもらってください。

再度拍手の音を使用してください。物語の共有は次から次へと素早く進めてください。質問をしたり、フィードバックを行う必要はありません。ここで重要なのは、同じ単語（この場合、「カメラ」）から着想を得て、他のグループが何を描いたのかを全てのグループが把握することです。

0:45 - 0:55

全ての発表が終わったら、事前に準備した投票を開始してください。投票の質問は次の通りです。「どちらに取り組むのがよかったですか。A『ジグソーパズル』ですか、それともB『物語を描く』ですか」。投票を開始し、全ての票が投じられたら終了してください。次に、受講生に以下の内容を伝えてください。

「クラスでは興味深い結果となったようです。○％がジグソーパズルを選択し、○％が物語を描く、を選択しました。では、なぜ一方の活動の方がもう一方よりよいとしたのか探ってみましょう。チャットボックスに、共有Googleドキュメントを投稿しますので、そこにジグソーパズル、あるいは物語を選んだ理由を記入してください。協力して説得力のあるリストを作りましょう」

振り返り用Googleドキュメントへのリンクをチャットボックスに投稿してください。クラス全体が同じドキュメントにアクセスします。ブレイクアウトルームの必要はありません。筆者の場合、1つのドキュメントで50人に作業してもらいましたが、うまくいきました。1つのドキュメントで作業する受講生が何人であれば対応可能かについては最善の判断をしてください。混沌としていますが、楽しめます。15人未満の小さなグループの場合は、セッション中、Googleドキュメントを使用しないで同じような振り返りを口頭で行っても構いません。しかし、より大きなグループでは、Googleドキュメントを利用した方がはるかに簡単でした。

受講生が作る文書は、表3.2と同じような内容になるでしょう。

表3.2　記入済みの振り返り用Googleドキュメントの例

ジグソーパズルを選んだ理由	物語を描くことを選んだ理由
・やりがいがあったから。 ・明確な終わりがあるから。 ・グループ全員が作業の内容を理解していたから。 ・それぞれの動作に正解と不正解があったから。 ・正しい動作をするとすぐに満足感を得られたから。 ・作業を完了するために必要な全てのピース（リソース）がそろっていたから。 ・なじみがあったから。 ・自分たちの作業について全員が理解していたから。 ・戦略を作って実行できるから。 ・すぐに作業に取りかかれるから。 ・端から始め、次に内側に取り組むのがチームの戦略でした。 ・目的志向だから。 ・競争が好きだから。 ・進行度を測りやすいから。 ・作業を分割しやすいから。	・創造的だから。 ・全く同じツールを使っても、全てのグループが違う物語になったから。 ・1つの単語から多くの可能性が広がるから。 ・参加度が高いから。 ・正解と不正解がないから。 ・自分たち独自の結末を描けるから。 ・どのツールを使っても何か異なる要素を追加することができたから。 ・反復的だから。 ・ある道から始めても、その後変わっていくから。 ・より協働的だから。 ・全員が物語作りに関与していたから。 ・物語には全員の要素が含まれているから。 ・描き始めてから物語が生まれたから。 ・曖昧性が好きだから。 ・最初はどこから始めればよいのか全く分からなかったが、最終的には自分たちで作った物語が好きになったから。

0:55 - 0:65

受講生が内容的にも量的にも十分と思われる一覧を作り終えたら、Zoomセッションに戻ってください。講師の画面を共有しても構いませんし、受講生はデスクトップでも確認できます。リストを確認し、次のような質問を2、3尋ねてください。

- ○　回答全体に共通するテーマはありますか。
- ○　クラス全体で作成した表を見て、どのような結論に達しますか。
- ○　本演習によって私たちに示し、明らかにしようとしているのは何だと思いますか。

簡単に議論した後、受講生が「正しい」答えを出せなかった場合、パズルはマネジャー思考に、物語はアントレプレナー思考に似ていることを種明かしするときです。以下のポイントを話してください。どうしても必要であれば、スライドを使ってください。

マネジャー思考としてのパズル

- 目標が明確に定義されています（パズルの完成図が分かっています）。
- 目標に到達するために必要なリソースは全てそろっています（全てのピースがあります）。
- すべきことは、可能な限り短時間で目標を達成する最善の計画を決めることです（戦略的計画）。
- 計画の実行を開始してください（おそらく端から始めます）。
- 作業中、進行度を測ってください（講師が他の人と比べて進行度はどうなのか伝えます。作業中いつでも、絵と比べることで進行度を把握することができます）。
- 目標が達成されます。パズルが完成すると、絵と全く同じ見た目になります。まさに計画通りです。逸脱は一切許されません。
- 全体として、上記は計画し、組織し、統制し、主導するという実にマネジャー的プロセスです。

アントレプレナー的思考としての絵を描くこと

- アントレプレナーが何をすべきか迷っているときの唯一の選択肢は行動することです。受講生の中には計画を立てることに時間をかけすぎて絵を描く時間がほとんどなかった人がいるかもしれません。受講生がすぐに作業に着手し、途中で反復した方がよりよい物語となります。知識とスキル（ツール）を身に付けるにつれて、ストーリー展開が浮かび上がってきます。指示（「カメラ」という単語）はありましたが、具体的な計画は必要ありません。機敏な行動を起こせばよいのです。

- アントレプレナーは、必要なものからではなく、持っているものから始めます。利用できるツールを活用するのです。受講生には、Google図形描画を活用して人を引きつける物語を作る「リソース」が多くありました。足りなかったのは受講生自身の想像力でした。

- アントレプレナーシップは、人間の行動によって大きく動かされます。それにより、事業が他の事業と差別化されます。各グループには全く同じリソースが与えられていますが、どの物語も独自のものです。実際、最も優れているかどうかということではなく、市場で（広義の意味で）唯一であるかどうかということです。独自性と差別化を重視してください。

- いつ次に進むべきか見分けるのも、どこで物語を終わらせるべきか把握するのも困難です。話を追加できますか。やめるべきですか。これはひどい話でしょうか。作業を続けて物語をよりよくすべきでしょうか。いつアントレプレナーはやめるべきでしょうか。エフェクチュエーション理論では、アントレプレナーは、（1）許容可能な損失を超過したとき、（2）うまくいかないと確信したとき、（3）もはやアイデアに関心が持てなくなったときにやめるべきだとしています。

- 受講生にとって、描画スペースはパズルスペースと比べてはるかに不確実なため、不確実性を乗り切り、曖昧性を受け入れることはアントレプレナーにとって基本的なことです。

- アントレプレナーシップは、何の計画もない、際限ない創造力のことではありません。だからこそキーワードが与えられているのです。アントレプレナーと従業員には、道筋ではなく方向性を示すより大きな構造、すなわち北極星が必要です。

この話し合いの後、どちらの形態の思考も必要だということを指摘することが重要です。個人的には普段このように言っています。「私たちのほとんどは、すでにマネジャー思考が得意です。子どもの頃から皆そのように

教育を受けてきたからです。ですが、このクラスでは、アントレプレナー的マインドセットを養うことに重点を置いています。もっと物語を描くことに慣れる必要があります」

図3.3は、この二項対立についてさらに説明するために利用できます。その中で、マネジャー的（パズル）は今日の大企業に支配的な論理で、アントレプレナー的（物語）はスタートアップに支配的な論理だと指摘できます。このことから、スタートアップは単に企業の小型版ではないことが受講生にとって明確になります。さらに、大企業がアントレプレナー的になることが困難な理由が分かるでしょう。

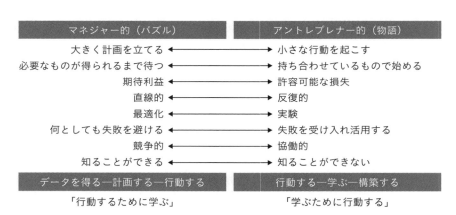

マネジャー的（パズル）	アントレプレナー的（物語）
大きく計画を立てる	小さな行動を起こす
必要なものが得られるまで待つ	持ち合わせているもので始める
期待利益	許容可能な損失
直線的	反復的
最適化	実験
何としても失敗を避ける	失敗を受け入れ活用する
競争的	協働的
知ることができる	知ることができない
データを得る―計画する―行動する	行動する―学ぶ―構築する
「行動するために学ぶ」	「学ぶために行動する」

図3.3　パズルと物語の二分法

・ 受講者に求められる演習後の作業 ・

なし

・ 指導のヒント ・

演習前に本演習を「パズルと物語」とは呼ばないでください。演習を通じ

て作られる二項対立がサプライズにならなくなるからです。複数のジグ
ソーパズルを使うことが難しい場合は、その代わりに受講生には個別にオ
ンライン・ジグソーパズルに取り組んでもらってください。適したウェブ
サイトは、jigsawplanet.com が挙げられます。パズルを1つ見つけて、
リンクを全ての受講生と共有することが可能です。受講生は一緒にパズル
に取り組むのではなく、個別に作業します。グループで行うパズルと比べ
て学びの効果は弱くなるかもしれませんが、それでも役に立ちます。どの
ようなバージョンを用いても、オンライン環境では、受講生にジグソーパ
ズルで遊ぶのをやめさせるのは難しいため、適切なペース配分が重要で
す。速やかに描画に進み、次の活動への関心を引いてください。本演習で
は、ペースは遅いよりも速い方がよいです。不確定要素は多いですが、事
前にドキュメントへのリンクを準備しておけば全て順調に進むでしょう。
交流を密にすること、そして1つのことから次のことへと素早く進むこと
が、受講生には評価されるでしょう。時間は飛ぶように過ぎ去ります。ア
ントレプレナー的マインドセットを経験することが学習目標にとって重要
であれば、学びは説得力あるものとなります。

・ 出典 ・

本演習は、『Teaching Entrepreneurship: A Practice-Based Approach』第1
巻（Neck and Greene, 2014, pp. 105-9）に収録されている Neck and Greene によ
る「パズルとキルト」のオンライン版です（訳注：一部リンク切れがありますが、出
典としてそのまま掲載しています）。

Google 図形描画スペースへのリンク
チーム1
https://docs.google.com/drawings/d/1c3u2yvCPpZ6nOuxrqBbSQKmXx_
ueR7_c_G4aDH378lU/edit?usp=sharing

チーム2

https://docs.google.com/drawings/d/1GuWb9aMcSq0qV0Ydpez-Jp6ejQapqhieW5qBsx6VTRA/edit?usp=sharing

チーム3

https://docs.google.com/drawings/d/17Rb5d-F9sVHwwfTlpigAxwT3QsUN628XA4VsvGppZ5s/edit?usp=sharing

チーム4

https://docs.google.com/drawings/d/10MUmMmxXuArU5KZKiDrDlitYEUviblMAUbTmpE4YWp4/edit?usp=sharing

チーム5

https://docs.google.com/drawings/d/1TtN6mYGbc-maV73RtS13kjfeYDSOWQ7_zpWm9-1BDm0/edit?usp=sharing

振り返り用Googleドキュメントへのリンク

https://docs.google.com/document/d/1lqXz_NKuij_XheVqFCLP4M9jlVKK_SApqJ_YDyZUK-M/edit

3-4 着席バケツ玉入れ

> 作成者：アンジェラ・F・ランドルフ
> 実践へのつながり：🌑❀

・アントレプレナーシップにおける主要テーマ・

検証、アントレプレナー的チーム

・説明・

受講生は、アントレプレナーシップは全ての場合に通用するものではない

ということを忘れがちです。アントレプレナーシップは状況によって変化する、成功への道筋は複数あることが多いです。本演習の目標は、椅子に座ったままテニスボールをバケツに入れることです。この活動的かつ遊び心のある演習により、アントレプレナーシップの3つの重要な側面が明らかになります。第1に、本演習は、受講生が、アントレプレナーシップへの道はアントレプレナーのスキル、リソース、コントロールできない状況によって異なることを理解する上で役に立ちます。第2に、本演習は、戦略を立てる上で経験が重要であることを明らかにします。第3に、受講生は、どのようにチームが協力して問題を創造的な形で解決するかについて探求する機会が得られます。

・ 利用例 ・

本演習は、全ての参加者、すなわち学部生、大学院生、高校生、実務家にとって適しています。クラスが小さくても大きくても対応できますが、受講生40〜60人の大きめのクラスの方が特に効果的です。新たなベンチャー、アントレプレナーの創造力、チームワークとリーダーシップに関するコースやワークショップに関連しています。

・ 実施方法 ・

対面

・ 学習目標 ・

- ○ 文脈や個人のスキル、リソースがアントレプレナーのプロセスに及ぼす影響を体験する。
- ○ チームメンバー同士のコミュニケーションの重要性を明らかにする。
- ○ 計画を立てる前に実験と実践の力を認識する。

・ 理論的基礎と参考文献 ・

-Barreto, I. (2012), 'Solving the entrepreneurial puzzle: the role of entrepreneurial interpretation in opportunity formation and related processes', Journal of Management Studies, 49 (2), 356-80.

-Bhide, A. (1996), 'The questions every entrepreneur must answer', Harvard Business Review, 74 (6), 120-30.

・ 教材リスト ・

○ テニスボール（各受講生に2個）

○ マスキングテープ1本（各受講生には5センチ超のテープ片1枚が必要）

○ 容量20リットルくらいのバケツ3個（バケツが入手できない場合はくず籠がよい代用品になる）

○ タイマー

・ 受講者に求められる事前作業 ・

なし

・ タイムプラン（60分）・

0:00 - 0:10 **準備と第1ラウンド**

各参加者にテニスボール2個とマスキングテープ1片を渡してください。参加者には、テープを半分にちぎって、それぞれのテープ片に名前を書くように指示します。受講生に対し、各テープ片をテニスボール2個それぞれに貼り付けるように指示し、ボールが誰のものかを特定できるようにしてください。バケツ3個を部屋の異なる場所に置き、一部の受講生は他の受講生よりもバケツに近くなるようにしてください。

はじめに、本演習のルールを受講生に説明してください。

受講生に対し、バスケットボールをしている人がいるかどうか尋ねてください。これは、バスケットボールの経験者がテニスボールをバケツに投げ

入れる可能性があることを他の受講生に前もって知らせるためです。この
ゲームの目的は、着席しながら両方のボールをバケツに入れることです。
各ボールは1ポイントで、1分間で2回投げさせてください。

`0:10 - 0:20` 第1ラウンド・ディスカッション

本ラウンドの後に、受講生に対し、本演習について尋ねてください。推奨
される質問例は次の通りです。

- 誰が両方のボールを入れましたか。
- 何に気付きましたか。何を感じましたか。あなたは成功しましたか。
  その理由は何ですか。
- これは公平なゲームでしたか。その理由は何ですか。
- 本演習における制約は何でしたか。有利な点は何でしたか。
- 部屋の中で座っている場所によって、戦略を変えるべきですか。その
  理由は何ですか。
- 部屋の後ろ、バケツから離れた場所ではどのような戦略がより効果的
  だと思われますか。
- 誰かの支援を求めることを考えましたか。
- 本演習は何を象徴していると思いますか。目的は何だと思いますか。

このラウンドの後、多くの受講生がゲームは不公平だったと感じているで
しょう。一部の人は他の人よりもバケツに近い位置にいます。その格差に
いら立ちを覚える受講生もいるでしょうし、ゲームの結果はスキルによる
ものだと考える受講生もいるでしょう。バスケットボールをしているな
ど、事前に知識や関連するスキルを持ち合わせている受講生は、本演習の
第1ラウンドでは優位な立場にあります。

本演習では、知識や能力の面で出発点が異なるなど、アントレプレナー
シップに内在的な制約や障壁の一部が明らかになります。制約や障壁は状

況によっても左右され、立ち位置、スキルや才能、現在の環境、現在の社会的状況によって異なります。

このラウンドの質問のうち最後の4つは、バケツにテニスボールを入れるという目標の達成方法に状況が影響を与えることを、受講生が理解できるように設計されています。より協働的なクラスでは、第1ラウンドから、一部の受講生はテニスボールをバケツに近い人に投げたりパスしたりするでしょうし、他のクラスでは全員が個人で取り組むでしょう。全員が個人で取り組む授業では、進行役は支援を求めることを考えた人はいるかどうかを尋ねても構いません。

受講生に対し、「さて、状況が分かり、多少の経験を積んで制約についての理解が深まりましたが、どのように行動を変えますか」と伝えてください。この段階では答えを受け入れず、第2ラウンドに移ってください。

0:20 - 0:30 　第2ラウンド

参加者は再度本演習に挑戦しますが、今度はチームで挑戦します。クラスを3チームに分けてください。8〜20人のチームで行うのが効果的です。各チームに同じ数のテニスボールを渡してください。片付けの時間を節約するために、受講生に対し、テニスボールからテープを剥がすように指示しておくとよいでしょう。次の第2、第3ラウンドでは、テープは必要ありません。各チームには、1列目の椅子から1.5メートルほど前にバケツが置かれます。全員が椅子に座り、事前に指名された1人のチームメンバーがバケツからボールを回収し、再利用できます。ゲームが始まると、チームがボールを切らすまで、誰も椅子から離れることができません。ただし、チームがボールを使い果たした場合に限り、指名された人だけが立ち上がることができます。椅子は、部屋の中での位置を含めて、本演習での制約として機能します。指名されたボール回収者は、好きなところに椅子を置くことができます。ボール回収者がバケツの隣に座ってボールを回

収しても構わないかと尋ねるチームがあるかもしれません。尋ねられれば許可してください。椅子にキャスターが付いている場合は、部屋中を動き回っても構いません。受講生への指示は意図的に曖昧にします。これは受講生がルールを解釈し、ゲームを創造的に遊ぶ余地を与えるためです。

2分間で最も多くのボールをバケツに入れたチームの勝利です。得点記録を手助けするために、3人はチームに入らず得点を記録するよう指示してください。各人は、各チームがバケツに入れるのに成功したボールの数を数えます。ボールがバケツに入るたび、1点が加算されます。

`0:30 - 0:40` 第2ラウンド・ディスカッション

勝利チームに対し、「他のチームより多くの得点を稼ぐことができた方法は何ですか」と尋ねてください。

- 第1ラウンドに基づき状況について時間を割いて考えた後、どのように行動を変えましたか。計画を練る時間がなかったら、戦略を見つけることができましたか。もしできるのであれば、どのようにですか。
- これを再度繰り返すとしたら、どのように行動を変えますか。

`0:40 - 0:48` 第3ラウンド

このラウンドは第2ラウンドと同じです。ただし、このラウンドでは、各チームにどのようにすればバケツに最も多くのボールを入れられるかについて、5分間で計画を立ててもらいます。

`0:48 - 0:60` 第3ラウンド・ディスカッション

- チームの戦略はどうなりましたか。
- 計画通りに進んだことは何ですか。計画通りに進まなかったことは何ですか。
- うまくいったことは何ですか。

○　これを再度繰り返すとしたら、どのように行動を変えますか。

振り返りの締めくくりやまとめとして、次の重要なポイントを取り上げて
ください。
　○　どのアントレプレナーも、リソース、知識、スキル、課題が異なるた
　　　め、行程も異なるでしょうし、違ったアプローチが必要になるかもし
　　　れません。
　○　作業前、作業中、作業後にチームメンバーの意思疎通を行うと、アン
　　　トレプレナーチームの協力が改善します。
　○　優れた計画は、質の高い情報に基づいて立てられています。実験と実
　　　践を行うことによって、用いる情報の質が改善され、優れた計画が立
　　　てられます。

・ 受講者に求められる演習後の作業 ・
なし

・ 指導のヒント ・
本演習は素早く進み、各ラウンドでは異なる教訓が明らかになります。第
1ラウンドでは、ベンチャーを立ち上げるそれぞれの人の出発点やスキル
が異なることが明らかになります。各アントレプレナーのスキルセットと
リソース、すなわち、成功への道筋もそれぞれ異なります。本演習は、多
種多様な人々を対象に実施すると、特定のグループ（女性、有色人種、社会経
済的地位）が他のグループよりもより多くの障壁を抱えている可能性がある
ことも浮き彫りにします。
第2ラウンドでは、チームメイトに対してバケツにボールを入れる手伝い
をしてくれるように依頼する参加者がいる一方で、1人で取り組む参加者
もいるでしょう。このラウンドで明らかになるのは、チームメンバーのス

キルを把握することの重要性です。この第2ラウンドでは、ルールに明示的には違反しない行動を起こす創造的な受講者がいるかもしれません。例えば、他のチームのバケツをひっくり返したり、複数のボールを結び付けたり、与えられていない道具を用いたりすることが挙げられます。このようなことが起きた場合、ディスカッションの内容は問題解決と倫理的な行動になる可能性があります。

第3ラウンドでは、チームには戦略を立てる時間があります。第3ラウンド後のディスカッションの話題は、ラウンド内で起きたことからの学びや、うまくいったのは何か、改善が必要なのはどこかということが中心となります。多くの事例において、1つ以上のチームは、他のチームが不公平だと考える行為を行っており、倫理的な行動に関する議論につながる可能性があります。

最後に、第3ラウンドで受講生が成功を収めた場合、これは計画を立てたおかげである可能性がありますが、受講生に対して、第1、第2ラウンドを経験することなく、成功する計画を立てることができたか否かを尋ねてください。これは、計画を立てる前に学び、実験することが重要性を示すこととなります。実験からの学びは、計画に盛り込むにあたりより有効なデータとなるのです。

・出典・

本演習の第1ラウンドは、特権に関する演習である「くず籠活動」を改作したものです[1]。同演習の原作者は不明です。第1ラウンドをアントレプレナーシップ向けに改作し、本演習の第2、第3ラウンドを追加したのは筆者による創作です。

---

1 https://www.boredpanda.com/lesson-about-privilege-awareness/

3-5 　ワーズ・ウィズ・フレネミーズ

[作成者：キース・ローラグ
  実践へのつながり： ⚫️✳️💡🍵]

・ アントレプレナーシップにおける主要テーマ ・

アイディエーション、ネットワーキング、検証、ビジネスモデル開発、アントレプレナー的チーム

・ 説明 ・

数ラウンドにわたるシミュレーション・プレーを通じて、2つの補完的なリーダーシップ戦略が導入、実演されます。分析と計画を通じた指導と学習、迅速で機敏な行動を通じた指導と学習です。シミュレーションを通じて、参加者は状況に応じた恩恵と双方の戦略の課題を経験します。特に、迅速で機敏な行動を通じた指導と学習が、リーダーにとって未知で予想できない未来や曖昧な状況に効果的に対処する上で役に立つことを経験します。不確実性に対処することは、アントレプレナー的リーダーシップの核となります。

本シミュレーションは、「スクラブル」の文字から単語を作るという、参加者によって形成される競争的でダイナミックな市場エコシステムの再現です。スクラブルの**文字**は原料と組織のリソース、***単語***の形成は顧客価値創造プロセスを表しており、*単語の得点*は顧客価値と利益を表しています。各ラウンドで参加者は常に新しい文字を受け取り、ラウンドの終了までに最も高い合計スコア（すなわち利益）を生み出す言葉を作ることができた人が勝利となります。参加者が作る単語は何語でも構いません。

ラウンドごとにシミュレーションのルールや採点基準を変えることで、市

場の不確実性や予想の不可能性を変化させます。前半のラウンドでは、市場の不確実性は比較的低く、勝利戦略を素早く検証し特定する迅速な行動が求められる一方で、参加者は分析と予測、過去の経験を効果的に生かしながら競争をすることができます。後半のラウンドでは、シミュレーションのルールと採点基準が変更され市場の不確実性は極端に高くなるため、新しい市場の現実を理解し迅速で機敏なアクションステップを踏むことが最適な戦略となり、勝利に結び付くような状況を生み出します。

・ 利用例 ・

本演習は、エフェクチュエーション理論、予測／創造の論理の導入演習、あるいはアントレプレナー的リーダーシップ養成プログラムやプログラムのオリエンテーションとして適しています。高校生から経営陣まで幅広い人々が、このシミュレーションを利用しています。ルールは簡単で理解しやすいので、ダイナミックで魅力的なゲームプレイが可能です。

・ 実施方法 ・

対面

・ 参加人数 ・

15〜40人

・ 学習目標 ・

○ Entrepreneurial Thought & Action® （理論的基礎と参考文献参照）の全体的な論理、特に実験と行動、計画と分析のバランスを取ることのよさを経験し、実践する。

○ 不確実性に直面しながら実験し、競争のプレッシャーの中で新たな戦略を検証する挑戦を体験する。

○ アントレプレナー的リーダーシップの中核をなす、迅速な学習について説明する。

・ 理論的基礎と参考文献 ・

不確実で予測不可能な未来に直面し、何をすべきか分からないとき、リーダーとしてどのように行動すべきでしょうか。教育や経験により、私たちは刻々と変化する状況を注意深く分析し、最適な戦略を立てて選択し、必要なリソースを集め、計画を実行したくなります。このアプローチは安定し予測可能な市場では機能しますが、不確実で急速に変化する状況においてはあまりに遅く、コストがかかり、効力や効果がありません。

一方、敏腕のリーダーは、成功したアントレプレナーのマインドセットや習慣に従い、広範な分析や計画を捨て、素早く行動して直接的な経験から学ぶことを優先します。このようなリーダーは、アイデアや仮説の検証を小さく機敏なアクションステップで素早く行い、その結果を観察し、そこでの学びを踏まえて目標や戦略を調整し、次のアクションのステップに移ります。各ステップは、手元にあるリソースと人員で行い、リーダーが許容できる損失しかリスクにさらしません。

このアプローチにより、よいアイデアは迅速に検証でき、悪いアイデアは失敗しても低コストに抑えられます。機敏な行動による迅速な学習は、リーダーが新たな状況を把握し、分析と計画に基づく従来型のリーダーシップ戦略が有効になるレベルまでの不確実性を低減する上で役に立ちます。アントレプレナー的リーダーは、必要に応じて、迅速で機敏な行動と、慎重な分析、予測と計画との間を行き来し、自らの組織の革新性、競争力と成功を維持するようにしています。バブソン大学では、この反復的なプロセスをEntrepreneurial Thought & Action®と称しています。このアプローチの優れた要約は以下の文献に記載されています。

Schlesinger, L.A. and C.F. Kiefer (2012), *Just Start: Take Action, Embrace Uncertainty, Create the Future*, Cambridge, MA: Harvard Business Review Press.

・ 教材リスト ・

○ スクラブルの文字を使う頻度に応じて、スクラブル・タイル（図3.4）約2,000枚。英語版であれば、オンラインで大量に購入できます。使用する前に、文字の書いていないタイルを除いてください。

○ スクラブルの文字3枚分をそれぞれ収納できる紙製またはプラスチッ

ク製のカップ300個。60ml（スーパーや飲食店、イベント時の試飲などで使われるカップの大きさ）が最適です。

○ ガラス／プラスチック製のボウルまたは瓶8〜10個

○ 各参加者用の個人得点シート

○ 各参加者用の計算機またはスマートフォン（得点集計用）

○ 各参加者用のペンまたは鉛筆

○ 付箋

○ ベル、カウベルまたはホイッスル（参加者に対し新たなカップを受け取る時間であることを伝えるため）

○ 個人得点を記録するためのフリップチャート2枚、またはホワイトボード

○ 「使用済み文字」と紙を貼った入れもの

○ 各ラウンド勝利者向けの景品（任意）

図3.4　スクラブル・タイルのイメージ

- 講師／進行役
- ラウンド間にカップと文字の用意を手伝うアシスタント（ただし、文字とカップの補充や交換の大半は参加者が行うことができます）
- シミュレーションの最終ラウンドにおいて単語の得点計算を採点する1、2人の追加アシスタント（参加者のボランティアでも構いません）

・ 部屋のニーズ ・

- 15〜40人が動き回るのに十分な平らな部屋
- 十分な長さのある長い長方形のテーブル2、3台。テーブルの同じ側の端に、8センチごとに1スタック10個のカップの束を置きます（参加者1人につき1スタックを置く）。
- 上記とは別の十分な量の円形または長方形のテーブル。これは全ての参加者が文字を置いて単語を作るスペースを確保するためです。様々な人数のグループを即興で作れるよう、テーブルのサイズは異なってる（あるいは並べて配置する）ことが理想的です。
- 各ラウンド間で振り返る用の教室または着席エリア
- シミュレーションと振り返りのスライドを表示するためのプロジェクター

例として、図3.5の部屋の配置をご覧ください。

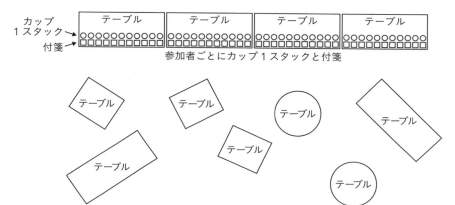

カップ
1 スタック →
付箋 →

参加者ごとにカップ 1 スタックと付箋

全ての参加者が文字を配置し、単語を形成し、他の参加者と共同作業するための
スペースが十分なテーブル

図 3.5　シミュレーション・プレイのための部屋の配置

・ 受講者に求められる事前作業 ・

ありませんが、本演習の理論的枠組みを提供するために、『Just Start』
(Schlesinger and Kiefer, 2012) の第 1 章を課題としてもよいでしょう。

・ タイムプラン（150 分、バリエーションあり）・

通常、全体のシミュレーションは 150 分以上かけて行われます。さらに、
理論的枠組みの説明や休憩の時間が追加されます。第 3 ラウンドを実施せ
ず、スタックごとのカップの数（とシミュレーションの時間）を 10 から 7 に減
らすことで、シミュレーションにかかる時間を約 105 分まで短縮できるで
しょう。また、第 1、第 2 ラウンドのみで行う、60 分で終わるシミュレー
ションの小型版も実施したことがあります。

`0:00 - 0:10` **シミュレーションの学習目標、ロジスティクスと第 1 ラウン
ドの説明**

○　シミュレーションは、不確実性の下でアントレプレナー的になる体験

をしてもらうことを目的としています。

○ このシミュレーションは複数のラウンドにわたって行います。ラウンドが進むごとに複雑性と不確実性が増します。

○ 楽しんでください。ただし、不正はしないでください。

第1ラウンド（振り返りと第2ラウンドの指示を含む）

準備：スクラブルのタイルを混ぜ、1スタック10個のカップを積み上げてください（それぞれに3文字を入れてください）。参加者1人につき1スタックです。2、3台の長方形のテーブルの端に一列になるように並べてください。スタック同士の間は約8センチ空けてください。各スタックの前には何も書いていない付箋を置いてください（図3.6）。

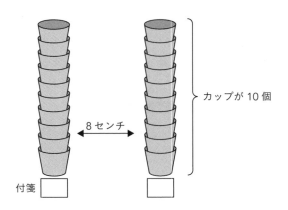

図 3.6　配置のイメージ

指示：

1. テーブルに近づいて、付箋の1つに自分の名前を書いてください。そのスタックが、本シミュレーションの最初の数ラウンドの間、自身のスタックになります。各スタックにはカップが10個あり、各カップにはス

クラブルの文字が3つ入っています。

2. 第1ラウンドは10分間です。開始のベルが鳴ったら、スタックのあるテーブルのところへ行き、スタックの一番上のカップを取ってください。自分のテーブルのどこかで場所を決め、自分の文字を置いてください。

3. 1分ごとにベルが鳴ります。そのたびにスタックのあるテーブルのところに行き、自分のスタックからカップをもう1個取り、自分のテーブルの場所に戻ってください。

4. 第1ラウンドの間、何語でも構いませんので、1人で単語を作成してください。ローマ字を使用しない言語については、自身の責任において、可能な限り発音通りにつづってください。実際のスクラブル・ゲームとは異なり、このシミュレーションでは、固有名詞の人名や地名も認められます。しかし、頭字語や略語は認められません。また、スクラブルではできますが、同じ文字を使って縦方向と横方向に単語を作ることはできません。各単語は別々でなければなりません。シミュレーション全体において、参加者間の文字の交換はいかなる場合であっても認められません。

5. 毎分、追加で文字を受け取るたびに、単語を作ったり作り直したりしますが、各ラウンドの終了時点で残っている単語のみが得点になります。ラウンドが終了すると「手を挙げて」と言われます。その後は、単語を変更することはできません。

6.（各ラウンドの終了時点で残っている）各単語の総合得点は、スクラブルにおけるその単語スコアに単語の文字数を乗じて計算します。図3.7を参照してください。

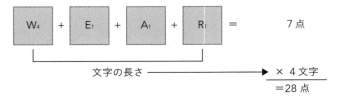

図 3.7　第 1 ラウンドにおける単語の得点計算の例

7. 個人の単語得点を得点シートの第 1 ラウンドの欄に記載し、全ての単語の得点を合計してください。

総合得点が最も高い人がラウンドの勝利者となります。

予想されるゲームプレー：第 1 ラウンドは簡単で、全般的に参加者は難なくルールに従って単語を作ることができます。「ラウンド終了時に残っている単語のみを採点すること」「単語は最後の最後まで変更できますがその後は変更できないことについてくぎを刺すこと」は重要です。大半の参加者は、文字を受け取るとただ単語作りを始め、時間をかけて調整します。持っている文字で単語を作ることに集中する参加者もいれば、将来単語を完成させるための特定の文字を受け取ることを期待して、高得点の単語を作る参加者もいるかもしれません。マルチリンガルの参加者は、2 言語以上で単語をつづるかもしれませんが、それが精神的に有利になるのか支障になるのかは不明なため、振り返りとして有用な点となります。

振り返り：まず、ボランティアに総合得点を発表し、フリップチャートかホワイトボードに書いてもらってください。得点の幅を示すために、高得点と低得点を探してください。複数の得点により誰が最高得点を記録したのかが判明したら、その参加者を祝ってください。その後、振り返りに関する質問として、次の点を考えてください。

1. 戦略について説明をする前に、まずは自分の感情の反応について注目

してみましょう。自己認識が心の知能にとって重要な部分を占めているからです。第1ラウンドを遊んでみてどのように感じたか、1単語で答えてください（その後、複数単語で答えるよう尋ねてください。通常、多様な回答が得られ、回答はラウンドごとに変わります）。

2. どのような戦略を採用したか、まず勝者に聞き、その後全く異なる戦略を採用した参加者がいるかどうか尋ねてください。

3. このシミュレーションは非常にシンプルですが、その要素は現実世界と直接的な関係があります（表3.3）。

表3.3　ラウンド1と現実世界の関係

シミュレーション	ビジネスの世界
・文字	・リソース、原料
・単語	・付加価値製品
・語彙力とスクラブルに関する知識	・製品に関する知識、専門知識
・単語の形成と得点	・価値創造とビジネスプロセス
・単語形成戦略	・事業戦略
・他の参加者	・競合他社
・ゲーム環境	・アントレプレナー的エコシステム
・非常にまれな文字を含む長い単語	・高品質で珍しい材質からできたより大きく、複雑な高級製品（高級車を除く）

`0:35 - 1:00` **第2ラウンド**（振り返りと第3ラウンドの指示を含む）

準備： 参加者に対し、各テーブルの全員の間で文字をまとめて混ぜ合わせ、それぞれ文字が3個入った1スタック10個のカップの束を作り直してください。作業が完了次第、各参加者はスタックを「スタックのテーブル」に戻して、誰か別の参加者の付箋の後ろに置いてください。通常、この作業の所要時間は5分未満です。

指示：

1. 第2ラウンドでは、第1ラウンドと同じプロセスと得点計算方式を使用しますが、このラウンドでは他の参加者と協働して単語を作ることができます。文字を提出した全員が、単語が完成したと意見が一致した場合、その単語は固定され、変更や補強をすることはできません。

2. 第1ラウンドとは異なり、単語の得点を計算するために最後まで待つ必要はありません。単語を作り次第すぐに単語の得点を計算します。単語に1文字以上提供した参加者は、その単語の合計得点を獲得し、個人の得点シートに記載します。ただし、1単語に複数の文字を提供しても、それに対して追加で得点を獲得することはありません。

3. 単語の得点の計算が終わったら、その単語の文字はテーブル上にある「使用済み文字」のボウルまたはジャーに入れられ、再度使用することはできません。

4. どの文字が自分のものかを記録しておきます。他の参加者と協働することが推奨されますが、自分の文字や他の参加者の文字を物理的に集め、どの文字が誰のものか分からなくなってしまうことは認められません。1つの単語が完成したら、次の単語作成に移ります。

5. 第1ラウンドとは異なり、ラウンドが終了する前に全ての単語の得点を計算し、得点シートに得点を記載しなければなりません。最終ベルが鳴り、「手を挙げてください」と言われたら、その後にできることは得点シート上のそれぞれの単語の得点を足すことだけです。事前に計画を立て、ベルが鳴る前に最後に作った単語の得点を計算し、記載するために数秒間を取っておく必要があります。

6. アントレプレナー的になることを推奨します。このゲームには多くの遊び方があります。

予想されるゲームプレー：第2ラウンドは第1ラウンドよりはるかに混沌

として騒々しくなります。参加者の大半は同じテーブルにいた参加者と最終的には協働し（そしてチームを組み）、テーブルの大きさによって2～8人のグループができます。通常、少なくとも1グループが文字をプールしてルール違反をしてしまいます。参加者が他のテーブルに近づき特定の文字を持っているかを確認することもありますが、多くの場合、グループ外の参加者と協働することに抵抗を感じます。グループでは、何らかの基本的な分業も始めます。一般的には、単語を作る人、単語の得点計算をする人、カップを持ってくる人などの役割です。

振り返り：第1ラウンドの振り返りと同様、高得点、低得点、決勝点を募ってください。文字をプールしたグループは失格としてください。その後、次の振り返りに関する質問を考えてください。

1. 第1ラウンド同様、自分の感情から始めます。***第2ラウンドをプレイしてみてどのように感じたか、1単語で答えてください***（第1ラウンドと全般的な違いがあれば指摘してください）。協働することが楽しいと感じる参加者がいる一方で、混乱を招きストレスが多いと感じる参加者もいるでしょう。

2. ***どのような戦略を採用しましたか***。時間の経過とともに変わりましたか。まず勝者に聞き、その後全く異なる戦略を採用した参加者がいるかどうか尋ねてください。通常、参加者の大半は単に同じテーブルにいた参加者とグループを組み、ラウンド全体においてそのグループ内だけで協働します。時々、参加者が「誰かCを持っていませんか」「誰かCはいりませんか」などと呼びかけ、サプライヤー的な役割を担うことがあります（これが最も効果的な勝利戦略であることがよく分かります）。実際にリスクを冒して全く違うことに挑戦する参加者は非常に珍しいです。

3. ***どのようにチームを組みましたか***。ここでも、参加者はチームの形成について周到でも戦略的でもなく、単に同じテーブルの参加者とチームを組み、そのチームの中で取り組むべきだと思い込んでいることが明らかになり

ます。参加者は他の、よりアントレプレナー的な戦略を検討しないのです。

4. **どのような役割と関係が生まれましたか**。チームの中には、自然と分業を始めるところが出てきます。単語を作る人、単語の得点計算をする人、カップを持ってくる人が最も一般的な役割です。分業化を戦略として考えておらず、驚くチームもあるでしょう。

5. **第1ラウンドと第2ラウンド、どちらの作業が好みですか**。通常、(特にリーダーシップ養成または大学院の課程では)参加者のほぼ全員が第2ラウンドを選びます。自らをマネジャー兼チームプレーヤーと考えているからです。しかし、管理職の多くは、より定型的、構造的で独立している第1ラウンドを好むはずです。また、第1ラウンドの作業は自動化されつつあり、第1ラウンドを続ければ、次第に総合得点が最も高い言葉の組み合わせを自動的に生み出すソフトウェアを開発し、人間が単語作りをすることは実質的になくなってしまうでしょうと指摘します。

6. **リーダーでしたか、それともフォロワーでしたか**。この質問に正解はありませんが、このシミュレーションゲームで、参加者はリーダー役になるかフォロワー役(またはその組み合わせ)になるかを選ぶことができます。「その場の勢いで」どのように行動したかについて内省させることは、自己認識に役立ちます。

7. 第2ラウンドは、現実世界の協働と共同の価値創造をシミュレーションし、追加したものです(表3.4)。これにより、生産性が向上(すなわち、得点が上昇)しますが、複雑性も増し、責任の分担やチームワークが必要になります。

表3.4 ラウンド2と現実世界の関係

シミュレーション	ビジネスの世界
協働と共同の価値創造を認めること	グローバル・バリューチェーン、パートナーシップ、ビジネスネットワーク、機能横断型チームなど

準備：第2ラウンドの準備と同様に、参加者に対し、各テーブルの全員で文字をまとめて混ぜ合わせ、それぞれ文字が3個入った1スタック10個のカップの束を作り直してください。作業が完了次第、各参加者はスタックを「スタックのテーブル」に戻して、誰か別の参加者の付箋の後ろに置いてください。

指示：

1. ***第3ラウンドのルールは第2ラウンドと同じルールで行います***。講師は通常休憩前にこのことを発表します。そうすることで、参加者は議論して戦略を練ることができるようになります。

2. ***もっとアントレプレナー的になるにはどうしたらよいでしょうか***。この時点で、筆者はまた、参加者に対し第3ラウンドの最高得点は8,176点（1,200点を超えることがめったにない第2ラウンドの通常の高得点の数倍）であることを伝えます。参加者が驚きの表情を見せたら、「このゲームにはいろいろな遊び方がありますが、第2ラウンドではみんな同じ遊び方をしている（すなわち、チームを組み、協働し、分業を活用する）」と述べます。創造と予測の論理でいえば、これは非常に予測志向のアプローチであり、参加者はアントレプレナー的になって何か大きく異なることを試みるよりも、周知の戦略（チームの形成）を適用しています。

予想されるゲームプレー：もっとアントレプレナー的になるように忠告したにもかかわらず、参加者の大半は第2ラウンドのチームに残り、分業を採用するか、改良するかにとどまります。参加者の中には非常に長い単語を作ろうと努力する者もおり、ある言語で最も長い単語を作ろうとする参加者も多いです。通常、最も効果的で勝利につながる戦略は、サプライヤーの役割を担い、チームからチームへと渡り歩き、多くのチームにおい

て長い単語に自分の文字を入れる機会を見つけることです。これが8,176点の記録を生み出した戦略です。しかし、典型的なゲームプレーは、創造のアプローチ（全く異なるゲームの遊び方を試す）ではなく予測的アプローチ（チーム内でより効率的に作業する）の方が多いのです。

振り返り：筆者は通常、第2ラウンドの振り返りの質問を再度尋ね、第3ラウンドで変わった戦略やアプローチに焦点を当てます。もっとアントレプレナー的になるように忠告したにもかかわらず、参加者は同じ戦略でより効率を上げようとしています。そこで、自ら選んだ、これまでの戦略を実行・改善したことと全く異なるアプローチを試すことにどれだけの時間を費やしたか尋ねます。参加者は大抵、それほどアントレプレナー的ではなかったことを渋々認めます。筆者は次に、その理由について尋ねます。よくある回答としては、新たな戦略を立てる時間が足りなかったこと、リスクが高すぎること、グループを去らないようにさせる社会的な圧力などがあります。これらのシミュレーションに基づく理由は、実際の組織に存在する理由と容易に結び付けることができます。

1:25 - 1:40 **第4ラウンド**（振り返りと第5ラウンドの指示を含む）
準備：第2、第3ラウンドと同じです。

指示：
1. 第4ラウンドは第3ラウンドと同じですが、2つの重要な変更点があります。
2. テーブルに近づいて毎分カップを1個取る代わりに、カップをいつでも、何個でも、どのスタックからでも取ることができます。シミュレーションでは時間がどれだけ残っているかを知らせますが、毎分ベルを鳴らすことはありません。

3. テーブルから個人的かつ物理的にカップを取る場合、1個あたり40ポイントが必要になります。このラウンドの終わりに単語の総得点を計算した後、取ったカップの数×40ポイントを差し引きます。このラウンドでは、総得点ではなく、利益を競います。最も利益を稼いだ参加者が勝利とします。

4. このラウンドを通じて、誰とでも組めますが単語は3語までしか作ることができません（これはチームの解散を強制し、参加者に別の戦略を試してもらうためです）。

5. カップの「チェリーピック（えり好み）」はできません。カップを取るためにテーブルに近づくときは、文字を見て最もよい、あるいは望ましい文字が入っているカップを意図的に取ってはなりません。

予想されるゲームプレー：コストが加わると、ほとんどの参加者がリスクを回避する傾向があります。ラウンド終了時には参加者に対し、スタックのテーブルの方を振り返ってもらうことにしています。大抵、半分以上のカップが残ったままです。単語を作る（さらに実践する）時間は同じだけあったにもかかわらず、参加者は十分な数のカップを取って高価値の単語を作ることに消極的です。時々、すぐに10個以上のカップを取る参加者もいますが、これはあちこちに移動し、貢献できる言葉をたくさん見つける場合は非常によい戦略です。しかし、自分1人で単語を作ろうとする場合は非常にまずい戦略です。通常、「3単語のルール」は、ラウンドの途中から動きを起こす傾向があるだけで、戦略の変更は起きません。参加者は大抵、他のテーブルに行って新たなグループを作り、同じ協働戦略を続けます。しかし、少数の参加者は、よりサプライヤー的な役割を担い、高得点の単語を完成させる手助けとなる文字を提供したり、入手したりする機会を探ります。

振り返り：得点を聞き、勝利者を宣言し、感情の確認が終わったら（通常第4ラウンドでは参加者はよりストレスを感じています）、次の質問をしてください。

1. **文字にコストがかかること、利益を競うことについてどのように対処しましたか**。ほとんどの参加者は、変更後のゲームプレーでリスクがはるかに高まったため、最初にカップを数個以上取ったり、シミュレーション中に追加のカップを取ることに消極的です。コストの追加（と損失の可能性）により、参加者のアントレプレナーらしさははるかに低くなります。通常、このシミュレーションに基づくリスク回避は、実際の組織におけるリスク回避と容易に結び付けることができます。

2. **どのような戦略を採用しましたか。時間の経過とともに変わりましたか**。「3単語のルール」は、異なるアプローチの実験をある程度促す傾向がありますが、ほとんどの参加者はこれまでのラウンドで採用したものと同じ戦略を続け、それを新たな規則に適応させるだけです。このことを指摘（かつその理由をさらに探求）することで、時間やコストのプレッシャーがいかにイノベーションやアントレプレナーらしい行動を抑圧するのかを示す上で役に立ちます。

3. **第4ラウンドは生産コストや協働からの離脱／複雑性を混合したもの**で、いずれも全ての組織において存在するものです（表3.5）。

表3.5　ラウンド4と現実世界の関係

シミュレーション	ビジネスの世界
・供給に制限はないものの、文字のカップにはそれぞれコストがかかる ・各ラウンドで（特定の参加者と）最大3単語までしか協働できない	・管理する必要がある変動リスク ・多くのパートナーと顧客が存在するより複雑なグローバル・バリューチェーン ・グループの離脱、再編、短期プロジェクトなどが多い高度にダイナミックな組織

第5ラウンド（振り返りを含む）

準備： 第2、第3、第4ラウンドと同じです。また、顧客として訓練した
ボランティア3人を確保してください（得点付与の方法など顧客に関する指示書は、
「第5ラウンド採点ルーブリックと審判の指示」を参照してください）。

指示：

1. 第5ラウンド（最終ラウンド）は第4ラウンドと同じですが、2つの重要
な変更点があります。

2. このラウンドでは、顧客価値を事前に知ることができません。すなわ
ち、（単語の得点）×（単語の文字数）という以前の公式がもはや適用され
ないということです。

3. スクラブルの文字で単語を作ったら、手を挙げてください。「顧客」が
近づき、単語を評価して得点を付与します。単語に文字を提供した参加者
は付与された得点を獲得します。その数字をそれぞれの得点シートに記入
してください。自ら得点を計算することはありません。得点の計算は全て
「顧客」が行います。単語の得点の計算が終わったら、文字は使用済みに
なるので、使用済み文字用のボウル／ジャーに入れてください。

4.「3単語のルール」は廃止されます。同じ参加者と4単語以上で協働す
ることができます。

予想されるゲームプレー： このラウンドでは、顧客の欲求やニーズが不明
な、新しい機会領域をシミュレーションするものです。通常、これまでの
（単語の得点）×（単語の文字数）の得点計算ルールを、「単語の最後の文字の得
点×25」に密かに変更しますが計算ルールはほぼ何でも差し支えありま
せん。最も効果的な戦略が、素早く「プロトタイピング」し、多くの単語
で得点を稼ぎ、その後顧客が求めるものを特定する上で役に立つパターン
や手掛かりを探すことであるのは明らかです。これは時折起きますが、大

抵の場合は、参加者はこれまでに組んだグループの中にとどまり、戦略について話し合うか、以前の勝利戦略（例：得点の高い文字を含む長い単語）をこの新たな状況に即座に適用するかします。最初の1、2分はほとんど手が挙がらないことが多く、顧客に対して同時に2語以上の得点計算を依頼することもほとんどありません。

上記の25倍ルールを使用する場合、大半のチームは最初に得点の高い文字を含む長い単語を作ろうと努力しますが、25点と計算されることになります（これは通常単語の最後の文字はわずか1点にしかならない使用頻度の高い文字だからです）。何をしても顧客価値が増えないように思われるため、混乱するチームが出る一方で、ルールは「全ての単語は25点」だと結論付け、できるだけ多くの単語を作ろうとします。一方で、1、2グループは最終的に正しいルールを理解し、できるだけ素早く効率的に単語を作ろうとするでしょう。いずれの場合でも、どの参加者にとっても楽しく、魅力的なラウンドとなる傾向があります。

振り返り：得点を聞き、勝利者を宣言し、感情の確認が終わったら（このラウンドでは、参加者は混乱と興奮、困難と不満などが交錯しています）、次の質問をします。

1. ***顧客価値が分からない不確実性にどのように対処しましたか***。この質問は自然と戦略に関するディスカッションにつながります。振り返って考えると、大半のチームはもっと「プロトタイピング」を直ちに行い、顧客のニーズを把握すべきであったこと、これまでの戦略に長く固執しすぎたことに気付きます。その後のディスカッションは、不確実な状況における素早い学習の重要性、ラピッドプロトタイピングの力と、これらへの課題／障壁の裏付けとして活用できます。

2. ***実験と、計画や実行にどれだけの時間を費やしましたか***。このシミュレーションにおける最善の戦略は、顧客の要求を理解するまで素早く実験

／プロトタイピングを行い、早期に学習／失敗し、その後実行と効率の改善に移ることです。すなわち、創造のアプローチから始め、勝利戦略／デザインが得られたことを確信したら効率と段階的改善を重視する計画／予測のアプローチに移行するということです。後になってみればこのことは参加者にとって当たり前のように思われます。シミュレーションにおいて、なぜこのアプローチを追求しなかったのかを再度探究することは有効的です。通常、実験する時間が足りなかった、リスクが高すぎると感じた、採用した戦略に従わなければならない社会的圧力があった、などの理由が挙げられます。

3. **主にリーダーでしたか、それともフォロワーでしたか**。筆者は通常、この質問は正解を引き出すよりも、答えを求めていない質問として尋ねます。自己認識を構築する手段として、参加者に「その場の勢い」による自分の行動に気付いてもらいたいからです。

4. *このシミュレーションから全体的に得られた教訓や学びは何ですか*。よくある回答としては、新たなアプローチを実験すること、実行に重点を置く前に概念化に時間をかけること、素早く学ぶために「小さな賭け」を行うことの重要性や価値が挙げられます。シミュレーションの終わりまでに教訓は十分に繰り返されており、参加者の大半は「合点がいって」いて、この経験について全般的に非常に肯定的になっています。

`2:05 - 2:30` **まとめと覚えておくべき重要点**
筆者は大抵、シミュレーションの締めくくりとして次の覚えておくべき重要点を伝えます。

1. マネジメントとは複雑性に対処することであり、リードとは変化や不確実性に対処することです。

2. 私たちがリードすることについて知っている内容は重要です。しかし、私たちのリーダーシップを形作るのは、その場の勢いでどのように行動す

るかです。

3. 不確実性の高い時代において、自分のグループが迅速で機敏な行動により素早く学ぶ助けとなるようリードすることは、予測できないことについて考えたり計画を立てたりすることに多くの時間を費やすよりも、賢明なアプローチであることが多いです。

・ 受講者に求められる演習後の作業 ・

なし。ただし、この体験について簡単な振り返りメモを残してもらうことはあり得ます。

・ 指導のヒント ・

指導のヒントの大半はこれまでの指示に含まれています。大半のシミュレーションと同様、鍵となるのは柔軟になること、実施するたびに異なる行動と結果につながることを認識することです。その結果、振り返りはこの変わりやすさを利用し、参加者の具体的な経験の文脈では筋が通らない学びを無理やり押しつけるのではなく、参加者の実際の経験を中心により多くの「指導しやすい瞬間」を作り出すようダイナミックに調整すべきです。単語作りを中心にしたシミュレーションは非常にシンプルですが、シミュレーションによって生まれた行動は実際の組織で起きていることを反映しています。（学習と表面的妥当性の双方から）シミュレーションで起きていることは「実生活」で起きていることだ、ということを繰り返し示すことは有用かつ重要です。

・ 出典 ・

指導ノート、個人得点シート、導入用スライドの電子版の入手を希望される場合は、キース・ローラグ（krollag@babson.edu）にメールを送付してください。

・ 配布資料：ワーズ・ウィズ・フレネミーズ ・

個人得点シート（端の余白はメモとして使用してください）

氏名：

	第1 ラウンド	第2 ラウンド	第3 ラウンド	第4 ラウンド		第5 ラウンド
各ラウンドの 合計得点						

各ラウンド中に 作った単語数						
各ラウンド中に 協働したプレー ヤーの概数						

このシートを参加者に見せたり、共有したりしないでください。

学習目標： 第5ラウンドの目標は、参加者に対し、（特に顧客の要求面で）非常に不確実性の高い状況に対処させ、行動志向、創造志向、実験志向のアントレプレナー的アプローチを取る参加者を評価することです。審判としての仕事は、その不確実性を作り出す手助けをすることです。

背景： シミュレーションの最初の4ラウンドでは、各単語の総得点はスクラブルの単語総得点×単語の長さで計算されます。例えば、POSTという単語を作った場合、総得点は（3＋1＋1＋1）×4=24となります。また、QUEENという単語を作った場合、（10＋1＋1＋1＋1)×5=70点を獲得します。

第5ラウンドでは、参加者は単語の得点の計算方法を事前に知らないため、単語を作り、得点の計算をしてもらうことで計算方法を突き止めなければなりません。参加者は、「価値あるものを作り」、得点を付与する「審判」を呼ぶようにだけ指示されています。

得点の計算方式： この計算方式を参加者に共有しないでください。
参加者に単語の得点を計算するよう呼ばれた場合、数秒間単語を見つめ、単語に何点を付与するかあたかも真剣に考えているかのようなそぶりをしてください。そして、次の計算方式を活用してください。これは、単語の最後の文字の点数を25倍するものです。

最後の文字	最後の文字の得点	単語の得点
AEIONRTLSU	1	25
DG	2	50
BCMP	3	75
FHVWY	4	100
K	5	125
JX	8	200
QZ	10	250

審判（顧客）向けアドバイス： 目標は単語の得点を計算する方法に関する手掛かりをチームに与えないことです。単に見て、得点の計算をし、次に進んでください。得点の計算方法については、各チームに突き止めさせてください。チームが様々な単語を使って努力し実験することと比べれば、突き止めること自体は重要ではありません。熱心に非常に長く複雑な単語を作ろうと努力するも、（これまでのラウンドとは異なり）数点しか得られないことに気付くチームも出ることでしょう。

3-6　パン焼き競争的な脚本制作活動

作成者：ベス・ウィンストラ
実践へのつながり：◖◗◉

・アントレプレナーシップにおける主要テーマ・

アイディエーション、失敗、検証

・ **説明** ・

1984年、後にピューリツァー賞、トニー賞の他に様々な賞を受賞することになる劇作家ポーラ・ヴォーゲルは、仲間である劇場の俳優と、ある演習を開発しました。本演習は、米国の演劇に対する俳優の不満から生まれたもので、新たな作品制作の方法を開発しようとしたものです。エッセー『Bake-offs: a history』において、ヴォーゲルは以下のように記しています。

ニューヨークで上演される新しい演劇はアクターズ・シアター・オブ・ルイビル[2]から移ってきた演劇のみだったので、その不満のはけ口として、1984年に商業的に採算のとれる新しい演劇に関する法則を見極めることにしました。観劇後に帰宅してから48時間以内に、それぞれがその法則に合った演劇を書き、私たちはそれを**グレート・アメリカン演劇ベイクオフ**[3]と名付けました。

ヴォーゲルと仲間の俳優は、ドラマが人を引きつける3つの要素は、「玄関先、台所の流し、心に秘めた秘密」であると判断し、彼らはこの要素を自らが執筆する台本に共通する要素として課しました。ベイクオフ活動が正式に誕生し、本演習はその後ブラウン大学などの主要大学の演劇・劇作コースでも用いられています。同大でヴォーゲルは20年にわたって劇作コースの教授を務めました。ベイクオフ活動は、イェール大学や世界中の劇団のワークショップでも新たな演劇を生み出すものとして用いられてい

2　アクターズ・シアター・オブ・ルイビルは、ケンタッキー州ルイビルのダウンタウンにある非営利の舞台芸術劇場。1964年にルイビル出身のエウエル・コーネットとリチャード・ブロックが運営する2つのカンパニー、アクターズ・インクとシアター・ルイビルが合併して設立された。1974年に"ケンタッキー州の州立劇場"に指定され、年間観客動員数150,000人を誇る、米国で最も革新的なプロの劇団の1つと呼ばれている。https://en.wikipedia.org/wiki/Actors_Theatre_of_Louisville
3　ベイクオブ…パンやケーキなどを焼く競争。Vogel, P.（n.d.）, 'Bake-offs: a history'、http://paulavogelplaywright.com/bakeoff-history

ます。ヴォーゲルは次のように語っています。

劇作と料理の力学についてより深く考えるにつれて、特定のグループ、劇団、私たちが知り愛している俳優や特定の観客のために、期限を決めて「料理をする」という比喩がいかに適切であるかに気付きました。（中略）私たちは料理コンテストをしているのです。「私はあのレストランよりもうまい料理を作れる」「私にはこのケーキやサラダよりも優れたアイデアがある」。

ヴォーゲルのベイクオフ活動は、新たな劇作の制作につながるのみならず、参加者が「俳優」としてやるべきことの実践となります。すなわち、特定の時間に特定の観客に向けて創造するということです。確かに、アントレプレナーも俳優と同じように、製品を創造している相手や、製品を適時適切に製造することに関心を持たなければなりません。ベイクオフ活動による制約は、アントレプレナーが日々の生活や事業で直面する制約よりも厳しいかもしれませんが、この活動は参加者に対し、制約と共通の要素がある中で活動する実践となります。本演習は、アントレプレナーシップの教室でみられるような、より従来的な創造的活動と対照的です。というのも、ビジネス以外の分野を用いているからです。

ベイクオフ活動の目的は、指定された材料を使い、指定された時間内に独創的な演劇や寸劇を作ることです。受講生は、指定された材料をどのように活用すれば観客にとって魅力的なストーリーになるのか、について考えなければなりません。ベイクオフ活動を実施するとき、講師はアントレプレナーシップのコースに最適な材料と時間の制約を決めることができます。例えば、ファミリー・アントレプレナーシップのコースにおいてコミュニケーションダイナミックスやコンフリクトマネジメントに関する授業を行う講師は、以下のようなベイクオフ用の材料を選ぶかもしれません。

- 兄弟姉妹げんか
- 遺産に関する遺書／指示
- 結婚
- 家族関係にはない忠実な従業員
- 「お父様が一番愛したのは私」というセリフ

参加者は演劇や寸劇を制作する際、上記全ての材料を用いなければならず、面白い話が展開するように制作します。講師は演劇を制作する時間を決めて（24時間でも30分間でも、その中間でも構いません）、作品を制作するにあたりグループで作業するか個人で作業するかも決めることができます。

本演習は、95分間・受講生20人の授業をモデルにしています。受講生は、1グループ5人の4グループに分かれます。一般的に、この時間の制約と受講生数の組み合わせは非常に効果的です。講師は参加者に対し、独創的で人を引きつける形で材料を用いるよう促してください。参加者は作品を自ら演じても構いませんし、本活動で制作した台本を外部の役者に演じてもらっても構いません。

ベイクオフ活動の最もよいところは、最終成果物を「試食」、すなわち観劇することかもしれません。参加者は、自分たちの作品で使用したものと同じ材料が、他の参加者の作品においてどのように異なる独創的な形で再構築されているのかを見ることができます。さらに、演劇は新しいアイデアや戦略を検証し得る実験室のようなものにもなります。ファミリー・アントレプレナーシップに関するコースの事例では、上記の課題材料で独創的な演劇を制作することを通じて、対立を乗り切ったり要望を明確に正しく伝えたりする効果的な方法を発見するかもしれません。

・ 利用例 ・

ベイクオフ活動は、あらゆるコース（学部生・大学院生）や課程で利用でき、

観客の人数の面でも制約はありません。本活動は、移動を妨げる大きな家具や他の物品のない開放的なスペースで実施する必要があります。また、参加者と観客のために椅子を用意することをお勧めします。

・ 実施方法 ・
対面

・ 学習目標 ・
- 特定の時間に特定の観客に向けた独創的な作品を制作する。
- 共通／共有の要素について新たな思考法を実践する。
- 成功するストーリーテリングの方法を見出す。

・ 理論的基礎と参考文献 ・
-ポーラ・ヴォーゲルによる記事「Bake-offs: a history」は、http://paulavogelplaywright.com/bakeoff-historyで閲覧できます。
演技に関する入門書としては、以下を参照してください。Barton, R. (2012), *Acting Onstage and Off*, Boston, MA: Wadsworth.
-舞台上での動きとビジネスのプレゼンテーションでの成功を関連付ける記事としては、以下を参照してください。Ray, S. (2017),'Why the power positions of the stage are important at the office', https://www.bizjournals.com/bizjournals/how-to/growth-strategies/2017/10/why-the-power-positions-of-the-stage-are-important.html

・ 教材リスト ・
- 独創的な演劇を創作するためのノートパソコン
- 演技を盛り上げる小道具や衣装を自由に持ち込んでも全く構いません。

・ 受講者に求められる事前作業 ・
受講生は、演技に関する入門書を読む必要があります。Barton, R. (2012) , *Acting*

Onstage and Off, Boston, MA: Wadsworthの第1章「Acting acknowledged」
を推奨します。

・ タイムプラン （95分） ・

上述の通り、ベイクオフ活動の予定は大きく変わる可能性があります。次
の説明は、95分間・受講生20人の授業でベイクオフ活動をどのように実
施するかについて述べたものです。課題材料は活動前日の夜に各グループ
に伝えることを推奨します。受講生は翌日、プロット、登場人物や対立の
可能性について考えて出席することが期待されます。演習の説明のセク
ションにある内容の一部を用いて、前の授業中に本演習の準備をすること
も有用かもしれません。グループメンバー全員が異なるアイデアや戦略を
持って出席できるように、グループのチーム分けは活動当日まで待つこと
をお勧めします。

0:00 - 0:20

本演習をアントレプレナーシップ関連コースで利用するであろうことを踏
まえると、受講生は「演技」について緊張や不安を抱えて出席する可能性
があります。まずは伝統的な劇場でのウォーミングアップ演習を活用して
少し楽しんでみましょう。演習のストレッチとして受講生をリードしなが
ら、体を動かし、実験し、演じる準備ができるようにします。ストレッチ
によって、脚、背中、腕、首が温まります。次に、受講生に輪になっても
らい、ドラマチックなジェスチャーで自己紹介をしてもらってください。
次の受講生は前の受講生の名前とジェスチャーを繰り返してから、ドラマ
チックなジェスチャーで自己紹介をしてください。このプロセスは全ての
受講生がジェスチャーをつけて自己紹介するまで、輪の中で続きます。本
演習は、緊張をほぐし、役者ごとに異なる独自の舞台上の動きを試すよい
方法です。

ウォーミングアップの後、教科書に記載されている舞台の基本的な位置関係（舞台中央、下手、上手、上手奥、上手前など）を受講生に確認してください。舞台中央前など迫力あるポジションや、登場人物の舞台上の位置によって見える関係性、パワー・ダイナミクスについて受講生とディスカッションをしてください。受講生に対し、あらゆる演劇の名作には対立が含まれていることを再度認識させてください。対立とは、単純に言うと、AはBから何かを欲していますが、Bは別の何かを欲しているようなものといえます。受講生が制作した台本には確実に対立が含まれていなければなりませんが、必ずしも解決を含んでいる必要はありません。

0:20 - 0:30

受講生を5人のグループに分けてください。受講生に対し、独創的な台本を制作することと、そしてその台本で演技をすることについて説明してください。台本には、前日に知らされた課題材料が含まれていなければなりませんが、これらの課題材料は好きなように利用することができます（そうすべきです）。例えば、材料が「ブラザー（brothers）」であれば、参加者は血縁関係（brothers）を演劇に盛り込んでも、社交クラブの仲間（brothers）を盛り込んでも構いません。受講生に対し、30分間で台本を書き上げ、15分で独創的な演劇を暗記・リハーサルするよう伝えてください。最終的な演技は5〜7分程度とします。受講生に対し、求めている作業をするのに十分な時間は与えていないため、時間を効果的・効率的に活用する必要があることを伝えてください。

0:30 - 1:00

受講生が協働し小グループで台本を書いている間、各グループを巡回してください。引き続き、各グループに対し、全ての材料を独特かつ刺激的な方法で活用するよう促し、観客に期待することを尋ねてください。自分た

ちでの劇で、観客には何をしてほしくて、考えてほしくて、気付いてほしいのでしょうか。また、これらの目標は、どのように台本制作に組み込まれるのでしょうか。

1:00 - 1:05
5分間を使って、台本制作からリハーサルに移行してください。

1:05 - 1:20
受講生が演劇や寸劇をリハーサルしている間、巡回して観客のことについて再度考えるように促してください。全てのセリフが観客に聞こえるでしょうか。観客は演劇の全ての瞬間を見届けられるでしょうか。観客が全ての瞬間を見て、聞いて、楽しめるよう、動きを変更する必要はあるでしょうか。

1:20 - 1:35
公演です。公演時間を5分台に収めてください。講師は、次の授業で演劇をしたり、時間の都合で上記の制作からリハーサルへの移行のための5分間を削ったりしても構いません。

・受講者に求められる演習後の作業・
ベイクオフ活動について受講者に求められる演習後の作業はありませんが、受講生に対し、自分たちの劇を制作して演じるプロセスについて考えてもらうため、内省レポートを書いてもらうことを推奨します。このような内省を誘導する質問として、次のような質問が含まれます。

- ○ うまくいったことは何ですか。
- ○ 困難だったことは何ですか。
- ○ 材料一覧と時間の制約についてどのように対処しましたか。

- 他のグループの演技を見て何を学びましたか。
- 物語を話すことについて何を学びましたか。
- アントレプレナーシップのコースでこの活動を行った理由はなぜだと思いますか。

これらの質問は、演習後すぐに行うクラス内や次の授業での振り返りや、あるいはオンラインの掲示板を使うこともできます。

・指導のヒント・

ベイクオフ活動は、(ちょうどベンチャーキャピタリストや投資家のように) 外部の人間が参加し、最終成果物について評価したり、コメントをしたりすると効果があります。外部の人がいることで、活動に懸ける思いが高まり、参加者は競争心を持ちながらも楽しい雰囲気を作るでしょう。おそらく受講生は、この活動が心地よい居場所の外にあることに気付くでしょう。楽しい雰囲気を作り、全てのチームに対してクラスの受講生が拍手したり (大声で歓声を上げたり) することにより緊張は和らぎます。受講生に対して、このプロジェクトは急ごしらえで大きな制約が課されており、完璧な演技にはならないことを何度も繰り返し伝えてください。目標は、限られた持ち合わせの材料で、可能な限り創造的になることです。

・出典・

本演習はポーラ・ヴォーゲルが制作したものですが、一般に利用することができます。

3-7　芸術を通じて恐怖を克服する

作成者：カンディダ・G・ブラッシュ
実践へのつながり： ◖ ❀ ♨

・アントレプレナーシップにおける主要テーマ・

アイディエーション、失敗、検証、アントレプレナー的マインドセット

・説明・

芸術は、芸術家ではない人々を大いに無力化するものです。多くの人々が、芸術家としての訓練を受けていないことから、絵を描くことを恐れています。本演習で、受講生は物と人を描くことが求められます。それにより、創造的あるいは芸術的になることへの恐怖を払拭することができます。製品やサービスの概念化の初期段階では、しばしばプロトタイピングが必要となります。

製品やサービスを描くことは、よくラピッドプロトタイピングやプロトタイピングとも呼ばれていて、プロトタイピングの最も初期の時点で行うものです。本演習では、4回の短い省察的な描画演習を通じて、受講生は恐怖を捨て去り、楽しむことができます。

・利用例・

本演習は、スタートアップ、プロトタイピングとアントレプレナー的マインドセットに関するコースやセミナーにおいて、学部生、大学院生や実務家を対象に実施することができます。参加者の人数は8〜80人です。

・ 実施方法 ・

対面、オンライン

・ 学習目標 ・

- 描くことやデザインすることへの恐怖を克服する。
- 観察スキルを磨く。
- ある種の実験に関与する。

・ 理論的基礎と参考文献 ・

-Jenny, T. (2011), 'New discoveries about non-dominant-hand drawing'、https://partsandself.org/non-dominant-handwriting-as-a-way-to-access-parts/
-Potts, E. (2018), '5 drawing Exercises that will turn anyone into an artist'、https://www.creativelive.com/blog/5-drawing-exercises-turn-make-anyone-artist/
-Treadway, C. (2009), 'Hand E-craft: an investigation in to hand use in digital creative practice', Proceedings of the Seventh ACM
-Conference on Creativity and Cognition, October, pp. 185-94,
doi: 10.1145/1640233.1640263.

・ 教材リスト ・

- 受講生1人につきA4大の白色の紙または無地の色紙4枚
- 受講生1人につき鉛筆1本（消しゴム付き）
- 油性カラーマーカー、クレヨンまたは色鉛筆のセット（各テーブルに2セット）
- 各テーブルにフラワーアレンジメント1個（造花・生花は問いません）または興味深い描画対象となる三次元の物体（複数可。角、曲線、形、色があるもの）

・ 受講者に求められる事前作業 ・

なし

本演習は40分間を想定していますが、延長・短縮ともに可能です。受講生には、4〜10人（偶数）で円形のテーブルに座ってもらい、フラワーアレンジメント（物体）を各テーブルの中心に置いてください。

各受講生に白色で無地の紙または色紙4枚と鉛筆1本を配ってください。さらに、テーブルには油性カラーマーカー、クレヨン、色鉛筆を少なくとも2セット配置し、受講生が描く際に複数の色を使えるようにしてください。

0:00 - 0:05 開始

クラスに対して、「自分は芸術的だと思いますか」と尋ねてください（手を挙げるように指示してください）。次に、「芸術的であるとはどういうことでしょうか」と尋ねてください。この短時間のディスカッションでは「芸術的才能には描画、絵画、デザイン、彫刻、造形など様々な形がある」「芸術は音楽、料理、裁縫、ガーデニング、絵画など様々な文脈で用いられている」という意見が出るかもしれません。

芸術的とは通常、美的に魅力的であって、特別な技術・技能を必要とするものを創造できることを意味します。重要なのは、芸術的スキルは実践によって習得できることです。絵も、アントレプレナーシップにおけるコミュニケーションの手段です。初期段階では、アイデアを描いた方が字で書くよりもうまくいくことがあります。しかし、私たちの多くは芸術的でないことを恐れているため、描くことを敬遠してしまいます。

本日の演習は、絵を描くことを通じて自分のアイデアを表現することへの恐怖を克服し、楽しめるようになる上で役に立ちます。

0:05 - 0:08 描画演習1：見えるものを描く

受講生に対し、紙1枚と通常の鉛筆1本を取るように指示してください。

また、テーブルの真ん中にあるフラワーアレンジメント（もしくは物体）を、**紙を見ずに**、通常の鉛筆で「描く」よう指示してください。2分後、受講生に対し、色鉛筆またはマーカーを1本取り、引き続き紙を見ずに、違う色で描画を着色するようにしてください。

`0:08 - 0:10` 描画演習1の振り返り

クラスに対し、絵を見て、同じテーブルの他の受講生と共有するよう指示し、「絵はどうなりましたか」と尋ねてください（多くの笑い声が上がります）。クラスに対し、「描いている最中に何を意識して描きましたか」と尋ねてください。続いて、「紙を見ないことは難しかったですか」と尋ねてください。この事例では、自分の絵の状況が見えないため、描き方を修正したり評価したりする機会がありません。

`0:10 - 0:13` 描画演習2：利き手ではない方の手

受講生に対し、別の紙を1枚と色鉛筆を取るように指示してください。次に、受講生に対し、テーブルの真ん中にあるフラワーアレンジメント（または物体）を、利き手ではない方の手で描くように指示してください。今回は、受講生は紙を見ても構いません。2分後、受講生に対し、色鉛筆またはマーカーを1本取り、利き手ではない方の手で描画を着色するように指示をしてください。

`0:13 - 0:15` 描画演習2の振り返り

クラスに対し「利き手ではない方の手で描くのはどうでしたか」と尋ねてください。おそらく受講生はぎこちない感じがしたと答えるでしょう。講師は、利き手ではない方の手を使うことは、脳にとって若干混乱を招く可能性があるものの、創造力を発揮し、完璧な絵を作ろうとする意欲を抑え込むことになることを指摘してください。

<u>0:15 - 0:18</u> **描画演習 3：パートナーを描く**

受講生に対し、同じテーブルでパートナーを見つけ、紙を1枚と鉛筆1本を取るように指示してください。受講生に対し、**紙を見ずに**パートナーを「描く」よう指示してください。2分後、受講生に対し、色鉛筆またはマーカーを1本取り、鉛筆と違う色で絵を着色するようにしてください。

<u>0:18 - 0:22</u> **描画演習 3 の振り返り**

ここでも多くの笑い声が上がります。できあがった絵がパートナーの外見に似ていることさえめったにないからです。クラスに対し、絵を同じテーブル内で共有するよう指示して、「何に注視しましたか」と尋ねてください。受講生は顔のパーツについて言及するでしょうが、重要な点は、被写体を観察するときに相手が何を考えているのかを解釈しようとするのではなく、顔立ちを注視してしまっているという点です。

次に、「紙を見ずにフラワーアレンジメントを描いたときとどのような違いがありましたか」と尋ねてください。講師は、パフォーマンス・プレッシャーの要素、すなわち、今回ほとんどの場合は被写体のよい特徴を捉えようとする欲求があることから異なってくるのだと指摘してください。

<u>0:22 - 0:25</u> **描画演習 4：両手で描く**

受講生に対し、最後の紙と異なる色の鉛筆2本またはマーカーを取るように指示してください。受講生に対し、紙も見ながらフラワーアレンジメントを両手で描くように指示してください。

<u>0:25 - 0:28</u> **描画演習 4 の振り返り**

受講生に対し、「どのようにこの演習に取り組みましたか」と尋ねてください。大半の受講生は、フラワーアレンジメントの上部から始めて下に進んだため、両手で一斉に線を描いたと答えるでしょう。異なるアプローチ

を取った受講生がいるかもしれません。その場合は理由を尋ねてください。受講生に対し、「結果はどうでしたか」と尋ねてください。おそらく線の力強さと質に差が出ているでしょう。一部の芸術家は、珍しいスキルではありますが両手で描くことを習得したケースもあることを伝えても構いません（例：レオナルド・ダ・ビンチ）。利き手と利き手ではない方の手は、それぞれ異なる補完的な役割があります。利き手はこれまでに繰り返し練習し、どのように実施するのかを把握しているような、前もってプログラムされた活動を担当します。利き手ではない方の手は、即興で行い学ぶ必要があります。これを練習することで、脳の両側を使用するのに役に立ちます。

`0:28 - 0:40` まとめと最後の振り返り

どの描画演習が一番よかったですか。その理由は何ですか。どの演習で最もよい絵ができましたか。その理由は何ですか。これらの演習を練習するつもりはありますか。

主要な要約点は次の通りです。

- 本演習では、知っているものではなく、見ているものを描くことを学びます。これは観察の主要な要素です。なぜなら、人物や物体を見て、その人が考えていることや物体の意味を推測するのではなく、実際に観察しているからです。これは、デザイン思考やその他の機会、特定のバリエーションにおける観察にとって重要なスキルセットです。

- 受講生は「今起きていることを見ており」、短い間他のことを忘れます。集中を高める練習をしているのです。

- 利き手ではない方の手で描くことは誰にとってもぎこちないもので、心地よくはありません。しかし、不快感は創造力とアントレプレナーシップの両方に必要な要素であることに留意する必要があります。利き手ではない方の手で描くなど、新たな方法で何かを利用することは、

世界の新たな見方ができるようになるためのよい刺激となります。

○ 描くことは、アントレプレナーシップにおいてアイデアを伝達する方法であり、これらの演習は、これまでに挑戦したことのない何か新しいことに対する恐怖を克服する上で役に立ったはずです。本演習はこのことを探求する方法です。アイデアを描くときは自己判断しないようにしてください。その代わり見ているものそっくりのレプリカを制作するよう努めてください。

・受講者に求められる演習後の作業・

フォローアップ課題としては、受講生に対し、自身のアイデアや、ベンチャーの製品やサービスについて言葉を使わずに描いたポスターを持ってきてもらうことが考えられます。

・指導のヒント・

本演習では多くの会話と笑いが生まれますが、重要なのは、演習の目的を強化することです。講師は、受講生に対し、本演習の短い省察課題を行うようにするとよいでしょう。クラス内に素晴らしい芸術家がいれば、その人に芸術を実践することについてどのように考えているのか、観察の力、実験の役割などについて話してもらうようにしてもよいでしょう。芸術家は実験と試行錯誤を繰り返しており、最初から成功することはないのです。

・出典・

本演習は、広く知られている複数の演習を筆者が独自にまとめたものです。

3-8　幾何学問題

```
作成者：デニス・J・セル
実践へのつながり：🄲💡
```

・アントレプレナーシップにおける主要テーマ・

アイディエーション、デザイン思考、アントレプレナー的マインドセット

・説明・

この一見単純な幾何学の演習は、ウォーミングアップとして、また拡散的思考の利用や困難な想定を通じた創造的思考の実践の機会として利用可能です。受講生は、「単純な正方形」の絵を提示され、四等分するように指示されます。その他の指示や制約はありません。その後、演習では基本的な分割ができたら、不揃いの線や、繰り返し、色、複数の花、旗、顔などのイメージを加えることなど、考えを広げていく必要があることに気付きます。これは「存在しないルールを破り」（例えば、色を使ってはいけないというルールはない）、他者のアイデアを足掛かりにすることを通じた創造的思考の「生きたキャンバス」を表しています。「水平的思考をする人」（エンジニア、科学者や従来のマネジャーなど）は、このような概念に苦労し、最初はいら立ちを覚えることが想定されます。しかし、本演習の終わりまでには、通常、受講生全員が何らかの「アハ体験」[4]に達します。当初の考え方や対応は人工的な制約を受けていたかもしれないことに気付き、創造的思考のプロセスの広大な力を認識することができるようになるからです。

4　問題の答えが突然ひらめいたときに「あ、そうか！」、「なるほど！」と思うこと。
　　https://eow.alc.co.jp/search?q=aha+experience

学部または大学院のアントレプレナーシップ・コース。クラス人数の制限はありません。本演習は、少人数のコースにも大人数のコースにも対応できます。創造的思考のウォーミングアップとして、ワークショップ、研修プログラム、経営者教育セッションなどの正規のカリキュラムと並行して行う場で活用することもできます。本演習はオンラインで実施されますが、対面でも実施できます。

· 実施方法 ·

対面、オンライン

· 学習目標 ·

- ○ 拡散的思考の特徴的な側面を応用する。
- ○ デザイン思考の基本的前提であるアイディエーションと創造的思考を実践する。
- ○ 他者のアイデアを足掛かりにする能力を身に付ける。

· 理論的基礎と参考文献 ·

-De Bono, E. (1985), *Six Thinking Hats*, Little, Boston, MA: Brown.

· 教材リスト ·

- ○ ノートパソコンまたはデスクトップパソコン。タブレット端末やスマートフォンも利用可能ですが、ラップトップの方が簡単です。
- ○ 演習を完了するにはインターネット接続が必要です。
- ○ PowerPointまたはGoogleスライド（指示と正方形が1つ記載されたもので、受講生がダウンロード可能なもの）

なし

ステップ1.

受講生が使用する作業用ドキュメントを作成してください。演習を実施する前に、PowerPointのスライドかGoogleスライドを2つ作成する必要があります。指示を盛り込み、受講生がダウンロードして、自ら編集し、掲示板に投稿できるようにしてください。図3.8は指示の詳細で、図3.9は完全な正方形です。

受講生に対し、自分の投稿の前に掲示板の投稿を確認するよう強調してください。そうしなければ、新たな解決策をアップロードするだけになってしまうからです。受講生は回答が重複しない限り多くの選択肢を好きなだけ投稿することができます。受講生に対し、クラスメートがこれまでに投稿した内容にコメントやフィードバックを投稿するよう促して（指示して）ください。受講生がすでに投稿されている解決策と異なるものを考え出せない場合は、他の投稿にコメントすることを提案しても構いません。また、学生に対し、「よくやった」「いい作品だね」というコメントだけでなく、「色を使うことは思いつかなかった」「君の作品で他の可能性に気付いた」などグループの思考を高められるようなコメントをし、ディスカッションに価値を加えるような投稿をするように促してください。「曲線を加えることで別の次元が生まれ、どのように芸術家が異なるテクニックでパターンを打ち破るのか考えさせられた」などでも構いません。

幾何学問題

- ○ 以下のスライドには、正方形があります。
- ○ 問題：この正方形をどのように四等分しますか。
- ○ 課題は、この問題への答えとして複数（少なくとも2つ）の選択肢を考え出すことです。どれほど創造的になれるでしょうか。
- ○ PowerPointの描画ツールを使って、どのように正方形を分割すべきか示してください。
- ○ 選択肢を生み出すのに15分以上時間をかけてはいけません。
- ○ 完全な正方形はそれぞれ別の画像ファイル（.jpgまたは.gif）として保存してください。
- ○ 完成したら、掲示板にアクセスしてください。投稿する前に、クラスメートの投稿を確認してください。
  重複する解答／図画を投稿することはできません。
- ○ クラスメートの投稿にコメントし、思いつかなかった解決法について述べてください。

図3.8　幾何学課題の指示

図3.9　完全な正方形

ステップ2.

受講生に対し、作業、投稿、2〜3日間の投稿へ返信する時間を与えてく

ださい。

ステップ3.

まとめとなるメッセージ／ビデオを送信してください。以下に類似したまとめのメッセージを録音しても構いません。

この一見シンプルな演習は、既成の思考のパターンに内在している制約を直接体験する機会となりました。自分自身のフラストレーションと、他の受講生の作品から代替案を見出すということを体験することにより、皆さんは創造的思考プロセスの基本的な考え方や他の受講生のアイデアを足掛かりにすることの力について知りました。異なるアプローチや視点を見ることで、自身の視野が広がり、最終的にはアントレプレナーシップの本質であるチャンスに対して行動することができるようになったのではないでしょうか。

飛び込んだ勇気ある初期の投稿者に称賛を。そして境界を少し広げた後期の投稿者にも称賛を。演習を振り返ってみて、自問してみてください。どのようなパターンが浮かび上がりましたか。後期の投稿者はどのように「他の受講生のアイデアを足掛かりにしましたか」（した場合）。初期の投稿者は、自身の投稿についてどう考え、どう感じたでしょうか。「もう終わってしまったことだから、新しいものを考えないと」という思いと「ひらめき」の組み合わせによって、さらに発展したものを見て新しい視点を得たのではないでしょうか。

また、コメントについて考えましたか。指示に文字通りに従うべきだという人はいましたか。いつ、なぜ、どのような頻度で、私たちの大半は「自分たちに期待されていることを突き止め」「それに応えてきましたか」。ルールを曲げたり、改変したり、広義に解釈したり、場合によっては破ることが「安全」「問題ない」「受け入れられる」「必要」となるのはどんな

ときでしょうか。

何よりも重要なのは、このことが、皆さんの最初の反応、最初の行動、特に仕事に関するときのいつもの思考・行動法について何を示唆・啓発しましたか。

この一見些細ではありますが本質的には非常に重要な演習から得られたばかりの教訓は、このコースとそれ以外においてどのように役立ったり、「皆さんのアントレプレナーとしての取り組み」において役立ったり応用できるでしょうか。

ライブあるいは同時にまとめを行う場合は、受講生が作った全ての異なる画像を並べて互いに見ることができるようにすると、非常に説得力が生じます。

・ 受講者に求められる演習後の作業 ・

私のコースでは、受講生は週に1回オンラインで省察日誌を書いています。日誌では、次の3つの質問を用いて幾何学問題について振り返るよう指示しています。

- この授業からどのような新たな知見が得られましたか。
- この授業により、どのような新たなアイデアが生まれましたか。
- これらの知見とアイデアは、皆さんの職場・学習環境と職場・学習経験にどのような関連がありますか。

・ 指導のヒント ・

- 最初の2、3の投稿は非常に予測しやすく、標準的な幾何学の分割法に従っています。しかし、その後すぐに正方形を「波状」の線で分割し、複数の繰り返しの画像と色を追加する受講生が現れました。異なる段階における提出内容の例については、図3.10を参照してください。

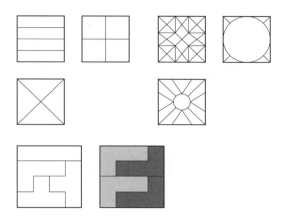

図 3.10　演習における提出内容のサンプル：演習初期、演習中期、演習後期

- いったんこれが起こると、講師はクラスが「他の受講生のアイデアを足掛かり」にし始めたことについてコメントできます。これは、アイディエーションとデザイン思考に特徴的な現象であり、アントレプレナー的思考・行動を始動する上で目指していることです。
- 時には、後の段階になって受講生が「ディスカッション」に再度投稿し、当初想像していなかった可能性が以前の投稿からの流れで生み出されていると主張することもあります。これが「個人的なアハ体験」です。自分がいかに自分の思考の制約にとらわれがちであることに気付き始め、「許可」を得たと感じると、創造的になるのです。

・出典・　本演習は、デニス・セル、マーク・ライス、ウィリアム・スティットなど、バブソン大学ブレンディッド・ラーニングMBA課程の教員陣が制作したものです。

第 **4** 章

「共感」の実践演習

4 ／「共感」の実践演習

　共感とは、他者を深く理解し、結び付き、支援するための社会的・感情的なスキルです。実践や共感力を高める経験を積み重ねることにより、共感する力を養うだけでなく向上させていくこともできるという見解が、研究によって裏付けられています。本章では、共感の実践に関連する10の指導演習を提示しています。

4-1　ある日の出来事

> 執筆者：アリサ・ジュノ＝チャールズ
> 実践へのつながり：👁️☯️

・アントレプレナーシップにおける主要テーマ・

顧客開発、アントレプレナー・マーケティング

・説明・

効果的なアントレプレナー・マーケティング戦略とは、ベンチャー企業のターゲット市場に合わせてカスタマイズされるものです。しかし、受講者は顧客を実際の人々として考えるのではなく、デモグラフィック属性の観点からのみ特徴づけてしまう傾向があるため、効果的な戦略を立てるのに苦労することがよくあります。この2部構成の演習では、まず商品やサービスを購入する実際の人々に、性格、関心事、趣味、生活環境、職業などを「肉付け」していきます。そして、その人のニーズに「共感」し、そのニーズを満たすためにはベンチャー企業としてどうすればよいかを理解するため、受講者は顧客とその周りの人々に扮して、顧客の典型的な1日を再現した寸劇を演じます。これらの演習を通して、受講者は優れた市場調査を行う重要性に関する導入を受けると同時に手法を学ぶこともできます。

学部または大学院の一般的なアントレプレナーシップ・コース。クラスの人数制限はありません。本演習は、少人数のコースにも多人数のコースにも対応できます。

対面、オンライン

- 顧客を描写する基盤となるデモグラフィック属性、サイコグラフィック（心理的）属性、行動的属性を記述する。
- それらの基盤を組み合わせ、顧客ペルソナを作成する。
- 製品やサービスの価値と顧客ペルソナがどのように結び付くかを説明する。

Grudin, J. and J. Pruitt (2009),'Personas, participator design and product development: an infrastructure for engagement'、https://ojs.ruc.dk/index.php/pdc/article/view/249/241

- フリップチャート、イーゼルとメモ帳または大きな付箋紙、マーカー、テープなどをチーム数分用意します。
- 人物の写真が多く掲載されている、切り抜いてもよい様々な雑誌を準備します。講師が自宅から古い雑誌を持って来る、あるいは学校の図書館に問い合わせて雑誌のコピーを入手するなどしてください。
- 活動チームごとに1つの商品を用意します。受講者がよく知っている商品を選ぶか、よく知らない場合でも比較的容易に利用者層を把握で

きる商品を選びます。この商品についてグループで調査し、顧客ペルソナを設計することになります。例えば、以下のような商品が考えられます。

- 温熱パックや冷却パック
- 防蚊剤（DEET[1] フリーのものを選ぶと、顧客ペルソナにさらなる側面が加わります）
- 栄養ドリンク
- 予備用充電器
- 地方紙
- 特殊な水筒（インフューザー付きや長時間保冷・保温できるものなど）
- シリコン製のベーキングマット（クッキングシートやアルミホイルの代わりにオーブンの天板に敷くもの）
- オプション：商品の詳細を調べたり、消費者のプロフィールを軽く調査したり、ペルソナボードに貼り付ける画像を印刷したりするために、受講者にノートパソコンを持ってきてもらってプリンターに接続できるようにします。

・ 受講者に求められる事前作業 ・

Lee, K. (2020) ,'The complete, actionable guide to marketing personas + free templates' https://buffer.com/library/marketing-personas-beginners-guide/

・ タイムプラン（グループ数に応じて60〜75分）・

0:00 - 0:10

顧客ペルソナとは何か、およびその目的を紹介します。顧客ペルソナを構成する情報は、通常、企業独自の定性的・定量的な市場調査と第三者の業

1　昆虫などの忌避剤（虫よけ剤）として用いられる化合物

界レポートから調査されることを説明します（図4.1）。134ページの図4.2のようなサンプル・テンプレートを使って顧客ペルソナの構成を概説し、デモグラフィック属性の構成要素、いくつかのサイコグラフィック属性の定義（試練や恐れなど）、重要な行動的属性（特定の商品を購入するよう求められたときにその人がどう反対するかなど）を説明します。授業の前にいくつかの例を用意しておき、それに沿って説明しましょう。

	定量調査 確証的、演繹的	定性調査 探索的、帰納的
プライマリーデータ 特定の目的のために集められたもの ―自身で集めるもの	●アンケート ●実験	●観察 ●インタビュー ●フォーカス・グループ
セカンダリーデータ すでに存在している二次利用可能なデータ ―他人が集めたもの	●財務報告書 ●市場調査レポート	●コーポレートサイト ●アニュアルレポート

図4.1　マーケット調査の様々なタイプ

0:10 - 0:20

受講者を3〜4人のグループに分け、それぞれのグループに商品を渡すことを伝えます。その商品の顧客ペルソナを作成することが受講者の作業となります。その顧客に名前も付けなければなりません。受講者は、渡された雑誌から写真を切り抜いたり、プリンターがあれば「こんな人だろう」と思い描いた写真をネットで探して印刷し、ポスターに貼り付けたりすることもできます。そして、用意された紙やポスターに、ペルソナのデモグラフィック属性、サイコグラフィック属性、行動的属性を書き出していき

ます。作業の説明をし終えたら、各グループに商品を配りましょう。

0:20 - 0:30
チームごとにペルソナ作りに取り組みます。

プロフィールの氏名

デモグラフィック属性
- 年齢
- 職業
- 経済状況
- 家族構成
- その他

趣味・関心
- スポーツ
- 芸術
- 音楽
- その他

目標

最も大きな不安

日常の課題

商品への期待

購入基準

拒絶

購入プロセスの重要ポイント
- 認識
- 情報
- 選好
- 購入
- 購入後の満足度

図 4.2　ペルソナのテンプレート

0:30 - 0:35
受講者に対し、次の課題はグループで「（ペルソナの氏名）のある1日」を題材とした寸劇を作り、クラスの他の受講者がこの人物をより深く理解できるようにすることだと伝えます。寸劇は、受講者が特定したデモグラフィック属性、サイコグラフィック属性、行動的属性に基づいたものでなければなりません。シナリオは、チームがその特定の顧客を理解し共感するためには何が最も重要と考えているかによって、ペルソナの職業生活（仕事で遭遇する問題など）または私生活（家庭でのいつもの夕食の様子など）をもと

に作られることになります。例えば、ペルソナが職業に焦点を合わせたものであれば、仕事のシナリオの方が適しているかもしれません。寸劇はそれぞれ2分以内とし、客観性を確保するために、チームに与えられたテーマや商品を取り入れたり、それに言及したりしてはいけません。さもないと、寸劇は共感の演習というよりも、コマーシャルのように見えてしまいます。

0:35 - 0:45
チームごとに寸劇作りに取り組みます。

0:45 - 1:00
チームごとに寸劇を演じます。それぞれの寸劇の最後に、見学していた他のチームに演じたチームの商品がこのペルソナに役立つと思うかどうか、もし思うならこのペルソナ化された人物がその商品を購入する理由や、いくらであれば購入するかを質問します。そして、クラスの反応が自分たちのペルソナに対する理解と一致しているかどうかを演じたチームに尋ねましょう。

1:00 - 1:15
クラスに次のような質問をして、演習を振り返ります。
- ○ 「顧客ペルソナの設定は役に立ちましたか。その理由は何ですか」。顧客ペルソナは、あまりにも具体的で、推測的で、粗雑で、消費者を適切に表現していないと批判されることがあります。しかし、顧客ペルソナを作成することで、その人が価値を見出す商品やサービスを最適な形で提供するために必要な情報である、個人の動機、原動力、ニーズを「知り」、理解できるようになるのです。
- ○ 「ペルソナの精度や理解度をさらに高めるためには、どのような調査

を行い、どのような情報を収集すればよいですか」。こう問いかけることにより、受講者は競合品や代替品のユーザーと話す必要があることを認識するでしょう。

・受講者に求められる演習後の作業・
なし

・指導のヒント・
市場調査の成果の1つである顧客ペルソナを通して、受講者は、市場調査でどのような情報が収集されていて、どのように使用されるかを知ることができます。最初に顧客ペルソナを設定し、次にそのペルソナを中心として商品およびマーケティング戦略を構築するにあたって、定量的市場調査と定性的市場調査の両方の重要性について考えさせることが大切です。

講師は、共感や人間中心設計に関するレッスンや読み物で演習を始めるのもよいでしょう。「成功する商品とはリアルなニーズを満たすものである」ことを理解することは、受講者にとって有益です。本演習の後、講師は、定量的・定性的調査や一次・二次調査によって、顧客についてどのような情報を得られるかを掘り下げます。受講者に市場調査を実施する課題を与える場合は、本演習の短縮版（寸劇を省略するなど）を繰り返してもよいでしょう。

受講者の偏見を抑制しましょう。自分とは直接関係のない商品を見せられると、受講者は結論を急ぎ、一面的なペルソナを作ってしまう可能性があります。例えば、調理器具を渡されたあるチームは、専業主婦のペルソナを作り、夕食を作ろうとしているところを子どもたちに邪魔される寸劇を作成しました。講師は、結論を急がないよう受講者に注意を促すとともに、商品リサーチを行い、商品の考えられる用途や価値の源泉についてブレインストーミングを行うよう指示しなければなりません。この点を振り

返りの中でも取り上げ、受講者にペルソナを多面的に作成したかどう
や、顧客調査がこの点でどのように役立つかを尋ねるのもよいでしょう。

4-2　アイデアの創造 ── 家庭内の問題

> 執筆者：マット・アレン
> 実践へのつながり：◎⦿

・アントレプレナーシップにおける主要テーマ・
ファミリーアントレプレナーシップ、アイディエーション

・説明・
伝統的なアントレプレナーシップとは異なり、ファミリーアントレプレ
ナーシップでは他のファミリーメンバーからの賛同やサポートが必要で
す。受講者にとって、家庭内で起業のアイデアを生み出すのが往々にして
難しいのは、可能性があるにもかかわらず、他のファミリーメンバーが新
たなアイデアを支持しないと認識してしまうからです。本演習では、受講
者は他の主要なファミリーメンバーとともに新たなアイデアを生み出す共
同創造のプロセスを学びます。そうすることで、受講者と家族の双方が、
潜在的な機会に関する意見の相違について新たな理解を得ることができる
のです。このプロセスを通じて生み出されたアイデアは、受講者と他の
ファミリーメンバーの視点を組み合わせることでより手厚いサポートを得
ることができ、よいアイデアにつながる可能性もあるという利点がありま
す。本演習は、プロセスに関する振り返り以外、全て教室の外で行われる
という点でもユニークです。

・ 利用例 ・

学部または大学院のファミリーアントレプレナーシップ・コースまたは
ファミリービジネス・コース。また、多人数のクラスにも少人数のクラス
にも対応できます。一般的なアントレプレナーシップ・コースでファミ
リービジネスを学ぶ受講者のための追加ステップとして利用することもで
きます。

・ 実施方法 ・

対面、オンライン

・ 学習目標 ・

○ 複数のファミリーメンバーの視点から、ファミリービジネスの潜在的
な起業機会を特定する。

○ 様々なファミリーメンバーによるアイディエーション・プロセスに対
するアプローチの違いを比較検討する。

○ 様々なアプローチを組み合わせることで、複数のファミリーメンバー
の考えを反映した新たなアイデアを生み出す。

・ 理論的基礎と参考文献 ・

-今あるものを土台として、ファミリービジネスをいかに構築すべきかを理解するための記事

Meyer, M. H. and P.C. Mugge (2001), 'Make platform innovation drive enterprise growth', Research Technology Management, 44 (1), 25-39.

-家族の文脈における意思決定の複雑さを考察した記事

Baron, J., R. Lachenauer and S. Ehrensberger (2015), 'Making better decisions in your family business', Harvard Business Review, 8 September, https://hbr.org/2015/09/making-better-decisions-in-your-family-business.

-ファミリービジネスにおける世代を超えた成功の構築に関する記事

Jaffe, D. (2018), 'If you want your family business to last several generations', Forbes, 30 August,
https://www.forbes.com/sites/dennisjaffe/2018/08/30/if-you-want-your-family-business-to-last-several-generations/?sh=30d839f07c16

・ 教材リスト ・

本演習には、指導ノートの最後に、受講者用（受講者向け指示）、家族との対話用（対話に関する指示）、対話の前に受講者が行う必要のある準備用（機会評価）の指示シートが含まれています。

・ 受講者に求められる事前作業 ・

本演習は、主にクラスの外で行われます。本演習はファミリーアントレプレナーシップに焦点を当てているため、受講者が直接、家族と一緒に取り組むことが欠かせません。本演習は、クラスミーティングの合間に実施するように設計されています。準備作業では、講師がクラスで受講者に演習を紹介し、そのプロセスを一通り説明して、受講者とその家族に何が求められているかを理解させます。この理解を促すために、講師はクラスで受講者に「機会評価」の事前作業を行わせることもできます。そうすることで、受講者はそのプロセスを明確に理解し、家族に期待することをよりうまく説明できるようになるでしょう。

下の図（図4.3）にスケジュールの概要を示します。

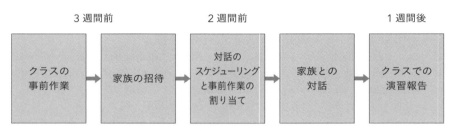

図4.3　演習のスケジュール

教室での事前作業（15〜20分、演習の3週間前）

この作業の目的は、受講者に演習を紹介し、プロセスを明確にすることで、受講者がクラスの中において自分自身で機会評価を行い、家族によりうまく説明できるようにすることです。準備作業では、最初から最後までのプロセス全体を受講者に示すことが重要です。そうすることで、受講者は家族と一緒に演習を行う前に、分からない点について質問することができます。受講者にとっては、個々の課題だけでなく、課題の「全体像」を把握することにも役立ちます。その際、本演習はファミリービジネスの新たな機会を探し出すものであると同時に、アントレプレナーとして働くために家族内のスキルを構築するためのものであることを受講者に説明することも大切です。実行可能なアイデアをどれだけ思いつくかは参加する家族によって異なるかもしれませんが、どの家族もファミリービジネスにおける機会の認識と評価に関する重要なスキルを学び、実践することができるでしょう。

受講者の事前作業（演習の2週間前、所要時間は様々）

演習の2週間前に、受講者は家族に連絡し、対話する時間をスケジュール

します。

本演習では、少なくとももう1人の家族と一緒に作業してください。2人以上の家族が参加することもでき、受講者を含めて合計2〜5人で行うのが理想的です。受講者以外の家族の参加が1人だけの場合、その家族はファミリービジネスを現在リードしている世代であり、ビジネスにおいてリーダー的立場にいる人物である必要があります。また、参加する他のファミリーメンバーは、ファミリービジネスについての実務的な知識を持っていることが望ましいです。

受講者は参加するファミリーメンバーに、「機会評価の事前作業」に関する指示（145ページの配布資料に記載されています）を伝えます。この評価は、受講者とその家族の参加者全員が対話の前に完了しておくべき短い演習です。受講者は、この評価演習の内容を指示書と一緒に参加する家族へメールで送ってもよいですし、メールで送ってから口頭で説明してもよいでしょう。このプロセスは、家族によって異なりますが、それほど時間はかからないはずです。

参加者の事前作業（15〜20分、対話の前に終わらせておくこと）

受講者を含む参加者全員が、指示書に基づいて機会評価を行います。そのためには、各参加者が事前に潜在的な機会をリストアップして整理し、それらの機会について裏付けとなる考えを提示する必要があります。

受講者が授業中の準備作業の一環として評価を完了している場合には、改めて行う必要はありません。

家族との対話（参加する家族の人数によって60〜90分）

家族と受講者は、事前に取り決めた時間内に対話を終わらせます。ほとんどの受講者はビデオチャットなどを使ってオンラインで対話を行いますが、（音声だけでなく）何らかの形で顔を合わせてコミュニケーションを取る

ことが重要です。

147ページにある「対話に関する指示」の配布資料を参照してください。

対話の一般的な構成は以下の通りです。

- 対話による共有（参加者1人につき5分、約10〜20分）
- 共通理解の構築（約15分）
- 対話による作成（約15分）
- 対話の振り返り（参加者1人につき5分、約10〜20分）

・ 受講者に求められる演習後の作業 ・

演習が終了したら、クラスで受講者とともに演習後の振り返りを行い、ピアツーピア（仲間同士）の学習を促すことも有用です。それぞれの家族の対話には類似点や相違点があるからです。

ファミリービジネスの受講者にとっては、対話の内容を他の受講者と共有し、議論することが特に効果的です。多くの場合、ファミリービジネスに携わっている受講者は、自分や家族の置かれている状況が特殊であるかのように感じています。他の受講者と一緒に振り返りを行うことで、自分の状況と他の家族の状況との間に類似点を見つけることができるでしょう。

クラス内での振り返りは、多人数で行うことも、2人1組や小グループに分かれて行うこともでき、（1）自分自身について学んだこと、（2）他のファミリーメンバーについて学んだこと、（3）ファミリービジネスについて学んだこと、をそれぞれ共有します。学んだことを応用する上で役立つ追加の振り返りとしては、対話を通じて学んだことをきっかけに将来の行動をどのように変えていくかについて、受講者同士で議論してもらうこともできます。

この振り返りに使える時間によっては、他の受講者とのクラス内での振り返りに加えて、またはその代わりに、受講者に課題として振り返りの内容を文書で提出させる講師もいます。

多くの受講者にとって、この種のことを家族と話し合うのは初めてのことかもしれません。講師はそのことを認識し、各受講者がこのプロセスにどの程度慣れているかを見極める必要があります。受講者の中には、家族にアプローチする方法について追加のサポートや助言が必要な人もいるかもしれません。

このプロセスに参加するよう求められている他のファミリーメンバーには、それぞれの生活や責任があることを認識しておくことが大切です。参加する家族に、期待することや所要時間について明確に伝えることが重要です。また、本演習を計画し、実行するための十分な時間を与えることも重要です。また、本演習の過去の取り組みから明らかになっていることとして、演習を効果的に計画・実施するためには、自分や他の参加者に何が期待されているかに関する詳細を含め、対話について家族に2週間ほど前までに知らせておく必要があります。そのためには、受講者には演習について3週間前に知らせ、参加者全員が十分な準備期間を持てるよう、少なくとも演習日の2週間前までに演習自体の予定を立てるように強く推奨するべきです。

講師は、全ての家族は異なっており、それぞれの家族が異なるやり方で本演習に取り組むであろうことを認識しておかなければなりません。大成功だったと感じる受講者もいれば、演習を終わらせるのに苦労する受講者もいるかもしれません。この場合は、結果よりもプロセスが大切であることを教えましょう。起業の機会について家族と話し合う行為は、生み出されるアイデアの質にかかわらず、受講者と家族にとって大きな学びにつながります。最後に、講師は本演習によって多様な結果が生まれ得ることを認識し、それを認め、支持する準備をしておく必要があります。学習成果が受講者の期待したものとは異なる場合、受講者にとっては学習成果が見えにくいこともあります。

例えば、家族と一緒に作業をしたある受講者は、「素晴らしい」体験をしたと言いました。議論はスムーズに進み、家族にとっての起業機会についても大きな合意が得られました。提示されたアイデアの多くは以前にも家族で話し合ったことがあったため、演習全体が心地よく肯定的なものに感じられたのです。この受講者は演習を大成功だと感じました。しかし、参加者同士で大きな意見の一致が見られたことは、家族が新しいアイデアを考え、意見やアイデアを出し合う中で、深掘りが足りなかったことを示唆している可能性があります。アイデアを生み出すプロセスの本質は創造性と問題解決であり、参加者は普段の安心領域から外れたアイデアやアプローチを検討するため、ある程度の不快感を覚えるはずです。この場合、講師としては、このプロセスがなぜスムーズに進んだのか、家族をさらに新しい革新的なアイデアに駆り立てるためには今後どうすればよいかを話すことが有効かもしれません。

別の受講者は、自分の考えの全てが父親とは全く違うことを思い知らされました。違っていただけでなく、父親は彼女の考えをことごとく批判し、それらが家業にいかにふさわしくないかを説明し続けたのです。この受講者は、潜在的な機会について合意を得られず、コンセンサスに達することもできなかったため、これは失敗だったと感じて演習を終えました。ここで大切なのは、講師が「アイデアは生まれなかったが、重要な学びがあった」と助言することです。家族の同意が得られなかったことは、そのアイデアによって家族が新たな未知の領域に踏み込んだことを示すよい兆候であり、それは演習の目的の1つでもあります。また、批判や意見の相違は不愉快なものでしたが、学びの機会でもありました。その家族は、アントレプレナーシップについて考え、議論する方法を学んでいたのです。この最初のプロセスは期待していたほどスムーズには進まなかったかもしれませんが、最初の取り組みで家族が学習したことにより、次の議論は大きく改善されることでしょう。学習とは機会を認識することだけでなく、家族

がアントレプレナーチームとして機能するために学ぶことでもあると、受講者に思い起こさせましょう。

（受講者を含む各参加者は、予定されている対話の前に完了させておくこと）

1. 白紙やパソコンなどの電子機器を使って、ファミリービジネスの状況や強みと弱み、活動している市場や業界について考えてみましょう。この考察に基づいて、ファミリービジネスの潜在的な新規事業の機会をリストアップします。新規事業の機会について考える1つの方法は、成長の機会を検討することです。思いついた機会を全てリストアップしてください。規模、範囲、リスクなど、何らかの要素に基づいてリストを限定してはいけません。少なくとも10個の機会を考え出しましょう。

2. ファミリービジネスの新規事業機会を少なくとも10個リストアップし終えたら、リストを自分の好みの順に、好きなものから嫌いなものへと書き直してください。この順位については考えすぎないようにしましょう。必ずしも実現可能性、コスト、リスクといった要素に基づく必要はなく、自分の好みに基づいて順位を付けるようにします。

3. 順位を付けたリストの中から上位5つのアイデアを取り上げ、それらのアイデアが、（1）ファミリービジネスに由来する知識、スキル、リソースをどのように利用・活用・構築し、（2）ファミリービジネスにとっての価値をいかにして生み出すかを記述します。ファミリービジネスにとっての価値とは、売上や利益の増加だけでなく、品質や顧客サービスの向上、ファミリービジネスが新たな機会を追求することで生まれる学びなども含まれることに留意してください。非常に狭い価値観でこの議論にアプローチすると、家族への恩恵が限定されてしまうかもしれません。参加者全員が心を開いた状態でいられるように手助けしましょう。

4. 5つのアイデアのリストを、ファミリービジネスに由来するリソースをどのように利用し、ファミリービジネスにとっての価値をいかにして生み出すかという記述とともに保存して、予定されているミーティングに持参します。

・ 配布資料：受講者向けの指示 ・

1. 家族への参加要請。少なくとも1人の家族に声をかけ、ファミリービジネスのためにアイデアを生み出す本演習に一緒に参加するよう誘ってください。演習には複数の家族メンバーが参加できますが、現在の年長（リーダー）世代の家族が少なくとも1人は参加する必要があります。本演習では、家族の人数が多いほどよいとは限りません。受講者と1人の年長家族が参加するだけでも、同じように強力な学習成果を得ることができます。

2. 対話のスケジューリング。1人または複数の家族の参加が確認できたら、対話演習に一緒に参加する時間をスケジューリングしましょう。2人の家族（受講者と1人の家族）だけが参加する場合、対話は1時間程度で完了するはずです。参加する家族が1人増えるごとに、対話のスケジュールに15分程度追加します。演習のために家族が同じ場所にいる必要はありませんが、互いに対話できなければなりません。ビデオ会議など、インターネットベースのビデオ通話技術を利用した対話でも構いません。お互いの声が聞こえるだけ（音声のみ）よりも、お互いの顔が見える（映像）方が望ましいでしょう。

3. 事前作業の割り当て。各参加メンバー（受講者を含む）は、対話のためのミーティングを行う前に「機会評価」の事前作業を完了することに同意する必要があります。受講者は、準備作業に関する指示を参加者全員に送るようにしてください。参加者には、準備作業は書面で行い、全てを記入するよう伝えます。受講者は、参加する家族全員が指示を理解し、予定され

ている対話の前に事前作業を完了できることを確認する必要があります。

4. 事前作業の完了。参加する家族全員（受講者を含む）が「機会評価」の事前作業を完了させます。作業は書面で行い、予定されている対話の場に持参します。いずれの参加者（受講者または家族）も、予定されているミーティングの前に機会評価の事前作業を共有する必要はありません。

5. 対話のファシリテーション。参加する家族全員が準備作業を終えたら、参加者が対話に参加する準備は完了します。受講者は、対話のプロセスを円滑に進める必要があります。対話は、(1) 対話による共有、(2) 共通理解の構築、(3) 対話による洗練、(4) 対話の振り返り、という4つのステップで構成されます。これらの各ステップに関する指示は、参加者全員で共有する必要があります。対話の結果は共有された機会評価であり、参加した家族全員の考えが反映されたものでなければなりません。

■ 配布資料：対話に関する指示 ■

パート1：対話による共有（参加者1人につき約5分）

1. 受講者から始めて、各参加者はファミリービジネスにとっての5つの新規事業のアイデアを、重要性の高いものから低いものへと順に共有します。それぞれのアイデアを共有する参加者は、(1) そのアイデアがファミリービジネスに由来する知識、スキル、リソースをどのように活用または構築するか、(2) そのアイデアがファミリービジネスにとっての価値をいかにして生み出すか、についても述べるようにします。

2. 各参加者は、新規事業のアイデア全てを続けて共有します。5つのアイデア全てが、ファミリービジネスとのつながりやファミリービジネスにとっての潜在的価値とともに共有された後、他の参加者は、共有されたアイデアについて質問をすることができます。参加者は、特定のアイデアに対する支持や反対を表明することはできません。質問は、共有されたアイデアを明確にするためのものだけに限定してください。この時点での目標

は、全員がアイデアを理解することです。参加者が自分のアイデアを全て発表し、それらのアイデアに関する他の参加者からの質問に全て答えてから、次の参加者に移るようにします。

パート2：共通理解の構築（約15分、多人数の場合はそれ以上）

1. 各参加者のアイデアが全て共有されたら、次のステップとして、グループや2人1組に分かれて、参加者およびそれぞれのアイデアの類似点と相違点を理解します。まずは、同じアイデア（2人以上の参加者が提案したもの）をグループ化したリストを作成します。同じアイデアが異なる参加者から提案された理由や経緯について、グループで議論します。各参加者が同じアイデアに付けた順位を見てください。順位は同じでしょうか、違うでしょうか。その理由は何ですか。

2. 次に、参加者のアイデアの中で、違うけれど似ているものを探します。どのように似ていて、何が違っているのでしょうか。そのアイデアをリストアップした参加者はどうでしょうか。彼らが相違点や類似点をもたらしたのでしょうか。ここでも、似ているアイデアの順位を見てみましょう。順位は違っていますか。その理由は何ですか。

3. 次に、ユニークなアイデア（1人の参加者だけが提案し、他の参加者のアイデアと似ていないもの）を見てみましょう。その参加者はなぜ、そのアイデアを提案したのでしょうか。そのアイデアは、参加者の経歴、性格、経験、関心などと関係がありますか。その参加者の何が、この特定のアイデアにつながったのでしょうか。これらの「ユニークな」アイデアの順位を見てください。順位に基づいて、アイデアや提案者についてどのような追加的な結論が導き出せますか。

パート3：対話による洗練（約15分、多人数の場合はそれ以上）

1. 参加者が提示したアイデアを明確に理解した上で、そのアイデアをどうすれば改善できるかを議論します。アイデアに何を加えれば、よりよいものにできますか。2つ以上のアイデアを組み合わせることは可能でしょ

うか。アイデアのリストを見ることで、パート1では提案されなかった新たなアイデアが浮かんでこないでしょうか。浮かんできたら、それらを書き留めてください。

2. アイデアの改善案や組み合わせの候補が出揃ったら、グループで新たに5つの機会からなるリストにします。元のリストと同様に、この新しいリストには好みの順位を付けるとともに、(1) そのアイデアはファミリービジネスに由来する知識、スキル、リソースをどのように活用または構築するか、(2) そのアイデアはファミリービジネスにとっての価値をいかにして生み出すか、についても記述するようにしてください。

パート4：対話の振り返り（参加者1人につき約5分）

1. 次の3つの質問について、各参加者が自分の考えや気持ちを共有する機会を設けます。(1) 演習を通じて自分自身について何を学んだか、(2) 演習を通じて他の参加者について何を学んだか、(3) 演習を通じてファミリービジネスの新規事業の機会について何を学んだか。

2. 各参加者がそれぞれの感想を共有した後、学んだことや観察したことの類似点や相違点についてグループで話し合いましょう。

4-3　成功するピッチ手法

[執筆者：ラクシュミ・バラチャンドラ
  実践へのつながり：◉]

・アントレプレナーシップにおける主要テーマ・

ピッチング、アントレプレナー・ファイナンス、リソース獲得

短時間でプレゼンテーションを行うピッチングは、アントレプレナーシッ
プを持つ受講者にとって重要なスキルです。しかし、講師は、アントレプ
レナーがどのようにピッチすべきかよりも、どのような内容をピッチに盛
り込むべきかを議論する傾向があります。また、受講者にピッチを観察さ
せ、プレゼンテーションのどのような側面が投資家の判断に影響を与える
かを特定できるようにします。本演習では、アントレプレナーの最も効果
的なピッチング行動を特定するために、受講者が投資家の役割を演じて
ピッチを評価します。

・ 利用例 ・

学部または大学院の一般的なアントレプレナーシップ・コース。クラス人
数の制限はありません。少人数のコースにも多人数のコースにも対応でき
ます。

・ 実施方法 ・

対面、オンライン

・ 学習目標 ・

- 投資家の関心を引くような行動やピッチの特色を明らかにする。
- 投資家がアントレプレナーのピッチをどのように見て評価するかを体
  験する。
- 個々のピッチにスタイルの違いを適用する。

-ピッチ中の身振りに関して：

Clarke, J.S., J.P. Cornelissen and M.P. Healey (2019), 'Actions speak louder than words: how figurative language and gesturing in entrepreneurial pitches influences investment judgments', Academy of Management Journal, 62 (2), 335-60.

-ピッチにおけるジェンダーへの配慮に関して：

Balachandra, L., A. Briggs, K. Eddleston and C. Brush (2019), 'Don't pitch like a girl! How gender stereotypes influence investor decisions', Entrepreneurship Theory and Practice, 43 (1), 116-37.

-(訳者追加)Forbes Japan のピッチコンテスト、RISING STAR AWARD
https://forbesjapan.com/feat/rising_star/

・ 教材リスト ・

受講者に見せるベンチャーピッチを3〜5件選びます。テレビ番組、「Shark Tank」、「Dragon's Den」(ビジネスプランを持ってきた挑戦者に、社長や投資家たちが自らのポケットマネーで投資するバラエティ番組)などからピッチを探すには、YouTubeが便利です。地方のピッチコンテストでも、動画がよく投稿されています。全てのピッチを同じショーやイベントから選ぶことが理想ですが、必須ではありません。本演習は、異なる文脈から選んだピッチを使用しても同じようにうまく機能します。投資家向けのピッチには15〜20分程度のものもありますが、クラスの学習用には5〜10分程度のものを選びましょう。

投票の際にピッチ名を書き出すためのフリップチャート、ホワイトボード、または黒板、および各受講者に数枚ずつ配れるだけの付箋紙を用意します(1人につき4〜5枚)。受講者は、自分の考えやコメントを書き留められるよう、セッション用のノートや紙を用意しておくとよいでしょう。

・ 受講者に求められる事前作業 ・

受講者は、ピッチングに関する一般的なプレス記事を読んでおきましょ

う。例えば、次のようなものが挙げられます。

Pofeldt, E. (2015) ,'The six keys to making a killer venture capital pitch', CNBC, 25 March, https://www.cnbc.com/2015/03/25/the-6-keys-to-making-a-killer-venture-capital-pitch.html.

Harvard Business Review (2017) ,'How venture capitalists really assess a pitch', Harvard Business Review, May-June, https://hbr.org/2017/05/how-venture-capitalists-really-assess-a-pitch

Balachandra, L. (2018) ,'Research: investors punish entrepreneurs for stereotypically feminine behaviors', Harvard Business Review, 19 October, https://hbr.org/2018/10/research-investors-punish-entrepreneurs-for-stereotypically-feminine-behaviors

・ タイムプラン （60〜90分、ここでは90分バージョンで解説） ・

0:00 - 0:10

受講者にピッチとは何かを尋ねます。アントレプレナーがどのような場面でピッチをしなければならないのか、質問してみましょう。最も一般的な答えは投資家向けのピッチでしょうが、ピッチは営業、従業員の採用時、アドバイザーへの説明など、様々な相手に対して行われています。投資家向けのピッチにはどのような情報を盛り込むべきか、なぜその情報が重要なのかを、受講者に説明してもらいましょう。本演習は投資家向けのピッチに関するものですが、ピッチングの技術は起業に関わる様々な場面で使われる必須のスキルであることを理解させることが重要です。演習で得る学びは、プレゼンテーションが必要な別の状況にも必ずいかせるはずです。

投資家が何によってピッチを評価するかを議論します。その結果をもと
に、ピッチングの際に投資家にとって重要だと思うことを受講者に尋ねま
す。受講者に、投資家の関心を引くために重要だと思う特色を挙げてもら
いましょう。また、投資家の関心を引く上で、なぜそれらの特色が重要な
のかを議論します。

受講者に、これから彼ら自身が投資家になることを伝えます。受講者は、
どのピッチに投資するかを検討するために、ピッチを評価します。選んだ
ピッチについて、なぜよいと思ったのかを紙にメモするように指示してく
ださい。また、ほとんどのベンチャーキャピタルやエンジェル投資家の
ピッチミーティングでは、3〜5件のピッチをレビューしていることを受
講者に伝えます。投資家候補と同様に、受講者は最初のピッチを見た後、
（1）投資したいか、（2）その会社についてもっと知りたいか、という2つ
の質問に答えます。受講者は、各ピッチを見た後に、それぞれの質問にイ
エスかノーで答えなければなりません。本演習では、PowerPointを使わ
ないピッチを使うよう強くお勧めします。そうすることで、受講者はスラ
イドの内容ではなく、アントレプレナーがどのようにピッチを行っている
かに評価の焦点を合わせることができます。

注意事項： クラスで見せるベンチャーピッチを3〜5件、事前に選んでお
きましょう。このセッションの教材リストを確認してください。全ての
ピッチを同じショーやイベントから選ぶことが理想的ですが、それが難し
い場合は必須ではありません。また、ピッチは1件につき5〜10分程度の
短いものにしましょう。

それぞれのピッチを見せた後、受講者に数分間の時間を与え、ピッチにつ
いてのコメントと（1）投資したいか、（2）その会社についてもっと知り

たいか2つの質問に対するイエスかノーかの判断を書いてもらいます。受講者が質問を思い出せるように、それらをボードに書いておくとよいでしょう。受講者が「ノー」を選んだ場合には、そのピッチの何が原因で投資意欲を失ったのか、あるいは会社についてもっと知りたいと思わなくなったのか、受講者がきちんと把握していることを確認します。

0:45 - 0:50

すべてのピッチの観察と評価が終わったら、どのピッチが「勝ったか」を確認するために、クラスでインタラクティブな投票を行います。投票を行うために、ボードまたはフリップチャート用紙に、各ピッチと2つの質問のマトリクスを作成します。各受講者に付箋紙を配り、「投資するか」「その会社についてもっと知りたいか」という質問に対し「はい」と判断したピッチに付箋紙を1枚貼ってもらいます。付箋紙に名前を書く必要はありません。匿名の方がよいでしょう。

0:50 - 1:00

その後、受講者を席に戻して、「投資するか」および「もっと知りたいか」という質問に対するクラスの付箋紙投票でどのピッチが「勝った」かを確認した後、受講者を3〜4人のグループに分けて、それぞれが書き留めた内容をもとに議論してもらいます。

- このベンチャーが最も多くの「投資したい」票を獲得したのはなぜだと思いますか。また、このベンチャーが「もっと知りたい」票を一番多く集めたのはなぜでしょうか。
- これらの答えが2つの異なるピッチに関連している場合、すなわち票が割れている場合には、受講者がどちらかのピッチを選んだ理由について意見を集めます。

  通常は、1つのピッチが両方の質問で「勝利」します。答えは、ビジ

ネスモデル／市場の魅力を受講者がどのように評価したのか、ビジネスアイデアが「よい」ものかどうかに集中する傾向があります。

その後、受講者たちがなぜその会社を有利な「賭け」だと判断したのか、その具体的な理由に目を向けることができます。

○ ピッチ中にアントレプレナーについて気づいたことで、そのベンチャーに対する好き嫌いやベンチャーに関する判断に影響を与えたことは何ですか。

挙げられる理由は多くの場合、アントレプレナーがどれだけうまく質問に答えられたか、市場や金融にどれだけ精通しているように見えたか、プレゼンテーション中にどれだけ自信にあふれているように見えたかなどに関するものです。

○ プロの投資家なら、クラスとは異なる結論を出したと思いますか。その理由は何ですか。

受講者は、投資家がそのビジネスに特別な同様の専門知識を持っていない限り、自分たちと同様の結論を出すだろうと考えます。

`1:00 - 1:15`

各グループに、与えられた質問についてクラスに報告してもらいます。それぞれのグループには、何か違う意見を提供してもらうようにしましょう。つまり、あるグループが別のグループと同じ答えを持っていた場合には、それを繰り返す理由はありません。その答えは飛ばします。

講師は、発表された答えをボードにまとめるとよいでしょう。

`1:15 - 1:30`

投資家の判断を見せます（もしあれば。Shark TankやDragon's Denを使っていれば

簡単にできます。ピッチコンテストを使っている場合は、投資家向けの質疑応答セッションを入手できるかどうか確認してください）。ここで必然的に明らかになるのは、アントレプレナーがピッチ中に示したプレゼンテーション行動（すなわち、質問にいかに巧みに答えたか、プレゼンテーション能力がいかに高かったか、どれだけ「男性的」あるいはアントレプレナーとして「ステレオタイプ的」に見えたか、投資家の意見にどれだけ耳を傾ける姿勢を見せたかなど）の全てが、プロの投資家も含めオーディエンスがどのピッチを気に入るかを左右する要因になることです。次に、どのような行動を受講者自身のベンチャーピッチに取り入れたいかを次のような質問に基づき取りまとめ、話し合います。

- 今日見て効果的だと感じた行動や特色を自分のピッチに取り入れるには、どのような方法があるでしょうか。

- 今日焦点を当てたオーディエンス、すなわち投資家の規範や期待について考え、どのようにピッチを構成すべきか検討してみましょう。どうすれば多様なオーディエンスにピッチを適応させられるでしょうか。

- 観察の結果から考えて、ピッチを行う際に避けるべき主な行動や特色は何でしょうか。ピッチは短いプレゼンテーションですが、アントレプレナーにとっては「成否を分ける」瞬間であることを覚えておいてください。絶対にやらないように気をつけたいことは何ですか。

・受講者に求められる演習後の作業・

受講者が自分のベンチャーを持っている場合には、最後のディスカッションを短くして、自分のピッチに取りかかるための時間を設けると、すぐに復習や応用を取り入れることができるでしょう。また、次の授業のために、受講者自身のアイデア（またはクラス全員がピッチを準備する共通のアイデア）について1分間のピッチを作成し、練習するよう受講者に宿題を出してもよいでしょう。

ベンチャーピッチデッキのサンプルをいくつか用意して、投資家向けピッチの典型的な内容を受講者に示すのもよいでしょう。ただし、聞き手の注意をそらすような映像ではなく、何をどのようにピッチするかに集中しなければならないため、映像を使わないピッチを準備する方が受講者にとっては強力な学習となります。聞き手や投資家にもっと知りたいと思わせるような、明確で自信に満ちた「エレベーターピッチ」を作成する必要があることを何度も強調することが最良の経験則です。スライドプレゼンテーションという「杖」に頼らなくて済むように、受講者に映像を使わないピッチを学ばせ、短く簡潔で、よく伝わるピッチを行う方法を身に付けさせることには大きな価値があります。本演習は、投票ソフトやバーチャルなブレイクアウトルームを使用することで、オンラインでの同期学習にも簡単に適用できます。そうすると、技術的にはどちらも顔を合わせているにもかかわらず、「ピッチング」が直接対面の場合とオンラインの場合ではどう違ってくるのか、という話も出てくるかもしれません。

4-4　カスタマージャーニーマッピング

> 執筆者：ドナ・ケリー
> 実践へのつながり：◉🐘

· アントレプレナーシップにおける主要テーマ ·

アイディエーション、デザイン思考、アントレプレナー・マーケティング

· 説明 ·

本演習では、カスタマージャーニーマップを紹介し、受講者が機会領域に

おける顧客体験への共感を養うのを手助けします。多くの場合、人が言うことは実際の行動を反映しておらず、表明する好みは身近で明白なものに基づいています。何か新しい革新的なものを生み出すために、アントレプレナーは「潜在的ニーズ」と呼ばれる曖昧な（まだはっきりしていない）問題やニーズを理解する必要があります。これらは多くの場合、実体験に基づく行動や感情から察知することができます。受講者は、カスタマージャーニーマップを使用して、潜在顧客を代表する人が最近経験した一連の出来事を疑似体験します。受講者は、顧客から聞いたことを記録し、インタビューで質問をして問題の多い領域をさらに掘り下げ、浮かび上がった感情、ニーズ、問題点、思いついたアイデアなどをメモしていきます。

・ 利用例 ・

本演習は、アントレプレナーシップ、アントレプレナー・マーケティング、デザイン思考、創造性、機会認識などの学部課程や大学院課程で使用することができます。また、エグゼクティブ教育やその他の実務家向けセミナーでも利用可能です。これは、学生やエグゼクティブが顧客共感や機会認識のスキルを身に付けるための講座やセミナーの冒頭に位置付けられるべきものです。

・ 実施方法 ・

対面

・ 学習目標 ・

- 購入および使用プロセスを通じて顧客が体験するカスタマージャーニーの全行程を示す。
- カスタマージャーニーの中で遭遇する問題や満たされていないニーズを発見する。

○ カスタマージャーニーマップで明らかになった問題やニーズに対応するソリューションを特定し、ユニークで価値ある起業機会につなげる。

・理論的基礎と参考文献・

-Rawson, A., E. Duncan and C. Jones (2013),'The truth about customer experience', Harvard Business Review, 1 September, https://store.hbr.org/product/the-truth-about-customer-experience/R1309G.
-Richardson, A. (2010),'Using customer journey maps to improve customer experience', Harvard Business Review, 15 November, https://hbr.org/2010/11/using-customer-journey-maps-to
-Rosenbaum, M., M.L. Otalora and G.C. Ramirez (2017),'How to create a realistic customer journey map', Business Horizons, 60 (1), 143-50.

・教材リスト・

カスタマージャーニーマップの配布資料（167ページ）

・受講者に求められる事前作業・

なし

・タイムプラン（75分）・

0:00 - 0:20

カスタマージャーニーマップ（以降、CJM）の概念、アントレプレナーシップとの関係、演習の目的を紹介します。講師は、CJMの目的や重要性について受講者の理解を引き出すためのディスカッションをリードします。まず、カスタマージャーニーマッピングの経験があるかどうかを受講者に尋ねます。経験がある受講者には、その利用方法や成果を尋ねてみましょう。

次に、CJMの定義と企業環境での利用について説明した後、いくつかの

背景情報を提示します。

CJM は、既存の組織における顧客体験の向上、一般的にサービス強化のためによく使われるツールです。CJM とは、「顧客が購入プロセス全体を通じてサービス組織とやり取りする中で経験する一連の出来事を視覚的に表現したもの」です（Rosenbaum et al., 2017, p.144）。商品の改良にも利用されています。このマップには、販売やサービス提供の前、最中、後に、顧客が組織と関わり合いを持つ「タッチポイント」が示されています。企業は、このようなタッチポイントを列見出しとして並べ、それぞれのタッチポイントに関連する感情、ペインポイント、考えられるソリューションといった特定の側面をその下の行方向に並べます。その後、大抵は部門の垣根を超えたチームで顧客体験を向上させるためのアイデアについてブレインストーミングを行い、アイデアを実行に移します。このジャーニーには、その過程で企業が講じるステップも含まれる場合があります（Rawson et al., 2013）。

講師は、Dapper Apps（訳注：オースラトリアのモバイル開発会社）に関する図4.4のように、既存の企業が使用している CJM の例を示してもよいでしょう。このマップ[2] には他の例も掲載されています。

次に、講師は「CJM はアントレプレナーにとってどのように役立つか」という問いをクラスに投げかけます。顧客とその購買過程を理解することの重要性について議論しましょう。例えば、関心のある分野での顧客体験について共感を養うことは、アントレプレナーが顧客の「立場に立って」考え、顧客が経験する問題を特定し、顧客によりよいサービスを提供する機会を生み出す助けになります。これは、起業プロセスの初期段階にいるアントレプレナーにとって有益です。この段階では、機会領域について漠然としたアイデアしかない場合があり、顧客からのフィードバックが機会

---

2 https://blog.hubspot.com/service/customer-journey-map

の特定や形成に役立つことがあります。また、顧客が真に評価するメリットや機能を特定できるため、機会開発を行う場合にも有用です。

大企業とアントレプレナーではCJMの使い方にどのような違いがあるかを講師が質問することにより、上記の議論をさらに深められます。アントレプレナーが考慮すべき重要な点として、企業で応用する場合との明らかな違いがいくつかあります。

第1に、企業には部門横断的なチームがありますが、アントレプレナーは多元的であり、いくつもの役割を担っています。あらゆる分野を横断的に考える必要がありますが、チームと協力して異なる専門知識、経験、視点を持つ人々から意見を聞き、互いに力を合わせてユニークで価値あるソリューションを明らかにすることができるのです。

	調査	比較	ワークショップ	見積り	契約
質問例	アプリを作るにはどうしたらいいか? どのプラットフォームをを使うべきか? 費用はどのくらいかかるのか? 自分のアイデアをどうやって守るのか?	アプリ開発者に何を求めるべきか? コスト対品質をどうするか? その開発者は誰と仕事をしたことがあるか?その開発者の能力は?	アプリが成功するかどうかはどうすればわかるのか? 製品の所有者/意思決定者は誰になるのか?	他と比較するとどうか? 他にどのようなビジネスチャンスがありえるか? 本当に進めるべきか? 資金はどうやって用意するか?	ビジネスを設立するには他に何をする必要があるか? 完成品はいつ届くのか?
感情/気持ち	好奇心旺盛。保護的。熱心。	独断。主観的。迷い。通常は、時間、お金、品質に重点をおいてメリットとデメリットを比較検討する。	熱心。触発されている。必要なワークロードを理解できる。	以前のアイデアやオプションを再検討する。ビジネスパートナーや家族に対して自分の決定を正当化する。それが正しい行動であることを社内で検証する。	楽観的。緊張/不安。できるだけ早く結果を確認したい。
我々が行うべきことは…	認知されるようにする。会社として信頼できることを知ってもらい、連絡してもらえるようにする。	アプリ開発のプロセスとベストプラクティスを説明し、過去の成功事例を提示する。オープンに、正直に。	何事も一夜にして成功するものではないということを本当に理解してもらう。彼らに最後まで寄り添い導くことを明確に伝える。	我々がその仕事に最適なチームである理由を提示し、根拠のある価格を正当化する。質問を歓迎する。	明確な目標を設定する。必要情報を常に知らせる。頻繁にコミュニケーションを取る。フィードバックを求め、全員が満足し、同じ認識を持っていることを確認する。

図4.4 Dapper AppsのCJMの例

第2に、通常、大企業はこのツールを使って既存商品の顧客体験をマップ化し、顧客サービスの改善点を特定することが多いです。アントレプレナーのアプローチはより探索的なものになる場合があり、実行可能な新たなビジネスチャンスにつながり得る問題を特定します。企業のCJMにはすでにステップが記入されていることがあり、インタビュアーがそれらのステップを促すこともあります。一方、アントレプレナーであれば顧客から話を聞きながらプロセスを進め、インタビューを行いながらステップを記入していく方が望ましいかもしれません。

最後に、講師はCJMの成果について尋ねます。アントレプレナーは、このような演習から何が得られると期待しているのでしょうか。その答えの1つは、顧客の体験、問題点、潜在的なニーズをより深く理解することです。講師は、これが定性的な演習であり、例えば、経営者があらかじめ決定したプロセスの各ステップにおける顧客の関与割合を示すような調査結果ではないことを強調しなければなりません。そのため、この演習はアントレプレナーが観察を行い、特定の分野をさらに掘り下げる質問でフォローアップできるよう、直接対面で実施するのが最適です。

0:20 - 0:30

受講者を2人1組に分けます。できれば、どちらかの受講者が調査対象の機会領域について、最近の経験を持っていることが理想的です。その受講者が顧客の視点に立ち、もう1人はアントレプレナー／インタビュアーの役割を務めます。手順とキーポイント（話を聞く、観察する、さらに調べる、メモを取る）を説明します。時間が許せば、役割を入れ替えて、両方の受講者にインタビュースキルを練習させてもよいでしょう。

この演習では、講師は2つのアプローチのうち1つを選ぶことができます。1つ目は、顧客が前回夕食に出かけたときに携帯電話が故障したなど、ほとんどの受講者が経験しているような特定の経験を指定することです。こ

れにより、多くの受講者にとって身近で中心的なテーマについて様々な知見が得られ、よく経験する重要な問題をクラスで特定することができます。また、活発な議論が生まれることが分かっている特定のシナリオがあるかもしれません（よい食事体験と悪い食事体験など）。

2つ目のアプローチは、受講者に自分が関心のある分野を特定させ、探究させることです。これにより、クラスでの報告を活気づける多様な結果を得ることができます。受講者がすでに機会に取り組んでいる場合、この演習はそれらに関連するものでも構いません。ただし、インタビュー相手の受講者がターゲット顧客を代表していない場合や、ビジネスチャンスに関連する経験を持っていない場合もあります。その場合、受講者はそうした経験をしたことのある知り合いを思い浮かべて、顧客の視点に立たなければならないかもしれません。これは最善の方法ではありませんが、受講者が練習を通じてインタビューや考察のスキルを磨くのには役立ちます。

これら2つの選択肢を組み合わせ、講師がクラスの演習で調査する中心的なテーマを特定し、授業以外の機会にその手法を適用してみるよう受講者に宿題を出してもよいでしょう（特に、顧客の視点に立つのに最も適した人物を見つけること）。その場合、受講者に次の授業で報告を行い、それをもとにしたレポートや感想文を提出させます。

インタビュアーには、顧客とのプロセス全体について話を聞くように指示します（ニーズの特定から、友人への推奨やカスタマーサポートへの問い合わせといった販売後のステップに至るまで）。重要なのは、顧客の考えや感情、各ステップで遭遇した障害も記録することです。質問としては次のようなものが考えられます。「どう感じましたか」「このとき何を達成しようとしていたのでしょうか」「どうやってこの決断を下したのでしょうか」「ここでどのような問題に遭遇しましたか」。また、さらに掘り下げるためのフォローアップの質問も重要です。例えば、「どうしてお兄さんに何を買うか相談したのでしょうか。この問題についてもっと教えてください」というようなも

のです。インタビュアーは、相手の表情や身振り手振りにも注意しなければなりません。

講師は、インタビュアーがインタビュー中に横軸に書き出すステップと、次のような要素を表す縦軸を持つフレームワークを指定することができます。(1) 目的 (このステップの目標／目的)、(2) 顧客感情 (表明されたものや身振り手振りによるもの)、(3) ペインポイント、(4) その他の観察事項、(5) 考えられるソリューション (これはインタビュー後の方が記入しやすいかもしれません)。これらの要素を含むサンプル・フレームワークが、この演習の末尾にある配布資料の中に示されています。

0:30 - 0:45

2人1組で演習を実施します。役割を交代する場合は、2回目のインタビューの時間を加えてください。

0:45 - 0:55

インタビュー終了後、インタビュアーにそのプロセスについて軽くメモを取ってもらいます。メモする際は、プロセス全体を振り返るようにしましょう。顧客役の受講者は自分でメモを取り、数分間でお互いに報告し合います。

0:55 - 1:10

クラスへの報告とディスカッションをします。1〜2人の受講者にカスタマージャーニーと考察を一通り説明してもらい、クラスでディスカッションを行います。クラスに投げかける質問としては、次のようなものを参考にしてください。「どのような課題への懸念が大きく、現在のソリューションではなぜそれらの課題に適切に対処できないのでしょうか」「顧客が最適でないものに適応したり、我慢したりしなければならない箇所はど

こですか」「どのようなソリューションであれば、いずれかのステップの
課題を解決できるのでしょうか」「あるステップの課題のうち、その前の
ステップで提供されたソリューションによって解決または排除され得るも
のはどれですか」。

1:10 - 1:15

締めくくりの言葉です。講師はまず、この演習で何を学んだか、どのよう
なスキルが身に付いたかを尋ねます。アントレプレナーにとって顧客を深
く理解することの重要性や、それがいかにユニークで価値ある機会につな
がるかを指摘しましょう。顧客がこれらの機会を認識することはほとんど
ありませんが、自らの経験を示し、伝えることができます。受講者は、そ
れを見聞きする過程で課題やニーズに気付くのです。

・ 受講者に求められる演習後の作業 ・

特にクラス演習で全員が同じ体験に取り組む場合、講師はクラス外の演習
として、受講者に対し受講者自身が興味のある分野、あるいは追究したい
機会やすでに取り組んでいる機会について、その分野での最近の経験を持
つ人にインタビューするよう、宿題を出すことができます。宿題には次の
ようなものを含んでもよいでしょう。

1. 機会領域の説明
2. そのインタビュー相手を選んだ理由（ターゲット顧客のプロフィールに合って
いる、その領域での最近の経験を持っている、など）
3. プロセス全体のマップ。これは次の演習の配布資料にあるワークシー
トをもとに作成することもできますが、受講者が独自のマップを作成する
方が面白いかもしれません。ワークシートはプロセスに関するインタビュ
アーの解釈を図示するための素材と見なすことができ、キーポイントは強
調表示されています。

4. 特定の問題や機会についての考察
5. 結論と次のステップ

インタビューのスキルは、それほど簡単なものではありません。受講者は
全てのステップを踏むことだけに集中し、本当に耳を傾けることや、返っ
てきた反応に基づいて質問をすることにはあまり重点を置かないかもしれ
ません。講師は、インタビュアーが耳を澄ませ、掘り下げのための質問で
継続的にフォローアップする必要があることや、それと同時に顧客がどの
ように感じているかにも注意する必要があることを強調しなければなりま
せん。インタビュアーはペインポイントを探し、さらにサプライズにも気
を配る必要があります。そのため、ステップをマッピングするだけでな
く、各ステップにおける感情、ペインポイント、観察事項などもマッピン
グするフレームワーク（次の演習「4-5　AEIOU法による観察」で使用するワークシー
トなど）に沿ってインタビューを実施させるのがよいかもしれません。
また、インタビューの際には批判的な態度や誘導的な態度を取ってはいけ
ないことを改めて強調しましょう（例えば、「あなたはこうするべきだった」などと
いう発言は避けること）。

本演習は、多くの執筆者によって広く記述されているカスタマージャー
ニーの概念を適用したものです。

	ステップ1	ステップ2	ステップ3	ステップ4	ステップ5	ステップ6	ステップ7
目的（このステップの目標／目的）							
感情（表明されたものや身振り手振りによるもの）							
ペインポイント							
その他の観察事項							
考えられるソリューション							

4-5　AEIOU法による観察

```
執筆者：ハイディ・M・ネック
実践へのつながり：◉
```

・ アントレプレナーシップにおける主要テーマ ・

アイディエーション、デザイン思考、顧客開発

・ 説明 ・

顧客やユーザーを観察することは、アイデアを生み出す上で重要なステップです。観察するための適切なツールやフレームワークがなければ、受講者たちは「なぜこんなことをやっているんだろう」という疑問を抱いたままになってしまいます。

AEIOUフレームワークは、単に「見る (look)」だけでなく「観る (see)」ための観察の基本を指導するための有用なツールです。観るということ

は、見ているものを意図的に、より深いレベルで理解する能力です。AEIOUフレームワークは、受講者が自分の観たものを5つのカテゴリーに整理し、観察データをより批判的に分析できるようにするためのものです。5つのカテゴリーは、「活動（Activities）」、「環境（Environment）」、「相互作用（Interactions）」、「モノ（Objects）」、「ユーザー（User）」であり、それぞれの頭文字を取ってAEIOUと呼びます。

・ 利用例 ・

本演習は、アントレプレナーシップ・コースの初期段階だけでなく、ブートキャンプやワークショップなど、あらゆるレベルで利用することができます。

・ 実施方法 ・

対面、オンライン

・ 学習目標 ・

- 単に世界を「見る」のではなく、「観る」練習をする。
- 観測データを有用なカテゴリーに分類する。
- 観察データを分析し、問題点や顧客に関する有用な知見を特定する。

・ 理論的基礎と参考文献 ・

-'AEIOU framework', EthnoHub, https://openpracticelibrary.com/practice/aeiou-observation-framework/
-Handwerker, P.W.（2001）, Quick Ethnography: A Guide to Rapid Multi method Research, Lanham, MD: AltaMira Press.
-Neck, H., C. Neck and E. Murray（2020）,'Using design thinking', Entrepreneurship: The Practice and Mindset, 2nd edn, Thousand Oaks, CA: Sage, pp. 78-103.

AEIOU の配布資料（172ページ）

必須ではありませんが、観察に関する書籍を読んでおくと役に立つかもしれません。よい情報源は、上記の参考文献に挙げた Neck et al. (2020) の該当する章です。また、「How to conduct user observations」[3]も有用な読み物です。

クラス内の作業

クラス内の30分は、受講者がクラス外で求められることをシミュレーションするために使います。

0:00 - 0:05

次ページの表4.1を使ってフレームワークを紹介します。

0:05 - 0:15 観察の記録

AEIOU ワークシートのコピーを配布し（172ページにある配布資料を参照）、受講者に例を示して説明します。

ビデオや写真を使って、受講者に観察の練習をさせてもよいでしょう。心を動かすビデオクリップの優れた例としては、受講者が見たことのないような古い映画『Dead Poets Society』（邦題：『いまを生きる』）が挙げられます。これはYouTubeで見ることが可能です[4]。筆者は、『バブソンの学生

3　https://www.interaction-design.org/literature/article/how-to-conduct-user-observations
4　https://www.youtube.com/watch?v=xv9JOVkR5PQ または https://www.youtube.com/watch?v=LjHORRHXtyI

のある1日』と題して、キャンパスにいる学生の写真を10〜20枚ほど使用したこともあります。写真でもビデオでも、その種類を問わず、教材として効果を発揮します。ここではビデオを選んだとしましょう。受講者にビデオを見せて、AEIOUワークシートにメモを記録してもらいます。使用するビデオの長さによっては、2回見せることが有効な場合もあります。

表4.1　AEIOUの5つの側面

活動（Activities）とは、目標に向けた一連の行動であり、人々が達成したいと思うことへの道筋です。物事を実行するとき、人々はどのような活動や行動をするのでしょうか。
環境（Environment）には、活動が行われる場全体が含まれます。個人的空間、共有空間、全体的な空間はどのような機能を持っているのでしょうか。写真を撮ったりスケッチを描いたりすることも、環境の手掛かりを記録するのに役立ちます。
相互作用（Interactions）は、人とモノや人と人との間で発生します。これらの関わり合いの性質はどのようなものでしょうか。その人が何を一番楽しんでいるのか、あるいは一番楽しんでいないのかを観察できるでしょうか。
モノ（Objects）とは、人々が環境の中で相互作用する構成要素、または物理的アイテムのことです。人々が使っているモノやデバイスは何なのか、そしてそれらは人々の活動とどう関係しているのでしょうか。
ユーザー（User）とは、行動、ニーズ、嗜好を観察される人々のことです。彼らの目標、価値観、動機、役割、偏見、人間関係はどのようなものでしょうか。彼らは何者なのでしょうか。

出典：AEIOU framework
http://help.ethnohub.com/guide/aeiou-framework
『Neck et al（p.94）』（2020）

0:15-0:30　観察結果の報告

ホワイトボードやパソコンを使って受講者に観察結果を報告してもらいます。観察結果が違っていても構わないことを伝えましょう。「A（活動：Activities）」から始めて、フレームワークをステップバイステップで進めて

いきます。ディスカッションが終わる頃には、受講者がお手本として使えるような、非常に完成度の高いワークシートができあがっているはずです。

受講者は、クラス外の観察の場で、AEIOUフレームワークを使用しなければなりません。最低でも90分は観察すべきで、できれば2時間ほど観察することをお勧めします。観察場所として人気があるのは、キャンパス内の食堂、自分が受講していない授業、食料品店などのショッピングエリア、スポーツジム、スポーツイベントなどです。

受講者が観察の目的を設定することが重要です。例えば、『Dead Poets Society』のビデオクリップを使う場合は、「高校の教員が生徒とどのように交流するかを観察すること」が目的になるかもしれません。クラスで模擬観察を行う前に、目的が設定されていることを確認しましょう。授業外で観察の宿題を出す場合は、観察場所を絞り込むことが大切です。ここでも目的が役に立ちます。例えば、受講者がスポーツ観戦をしたいと言った場合はファンの行動の観察に絞るなど、目的をより具体的なものにする必要があります。フードコートの様子や、アリーナでの観客の動き、ファンの応援の仕方などを観察してもよいかもしれません。

最後に、受講者がカテゴリー間の重複を認識する場合もあります。例えば、活動（Activities）でモノ（Objects）が使用されている場合などです。ある程度の冗長性が予想されることを伝え、モノ領域ではモノに、活動領域では活動に注目するよう説明しましょう。

『Dead Poets Society』のビデオクリップの中で、教師のキーティング氏が教科書のページを引きちぎるシーンがあります。活動は教科書のページ

を引きちぎることですが、モノは教科書なので、両方のカテゴリーに記録されることになります。

・帰属・

AEIOU は、1991 年に Doblin Innovation Consultants で生まれた観察フレームワークです。

・配布資料：AEIOU ワークシート・

・受講者氏名 _____

・観察領域 _____

・期間 _____

・目的 _____

構成要素	観察メモ
活動（Activities）： 人々は何をしているのでしょうか。	
環境（Environment）： 人々は環境をどのように利用していますか。環境の役割は何ですか。	
相互作用（Interactions）： 何か決まった手順はありますか。人と人との特別な相互作用はありますか。人とモノについてはどうですか。	
モノ（Objects）： 何が使われ、何が使われていませんか。モノとの関わりを説明してください。	
ユーザー（User）： あなたが観察しているユーザーは誰ですか。彼らの役割は何ですか。	

4-6 もし、私が自分自身の顧客だったら？

> 執筆者：ハイディ・M・ネック
> 実践へのつながり：◉

・アントレプレナーシップにおける主要テーマ・
顧客開発、アントレプレナー・マーケティング

・説明・
受講者は、デモグラフィック属性[5]以外の顧客セグメンテーションを作成することに苦労するでしょう。この演習は、顧客のサイコグラフィック属性（顧客の態度、価値観、ライフスタイルなど）をより深く理解するためのものです。この演習では、「価値観とライフスタイル（Values and Lifestyles =VALS）」のフレームワークについて学習します。VALS調査は、SRIインターナショナルの社会科学者アーノルド・ミッチェルが考案した市場調査ツールです。この調査は、顧客の意思決定の動機を調べるために作成されました。VALS調査は、受講者がサイコグラフィック・セグメンテーションの重要性（および難しさ）への理解を深めるのに役立ちます。VALS調査と関連情報については、Strategic Business Insights[6]からアクセス可能です。

・利用例・
学部または大学院の一般的なアントレプレナーシップコース、およびブートキャンプやワークショップの実践者。クラス人数の制限はありません。

5　訳注：購買者の人口統計学的属性の総称。年齢、居住地、収入、職業など
6　http://www.strategicbusinessinsights.com/vals/
　　日本版　https://www.strategicbusinessinsights.com/vals/international/japan.shtml
　　https://www.jds.ne.jp/japan-vals/　Japan-VALS™

この演習は、少人数のコースにも多人数のコースにも対応できます。

・ 実施方法 ・
対面、オンライン

・ 学習目標 ・
- VALSのサイコグラフィック・セグメントに基づき、8つの異なる消費者グループを特定する。
- 自分の顧客タイプを特定するために、消費者として調査を体験する。
- 顧客タイプによる違いや、セグメンテーションの意味合いについて議論する。

・ 理論的基礎と参考文献 ・
-Discussion of VALS framework: http://www.strategicbusinessinsights.com/vals/ustypes.shtml.

-Definitions and role in persona creation: https://www.mbaskool.com/business-concepts/marketing-and-strategy-terms/11515-values-and-lifestylesvals-research.html.

顧客に関する導入資料については次を参照してください：Neck, H., C. Neck and E. Murray（2020）,'Developing your customers', Entrepreneurship: The Practice and Mindset, 2nd edn, Thousand Oaks, CA: Sage, pp. 126-51.

-ライフスタイル分析とは

https://gmo-research.jp/research-column/lifestyle-analysis

-VALS™とは

https://www.jds.ne.jp/wp-content/uploads/2021/03/Japan-VALS_2020.pdf

-消費者行動理論をMRの企画・分析に生かす(8)

https://insight.rakuten.co.jp/internet_research/column/vol23.html

・ 教材リスト ・
- 受講者は授業にノートパソコンを持参してください。スマートフォン

も使用できますが、ノートパソコンの方が簡単です。

○ 調査に参加するためのインターネット接続環境

・ 受講者に求められる事前準備 ・

受講者は、デモグラフィック属性とサイコグラフィック属性の説明を含め、顧客セグメンテーションに関する章や記事を読んでおいてください。筆者が個人的にこの演習を行う場合は、168ページの参考文献で挙げた「Neck et al. (2020, pp. 126-51)」を課題としています。

・ タイムプラン（60分、ただし90分まで延長可能）・

0:00 - 0:10

サイコグラフィック属性とデモグラフィック属性の違いについて説明します。受講者に、事前準備で読んできた内容に基づいて両者の違いを説明してもらいます。受講者に自分のデモグラフィック属性を挙げてもらってもよいでしょう。続いて、自分のサイコグラフィック属性を挙げてもらいます。おそらく、デモグラフィック属性を挙げる方が、サイコグラフィック属性を挙げるよりもはるかに簡単でしょう。同様に、クラスメートのデモグラフィック属性は簡単に推測できても、サイコグラフィック属性についてはそうはいきません。

その次にVALS調査の概念を紹介します。前ページの「理論的基礎と参考文献」で挙げた説明やレビューソースを参照してください。

0:10 - 0:20

各受講者に、ノートパソコンまたはスマートフォンを使用してVALSのサイト[7]にログインしてもらい、「take survey」をクリックするよう指示し

7　https://www.strategicbusinessinsights.com/vals/presurvey.shtml

ます（訳注：日本語版は有料）。調査の所要時間は5〜6分です。調査結果はすぐに知ることができます。図4.5のような画面が表示されるでしょう。各受講者は図4.5の例のように、プライマリタイプとセカンダリタイプを受け取ります。VALSフレームワークには、イノベーター、シンカー、ビリーバー、アチーバー、ストライパー、エクスペリエンサー、メイカー、サバイバーという8つの消費者グループがあります。定義と説明については、このページ[8]を参照してください。

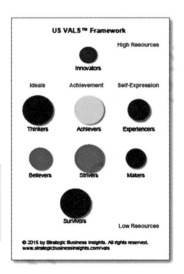

Your VALS™ Type
Primary Type: Thinkers
Secondary Type: Innovators

Your primary VALS type means that you are most like the __Thinkers__ consumer group. Your secondary type—the group you are next most like—is __Innovators__.

Your primary VALS type represents your dominant approach to life. The secondary type represents a particular emphasis on the dominant approach.

When you know the VALS types of your customers (or stakeholders), respect them by addressing them in a manner that speaks to them. **To learn more, contact us.**

図4.5　VALS調査の結果のスクリーンショット
出典：http://www.strategicbusinessinsights.com/vals/presurvey.shtmlの調査に答えた後の Strategic Business Insightsのサイト。

8　http://www.strategicbusinessinsights.com/vals/ustypes.shtml for definitions and explanations

受講者に少し時間を与え、自分のプライマリ消費者タイプとセカンダリ消費者タイプを調べさせます。ハイパーリンクをクリックすると、図4.6のようなページが表示されます。全てのタイプの説明については、左の欄も参照してください。一般的に、各タイプには図4.6と同様の説明があります。

Innovators

As a consumer group, Innovators exhibit all three primary motivations in varying degrees.

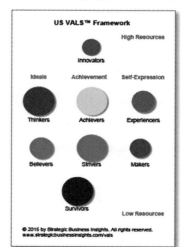

Members of this group typically:

- Are always taking in information (antennas up)
- Are confident enough to experiment
- Make the highest number of financial transactions
- Are skeptical about advertising
- Have international exposure
- Are future oriented
- Are self-directed consumers
- Believe science and R&D are credible
- Are most receptive to new ideas and technologies
- Enjoy the challenge of problem solving
- Have the widest variety of interests and activities.

図4.6　あるVALSタイプに関する説明のスクリーンショット
出典：http://www.strategicbusinessinsights.com/vals/presurvey.shtmlの調査に答えた後のStrategic Business Insightsのサイト。

自分の消費者タイプを調べ終わったら、クラスで投票を行い、全員の分類を確認します。ボードやフリップチャート用紙にマトリクスを作成するだけです（表4.2）。受講者に付箋紙を2枚ずつ渡して、1枚目をプライマリの欄に、2枚目をセカンダリの欄に貼ってもらいます。プライマリには黄色、セカンダリには青色など、2色を使い分けるとよいでしょう。付箋紙に名前を書く必要はありません。匿名の方がよいでしょう。

表4.2　投票マトリクスの例

タイプ	プライマリ	セカンダリ
・イノベーター ・シンカー ・ビリーバー ・アチーバー ・ストライパー ・エクスペリエンサー ・メイカー ・サバイバー		

受講者を3〜4人のグループにランダムに分けて、ボードとVALSのサイト[9]にあるタイプの説明を見てもらいます。次のような質問をするか、自分で質問を考えます。

○　クラスの中にはどんなパターンが存在していますか。
○　なぜこのようなパターンが存在すると思いますか。
○　クラスの中はあなたが思っていたよりも似ていますか、それとも違っ

9　http:/iwww. strategicbusinessinsights.com/vals/

ていますか。

○ このクラスを市場とした場合、どのように購入の意思決定を行うかについて、どのような結論が導き出せるでしょうか。

0:40 - 0:50

各グループに、与えられた質問についてクラスに報告してもらいます。それぞれのグループには、違う意見を提供してもらうようにしましょう。つまり、あるグループが別のグループと同じ答えを持っていた場合はそれを繰り返す理由はありません。その答えはパスします。

0:50 - 1:00

以下のようなトピックを使って、演習を要約します。

○ 「サイコグラフィック属性を見極めるのはとても難しいことです。このクラスでは自分のタイプを確かめましたが、市場の場合はどうすればよいでしょうか」。

○ 「VALS フレームワークは使用する言葉を与えてくれます」。サンプルの特徴[10]にある画像を見せることを検討してください。このリンク先にある図は、各タイプとその特徴をまとめた便利なサマリーです。

○ 「これらの特徴はペルソナを設定する際に大いに役立ちますが、米国のデータのみに基づいているため、使用には注意が必要です」。

1:00 - 1:30

セッションの最後に、今回の演習と受講者自身のベンチャーアイデアや潜在顧客とを結び付けるための時間を設けます。各自のベンチャーコンセプ

10　http://www.strategicbusinessinsights.com/vals/characteristics.shtml

トがターゲットにしているVALSのタイプと、その理由を特定させましょう。このディスカッションの結果は、次のステップとして顧客ペルソナの設定に結び付けることができます。

本演習を、受講者が作成するあらゆるタイプの顧客ペルソナにつなげます。

VALSフレームワークには多くのレイヤーがあります。これが消費者行動やマーケティングのコース以外で使用されたり、ブートキャンプや補助カリキュラムで使用されたりする場合があることを考えると、クラス内での議論の深さは本演習までに限定し、自分自身でさらに深く掘り下げるよう受講者に促すことをお勧めします。174ページの「理論的基礎と参考文献」で2番目に挙げた参考文献は、受講者が手始めに読むものとして最適です。VALSは米国のデータに基づいているため、それ以外の国の人々が多い場合は使用するのに注意が必要です。この調査が米国中心であることを受講者に伝えるべきですが、他の国でのカテゴリーの妥当性についてクラスで話し合うことも検討してみましょう。Strategic Business Insightsはこの調査を様々な国に拡大しており、中国、日本、ナイジェリア、英国、ベネズエラ、ドミニカ共和国のデータを持っています。VALSのインターナショナルページ[11]を参照してください。その違いを見るのは、受講者にとって興味深いことです。
受講者やアントレプレナーは、自分が顧客または顧客候補であるという理由で、「これはグッドアイデアだ」と思ってビジネスを始めることがよく

11　https://www.strategicbusinessinsights.com/vals/international/を参照してください。

あります。ビールが好きだからクラフトビールの醸造所を始めたい、グルメだからグルメ向けのアプリを立ち上げたい、といった具合です。その結果、受講者は調査もせずにそのアイデアに感情的に執着するようになってしまいます。本演習は、このような考え方を助長するためのものではありません。受講者がセグメンテーションへの理解を深め、単に「N of 1（1人の顧客）」に基づいて顧客を理解しないようにするためのものです。

・ 帰属 ・

VALS調査はStrategic Business Insightsから提供されており、一般公開されています（訳注：2023年11月現在、日本語版は公開されていない）。

4-7　暗闇の中の手探り

> 執筆者：エリカ・A・ノイエス
> 実践へのつながり：◎

・ アントレプレナーシップにおける主要テーマ ・

デザイン思考、顧客開発

・ 説明 ・

ここでは、共感を高めることに焦点を当てた、実践的で行動志向の演習を行います。教育的な焦点は、共感、ニーズ発見、価値創造の可能性との関係性にあります。

このセッションは、学部や大学院のアントレプレナーシップ・プログラムで大きな成果を上げています。参加者は真っ暗闇の中で、電気のない（つまり暗闇の中で手探りの）生活を送る世界中の人々に共感し、教育、健康、仕

事など家族の日常生活への様々な影響について考えるよう求められます。共感とは、他者が経験していることを理解したり感じたりする能力のことであり、他者の立場に自分を置く能力も含まれます（Watson and Greenberg, 2009; Zahra et al., 2009; Rifkin, 2010; Nowak, 2011）。共感の定義は、他者が何を感じ、何を考え、何を経験しているかを認識すること、自己と他者との違いをより明確にすること、意思決定や認知的思考プロセスには多くの複雑な要素が含まれていることを理解することに重点を置いています。共感に関する研究によると、自分を他者として考える能力は複雑な想像的行為であり、そのためには自分自身の自我や生きてきた体験から離れて、別の人間や集団と自分を重ね合わせる必要があると示されています（Nowak, 2011）。

アントレプレナーシップと人間中心設計（例えば、デザイン思考）を結び付けようとする教育では、「共感」と「同情」の構成概念を区別することが大切です。

同情とは他人の不幸に対する哀れみや悲しみの感情ですが、厳密な意味での真の共感には、相手と共通の体験をすることが必要です。例えば、普通の人は交通量の多い交差点でバスにはねられた人を見て同情するでしょうが、真の共感を覚えるには（つまり、はねられた歩行者の気持ちを完全に理解するには）、自分も以前の（今では共有されている）経験の中でバスにはねられていなければなりません。共感を追求することはしばしば達成不可能な目標となりますが、それでも他者とより深く親密なつながりを共有しようとするときには必要不可欠な目標です。

アントレプレナーシップ教育におけるデザイン思考教育の台頭を背景に、共感という概念への理解が必要になっています。この概念は、アントレプレナーシップ・プログラムにおいてこれまで教えられ実践してきた、感情を切り離した市場調査のやり方を超えたものです。しかし、「共感」と「共感すること」という行為が、アントレプレナーシップ教育で直接明示

的に教えられることはほとんどありません。本演習は、このギャップを埋めることを目的としています。

・利用例・

本演習は、学部課程でも大学院課程でもうまく機能します。人間中心でデザインに重点を置いたアントレプレナーシップ・コース、特に受講者にターゲット顧客やユーザーを巻き込むことが求められる体験型コースの最初の2週間に適用すると効果的です。本演習は、様々なオーディエンス、ユーザーグループ、ターゲット市場への共感を築く上での課題について、継続的に議論するための場を提供します。また、様々な規模のコースに対応できますが、最適なのは15人以上のクラスであるため、4～5人ずつの複数チームに分けて演習を実施することができます。演習を行うための要件として、窓のない教室が必要です。

・実施方法・

対面

・学習目標・

- ○ 慣れない状況（電気や電力のない家庭生活や暮らし）に対する受講者の共感を養う。
- ○ ニーズ発見や機会特定の一環として共感を追求することは、達成不可能だが深い価値があることを見出す。
- ○ 共感力を高めることで見えてくる社会的・経済的な価値創造の機会について検討するよう、受講者に呼びかける。

・ 理論的基礎と参考文献 ・

-Nowak, A.T. (2011),'Introducing a pedagogy of empathic action as informed by social entrepreneurs', unpublished dissertation, McGill University, Montreal.

-Rifkin, J. (2009), The Empathic Civilization: The Race to Global Consciousness in a World in Crisis, New York: Penguin.

-Watson, J.C. and L.S. Greenberg (2009),'Empathic resonance: a neuroscience perspective', in J. Decety and W. Ickes (eds), The Social Neuroscience of Empathy, Cambridge, MA:MIT Press, pp. 101-12.

-Zahra, S.A., E. Gedajlovic, D.O. Neubaum and J.M. Shulman (2009),'A typology of social entrepreneurs: motives, search processes and ethical challenges', Journal of Business Venturing, 24 (5), 519-32.

・ 教材リスト ・

窓のない暗い部屋が必要です。他に特別な教材は必要ありませんが、演習を構成する際に、世界の無電化地域における夜間の真っ暗な画像を見せると効果的です（タイムプランの5〜10分）。Googleで画像を検索すれば、スライドに含める画像の選択肢がたくさん見つかります。

・ 受講者に求められる事前作業 ・

なし

・ 教室の準備とタイムプラン（60分）・

これは60分間の演習です。部屋を準備する際には、部屋を暗くしたときに受講者同士のやり取りの邪魔になるものがないように、また怪我の恐れが最小限になるように、椅子やテーブルを配置すると良いでしょう。可能であれば教室の壁に沿ってテーブルを並べ、その中に椅子を内側に向けて円形に配置します。

コールドオープン。参加者に、(キャンプではなく何年もの間)電気のない生活
をしたことがあるかどうかを尋ね、そのような生活を数分間、深く想像し
てもらいます。そして、共感を築くための演習を行うことを受講者に伝え
ます。共感とは、「他者が経験していることをその人の枠内で理解したり
感じたりする能力のことであり、他者の立場に自分を置く能力も含まれ
る」と定義します。他者が何を感じ、考え、経験しているかを認識するこ
と、自己と他者との違いを取り払うこと、意思決定や認知的思考プロセス
には多くの複雑な要素が含まれていることを理解することなど、共感の重
要な側面を強調しましょう。また、共感と同情の構成概念を区別します。
同情とは他人の不幸に対する哀れみや悲しみの感情ですが、これは本演習
の目標ではありません。最後に、チームで作業することを伝え、受講者を
4〜5人ずつに分けます。

明かりを消し、ブラインドを閉め、スライドプロジェクター以外の全ての
機器の電源を切ります。受講者に、授業が終わるまでスマートフォンをど
こかにしまい、できれば電源を切っておくよう指示しましょう。部屋はと
ても暗くなければなりません。必要であれば、教材リストで提案したよう
に、世界の衛星画像やその他のGoogle画像を使って、世界の電化地域と
非電化地域の状況を思い描かせることもできます。
世界では15億人の人々が電気のない生活を送っていることを紹介します。
特にインドに焦点を当てましょう。インドでは、農村地域を中心に5億人
の人々が信頼できる電気を利用できていません。この事実を説明した後、
スライドプロジェクターの電源を切り、部屋を真っ暗にします。

上述したように、共感に関する研究によると、自分を他者として考える能力は複雑な想像的行為であり、そのためには自分自身の自我や生きてきた体験から離れて、別の人間や集団と自分を重ね合わせる必要があります。次は、演習のメインとなる「脱中心化」の部分です。各チームに次のような指示を与えます。「チームと協力し、電気がないことで家族の日常生活にどのような影響が出るか、予想されることを全てリストアップしてください」。仕事や学業、食事の準備、家族や友人との付き合いといった日常生活を、電気なしで何年間も経験したことがある受講者は（おそらく）いないでしょうから、これは基本的に想像力への挑戦であることを強調しましょう。最も包括的なリストを作成したチームには、何か小さな賞を与えることもできます。

電気の影響を受けるそれらの日常生活について詳述するための時間が20分間あることと、その後、インドの農村地域での電気のない生活に関する短いビデオを見て、各チームのリストが包括的かどうかを確認することを受講者に伝えます。ここでの目的は、不完全で限定的とはいえ、受講者たちにこの状況を想像させ、自分自身の自我や生きてきた経験から離れて電気のない生活を送る人々と自分を重ね合わせ、感じ、考えてもらうことです。問題と潜在的なプラス効果の両方を考えるよう、受講者に明示的に指示してください。例えば、ソーシャルメディアやテクノロジーがないことで、家族やご近所との絆が強まるかもしれません。忘れてはならないのは、ここでの目標が「同情」ではなく「共感」することだということです。

オプション：やる気を高めるために、必要に応じてリストの出来を採点することや、リストにはチーム全員の署名を入れるように伝えることもできます。

受講者には、演習全体を通じてスマートフォンを光源として利用できないことを念押ししてください。演習の目的が損なわれてしまうからです。ノートパソコンなど、光を出すものは一切認められません。指示を受けた後、受講者はすぐにカバンの中にある紙や筆記用具を手探りで探すという難題に直面し、いら立たしさを感じることになるでしょう。

0:30 - 0:35

まだ真っ暗闇の中で、各チームに自分たちが想像したことについて1分以上のプレゼンテーションをしてもらいます。ほとんどのチームは走り書きのリストを読むことができないでしょう。「ソーシャルメディアがない」「パソコンがない」「テレビがない」「電化製品（食器洗い機や電子レンジ）がない」、「日没後に勉強するための明かりがない」「電子機器に向かうよりも家族と過ごす時間の方が長くなる」といった影響が挙げられると思います。ほとんどの受講者は、身体的な快適さや電子機器の画面に注目した表面的な答えをします。より深い答えとしては、医療提供（病院や家庭の医療機器に電力が供給されない）、職業生活（仕事が1日の早い時間にシフトする）、社会全体（町や地域の社会構造がどのように変わるか）に対するシステムレベルの影響が考えられるでしょう。各チームのプレゼンテーションが終わったら、浮かんできたテーマを特定して補強します。

0:35 - 0:41

次に、インドの農村地域で活動するD. Lightを紹介する短いビデオを見せます（Solar lighting in India with d.light design[12]）。このビデオの目的は、電気のない地域を取り上げることであり、D.Lightの宣伝ではないことを説明するとよいでしょう。

12　https://www.youtube.com/watch?v=CWjwpEc8q4g

0:41 - 0:45

真っ暗闇に戻ります。プロジェクター画面の電源を再度オフにします。ビデオの様々なストーリーに基づいて、日常生活への影響について正しく予想したものと完全に見落としたものの両方の一覧表を作るよう、クラスに指示します。これを多人数のグループディスカッションとして扱い、チームメンバーに自分たちのチームの成績についてコメントさせます。

講師が報告の中で検討し、取り組むべき質問は次のようなものです。

- チームは、労働時間が限られることによる収入への影響を予想していましたか。
- チームは、夜にロウソクの明かりで宿題をすることによる健康リスク（火事や目の疲れなど）を想像していましたか。
- チームは、日中に様々な仕事（買い物、家の掃除、人との付き合い、その他）をこなさなければならないことを話し合いましたか。
- チームは、家族や近所の社会活動への影響や、電気がないことでつながりや帰属意識といった結び付きがどのように形作られるかについて検討しましたか。

また、講師はこの時間を使って、状況に関する不正確な前提を突きつけてみましょう。つまり、家庭に電気がないからといって、（ビデオで見たように）必ずしも携帯電話がないわけではないということです。例えば、家庭に電気がない農村地域に住む数百万人のインド人は、町で利用できる充電サービスを利用しています。

0:45 - 0:55

まだ明かりを消したまま、受講者に本演習で共感が養われたかどうか、またどのような形で養われたかを尋ねます。本演習で共感を築く上での様々な限界について、率直な話し合いになるようリードしましょう。

例えば、受講者はトイレに行きたくなったらいつでも暗闇から抜け出すことができ、授業が終われば明かりがつくことを知っていました。電気のない生活について幅広く有意義な基本的知識を得るためには、どのような行動手順を取る必要があるか、チームに考えさせます。この最後のディスカッションこそが、演習の真の成果です。つまり、この特定の課題に対する共感の最小断片を築くためには、どのような関係構築、期間、関わり方の戦略が必要なのかを受講者に問いかけるのです。これは受講者にとって大きな創造的キャンバスであり、共感を追求することの挑戦、報酬、限界、責任を提起します。

例えば、インドの村に滞在し、そこに住む人々と2週間一緒に暮らすことで、チームは深い共感を抱くでしょうか。例えば、D.Lightが追求しているような根拠のあるニーズや起業機会を特定することができるでしょうか。最低3カ月は必要ですか、それとも半年〜1年は必要でしょうか。これに関連して受講者に尋ねる質問は、「新たな文脈で共感を築こうとしているときに、何か重要なことを十分に学べたとどうやって知ることができるのか」というものです。共感を養うためには文脈の理解と関係・信頼の構築が中心となるため、この文脈を基本的かつ十分に理解するには数日ではなく数カ月かかることを確認します。例えば、LED照明のベンチャー企業であるD.Lightが追求しているような、起業機会を特定するのに必要な有意義な洞察は、この共感形成という課題に対する没入型アプローチでしか生み出すことができないでしょう。

0:55 - 0:60

演習全体を振り返ります。本演習は、コースの今後の課程にとってどのような意味を持つのでしょうか。具体的に、受講者はクラスで共感を築くための活動にどのように取り組むべきでしょうか。今後、全ての体験的フィールドワーク、特に共感を築くための取り組みにおいて、どのような

課題と機会を考慮しなければならないのでしょうか。最後に明かりをつけて、演習を終了します。目が慣れてくるとうめき声が上がり、受講者たちは帰っていくでしょう。

・ 演習後のオプション ・

本演習の後の最も自然な作業は、翌週の授業で、ターゲットグループ、すなわちインドの電気のない農村地域に住む人々や、（それがコースの一部であれば）自分たちのベンチャーコンセプトの設計対象となっている人々への深い共感を築くための詳細なエンゲージメントプランを、チームに発表させることです。

・ 指導のヒント ・

- 本演習は完全な暗闇の中で行う必要があります。したがって、講師はその日のために別の教室、すなわち窓やその他の光源がない部屋を用意する必要があるかもしれません。
- 暗闇の中での作業には危険が伴うため、室内の移動は最小限にとどめ、リュックやバッグなどのつまずきやすいものが床に置かれていないことを確認してください。
- 明かりを消した後、受講者たちはよく「マジかよ」というような反応を示しますが、最終的には落ち着いてチャレンジしてくれます。
- 影響を受ける日常生活を特定する際にも、演習全体を振り返る際にも、電気がないことのプラス面を特定することが重要です。例えば、家族レベルでの社会的つながりが深まる可能性がある、すなわちソーシャルメディアに絶えず邪魔されずに済む、というようなことです。バランスの取れた振り返りを行い、演習の組み立てと振り返りの両方で不必要な判断をしないようにしましょう。

4-8　シルビア・ウォーターストンの事例を用いた対話

> 執筆者：ラウリ・ユニオン
> 実践へのつながり：◉🧠

・アントレプレナーシップにおける主要テーマ・

ファミリーアントレプレナーシップ、アイディエーション

・説明・

ファミリーアントレプレナーシップは、当時者が家族への忠誠心、場合によっては困難な家族関係、個人的目標やキャリア目標の折り合いをつけなければならないため、特有の様々な問題をもたらします。

本演習では、受講者は架空のウォーターストン家の人々を演じながら、会社の共同経営者であるシルビア・ウォーターストンの人生の重大な局面に立ち会います。受講者は架空のファミリービジネスの「ミニケース」を読み、その後、短いケースディスカッションを行い、ケースへの理解を深めます。続いて、シルビア、ウィリアム、ウォルター、ステファニー（いずれもケースに登場する主な家族メンバー）の主要なニーズを特定するために、対話形式のニーズ発見法を用います。ファシリテーターは、特定されたニーズをもとに受講者にロールプレイを演じさせ、シルビアが次にどのようなステップを踏むべきかを明確に説明できるようにします。

演習の最後に、Nash-Stevenson (2004) の「Just Enough」のフレームワークを用いて、実際に何が起きたのかを検討します。クラス中の受講生と、シルビアの人生が、「決定前」と「決定後」のフレームワークにどのように合致しているかについて議論しましょう。

・ 利用例 ・

学部、大学院、エグゼクティブ教育のファミリーアントレプレナーシップ・コースまたはファミリービジネス・コース。最小で20人程度、最大で100人程度が理想です。

・ 実施方法 ・

対面、オンライン

・ 学習目標 ・

- デザイン思考の基本概念であるニーズ発見をファミリーアントレプレナーシップの課題に適用し、共感と展望を組み立てる。
- ロールプレイを通じてファミリーアントレプレナーシップの課題について重要な議論をする練習を行い、その過程で、受講者自身の家族において同様の議論を行う能力を養う。
- Nash-Stevensonフレームワークのパーソナル万華鏡の概念を主人公のケースに当てはめて統合する。

・ 理論的基礎と参考文献 ・

-Nash, L. and H. Stevenson (2004), Just Enough: Tools for Creating Success in Your Work Life, Hoboken, NJ: John Wiley & Sons.
-Nash, L. and H. Stevenson (2004), 'Success that lasts' https://hbr.org/2004/02/success-that-lasts.

・ 教材リスト ・

- ミニケース（203ページ）
- 付箋（受講者1人につき最低10枚）
- ペン
- ホワイトボードとマーカー

- シルビア、ステファニー、ウォルター、ウィリアムの名札（各テーブルごと、それぞれの人物につき1枚）
- 受講者は、ケースに適したロールプレイ・グループで作業できるだけの大きさの丸テーブルに着席する必要があります。各テーブルには4の倍数の人数が着席するのが理想的です。

・ 受講者に求められる事前作業 ・

なし

・ タイムプラン（75〜90分） ・

0:00 - 0:15

セッションの概要を説明します。受講者は次のことを行います。

1. 203ページのケースを読みます。
2. ケースディスカッションを行います。
3. 対話形式のセッションに参加し、ケースに登場する家族4人の主なニーズを特定した後、ケースに記述されている家族会議のロールプレイを行います。
4. 実際に何が起きたかを聞き、その判断をキャリアや人生について重要な決定を下すための重要なフレームワークに当てはめます。

次に、受講者に5〜7分の時間を与え、ミニケースを読ませます。

0:15 - 0:25

ケースの重要な事実を明らかにするために、クラス・ディスカッションを行います。

基本的な事実

1. ウォーターストン家の伝統として、男性のリーダーシップが好まれている。注目すべきは、ステファニーの生い立ちと、娘には自分と違う体験をしてほしいという彼女の思いである。

2. シルビアの「履歴書」はウィリアムよりもはるかに立派である。

3. ウォーターストン社は、少なくともシルビアとステファニーの話によると、変化を必要としながらもそれに抵抗している活気を失った会社である。

4. シルビアは、ウォルターが大切にしていたワイナリーを閉鎖するなど、経営改善のためにいくつかの措置を講じてきた。

5. シルビアは革新的な職場環境を楽しいと感じるが、ウォーターストン社はそのような環境ではない。彼女はそのような環境を作ろうとしているが、抵抗にあっている。

6. ウィリアムのリーダーシップスタイルは、ウォーターストン社の長年にわたる経営手法との整合性が高いため、一部の従業員に好まれている。

7. ウォルターはシルビアに、ウィリアムの役割ではなく、彼女の役割だけを見直すよう求めている。

8. シルビアはブリッジトンの経営への参画で一定の成功を収めており、優秀な「ナンバー2」としてジェニファーを迎え入れている。

9. シルビアは、地元の有力企業を率いていることで得られる恩恵を享受している。

10. ウォルターとシルビアのいずれにとっても家族関係は大切である。

`0:25 - 0:33`

セッションのアクティブパートと各パートの目的を説明し、時間を厳密に管理することを伝えます。

セッションのパート

l. ニーズ発見。

目的－複雑な家族の問題に対する解決策を考え出すには、まず主人公（この場合はシルビア）のニーズを把握する必要があることを理解する。どのようなニーズがあるか、1つ以上の例を挙げる。

2. ロールプレイ。

目的－他者の立場に立つことで、自己内省と共感の能力を高める。主人公のニーズを満たす解決策を考え出す練習をする。

3. 報告。

目的－同じ課題に対して、様々な合理的解決策やアプローチがあることを受講者に知ってもらう。

`0:33 - 0:35`

参加者は演じる登場人物を選びます。講師は参加者に、できれば実生活における自分自身とは異なる登場人物を選ぶように助言しましょう。例えば、男性が女性を演じたり、若い人が年配の人を演じたりするようにします。

`0:35 - 0:38` **ニーズ発見パート1**

参加者はそれぞれの付箋を取り出します。そして、2〜3分かけて自分が演じる登場人物の主要なニーズを理解し、付箋1枚につき1つのニーズを書き出します。

`0:38 - 0:43` **ニーズ発見パート2**

テーブルごとに付箋を整理し、それらを組み合わせて、ウォーターストン家にとって優先順位の高い主要なニーズを3〜5つ選び出します。

ニーズ発見パート3

各グループは、ウォーターストン家にとって最も重要なニーズであると考えたものを簡潔に報告します。講師はホワイトボードにそれらを書き出し、全員が分かるようにします。

ロールプレイの準備をします。クラス全員に、ストーリーの背景と、ロールプレイの成果はシルビアのための計画を作成することであることを伝えましょう。家族のニーズを特定する目的は計画の作成に役立てるためであること、およびその計画はウォーターストン家の集合的なニーズと関係者個人のニーズに可能な限り対応することで、提示された問題を解決するものでなければならないことを説明します。

参加者には、第三者としてではなく登場人物になりきって話すように促しましょう。

参加者がロールプレイを行い、結論を出します。

受講者が考えつく結論の例としては、次のようなものが挙げられます。

1. シルビアは明らかに最適任者であるため、彼女がCEOになり、ウィリアムには社長を任せることを提案すべきである。

2. シルビアはウォーターストン社を2つの会社に分割し、母親が40%所有する会社を自分が率いることを提案すべきである。

3. シルビアは家族に自分を買い取ってくれるよう頼むべきである。

4. シルビアはブリッジトンの経営に専念し、自分のビジョンに沿った事業を構築していくべきである。

各グループにそれぞれの計画を報告してもらいます。

講師はシルビアが実際に取った行動を紹介します。シルビアは、別会社としてのブリッジトンの経営に専念するため、ウォーターストン社を去りました。彼女が家業を離れ、おそらくは彼女にこそふさわしい卓越した価値があると考えられるリーダーシップの地位を争わない、という難しい選択をしたのには、いくつかの理由がありました。まず、ウィリアムが支持されていたこと、そして一族の伝統であるジェンダーバイアスが少なくともある程度影響したことは明らかでした。もしかしたら、シルビアは最終的に社長の役割を1人で引き受けるか、CEOになって社長はウィリアムに任せることができたかもしれません。しかし、それが成功するかどうかは不明であり、成功したとしても、彼女が大切にしている家族関係という点にどれほどの代償を払うことになるのか分かりませんでした。さらに、彼女の家業の根底にあるジェンダーバイアスは、彼女の役割にかかわらず変わりそうもなく、それが彼女のリーダーシップにとって逆風になっていました。

シルビアがウォーターストン社で別の役割を引き受けるのではなく、ブリッジトンを経営することにしたもう1つの説得力のある理由は、彼女が最も好きな仕事はイノベーションに関わることであり、ウォーターストン社ではそれが極めて困難であることを認識していたからです。シルビアは、ブリッジトンでは影響力や伝統という点で自分の道を切り開くことができますが、ウォーターストン社では他の家族との協調が必要でした。ブリッジトンに移ったことで、シルビアは大家族の力学を排除し、近親者を中心として自分の強みとビジョンに集中できるようになりました。

ブリッジトンで、シルビアは敬意、誠実さ、イノベーションといった自分

の価値観に沿った企業文化を作り上げました。従業員はこの文化を大切にし、モチベーションを高めています。彼女はその価値観を議論するプロセスに4人の子どもたちを参加させ、それによって近親者の間で共通した強い目的意識を構築することができました。ブリッジトンは機動性に富み、非常に革新的です。シルビアとCIOのジェニファーは、既存事業の買収や不動産プロジェクトへの投資など、様々なタイプの直接投資に一段と力を入れています。その結果、ブリッジトンは5倍以上に成長し、今ではウォーターストン社には及ばないものの、重要な存在になりつつあります。

何よりも重要なのは、シルビアが自分の仕事を心から愛し、自分が成し遂げたことに満足し、誇りを感じていることです。シルビアはファミリー財団を設立しており、リーダーシップの役割を担う若い女性の育成に力を注いでいきたいと考えています。シルビアは引き続きウォーターストン社の株主として、ウィリアムやウォルターをはじめとする大家族と良好な関係を保っています。ここまでに述べたような経緯から多少のしこりは残っていますが、全体としてこうした関係は彼女の人生と子どもたちの人生を豊かにし、彼女はそれを維持できていることに感謝しています。

1:07 - 1:12

Nash-Stevensonの「Just Enough」で提唱されているパーソナル万華鏡フレームワーク（図4.7）について説明します。

「私たちは真の永続的な成功に興味がありました。すなわち、望むものを手に入れることで、自分や自分の大切な人たちにとって持続可能な報酬をもたらすことです。このような目標達成は正当性や重要性をもたらし、その満足感はボーナスや新たなポストといった一時的な報酬よりもはるかに長続きします。永続的な成功とは、気持ちを新たにさせてくれるものであり、不安を引き起こすものではありません。市場戦略を成功させる方程式

とは異なり、1人の人間や企業が他者のために永続的な成功を完全に具現化することはできないのです」(Laura Nash and Howard Stevenson)。

「Just Enough」フレームワークは、自分らしい人生を成功させるためのものです。ウォーターストン社からブリッジトンに移る前と後のシルビアの人生を分析すると、彼女の決断が（伝統的な成功と見なされる決断ではないかもしれませんが）いかにして彼女の人生に永続的な強い成功感をもたらしたかについて、何らかの洞察を得ることができるでしょう。このフレームワークの詳細については、掲載されている参考文献を参照してください。

パーソナル万華鏡についての説明（監訳者による付記）

私たちの研究は、（ある人にとって）永続的な成功をもたらす、4つの不可欠な要素を明らかにしました。それらは、幸福感（自分の人生に対する喜びや満足感）、達成感（他の人が目指した同じような目標と比較して有利になるような成果）、意義（自分が大切な人に良い影響を与えたという感覚）、レガシー（自分の価値観や成果を確立し、他の人が将来の成功を見出す助けとなるような方法）である。

これら4つのカテゴリーが、成功の追求と享受を通じて人々が得ようとするものの基本構造を形成しています。どれかひとつの要素を取り除いてしまえば、それはもはや「本当の」成功とは感じられなくなるのです。

パーソナル万華鏡（監訳者による付記）

私たちは調査を通じて、永続的な成功を収める人たちは、万華鏡の戦略によって自分の願望を構成していることを発見しました。

彼らは4つのカテゴリーそれぞれに新しい要素を生み出し続けるだけでなく、全体像が心地よい比率を示すように行動を選択します。

彼らは、"十分"の基準を自分で設定し、無限の"もっと"の誘惑に陥らないことの重要性を認識しています。

パーソナル万華鏡を作るには、まず骨組みをスケッチすることから始めよう。紙に4つの交差する円を描く。それらに幸福、達成、意義、レガシー

というラベルをつける。それぞれの円の中に、自分自身、家族、仕事、コミュニティをリストアップする。こうすることで棚卸しができ、人生の各主要領域の文脈の中で、それぞれの要素がどのように位置づけられるかを判断することができます。

次に、自分の成功や大きな満足の例を書き留める。これは、あなた自身についての信念の簡単なスケッチにすぎず、全体像ではありません。特定の項目の隣に特定の目標を置くべきかどうかで悩むことに時間を費やしてはいけません。自分の最初の衝動に従いましょう。

出　典：『Success That Lasts』by Laura Nash and Howard H. Stevenson　From the Magazine（February 2004）
https://hbr.org/2004/02/success-that-lasts

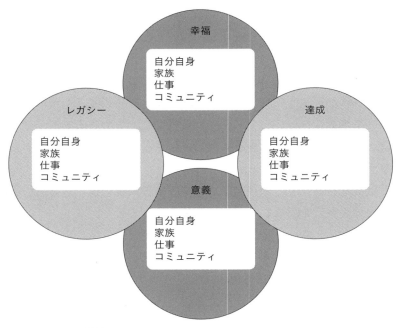

図 4.7　パーソナル万華鏡
出典：Nash and Stevenson（2004）

このフレームワークに基づいて、シルビアが決断を下す前と後の人生を分析します。分析のサンプルについては表4.3と表4.4を参照してください。

表4.3　分析のサンプル：ウォーターストンにおけるシルビアのパーソナル万華鏡

	自分自身	家族	仕事	コミュニティ
幸福		ウィリアムとの確執	好きな仕事ではない	
達成	優れた履歴書		ウォーストンの社長	リーダー的役割
意義		叔父の期待に応えて家族と一緒に働く？		
レガシー				

表4.4　分析のサンプル：ブリッジトンにおけるシルビアのパーソナル万華鏡

	自分自身	家族	仕事	コミュニティ
幸福	満足し、誇りを持っている	人生を豊かにしてくれる、完璧ではないが良好な関係	好きな仕事をしている	
達成	ブリッジトンは彼女の成功である		ブリッジトンは大きく成長している	
意義		4人の子どもたちはブリッジトンの価値観に関わっている	従業員のための環境	若い女性に焦点を当てた財団
レガシー		共有された目的と明確化された共通の価値観	彼女にとって重要な価値観に導かれたビジネスの成功	若い女性へのポジティブな影響

与えられたケースデータから可能な範囲で、シルビアの成功をマップします。

- ○ 幸福：自分が楽しいと思うこと
- ○ 達成：類似した他者と比べた成功
- ○ 意義：大切にしている人や目標にとっての重要性
- ○ レガシー：将来への影響

1:25 - 1:30

ファミリーアントレプレナーシップに関連するキーポイントを要約し、どのようなアントレプレナーにも下した決断の代償と恩恵を認識する責任があることを述べて、演習を総括します。

・ 受講者に求められる演習後の作業 ・

Nash-Stevenson フレームワークに従い、自分の人生をプロットしてみてください。この作業が、あなたの現在または将来行う意思決定にどのように役立つか考えてみましょう。

・ 指導のヒント ・

このケースではカリフォルニア州北部にある架空のファミリービジネスを紹介していますが、展開されるストーリーは実在の会社に基づいています。受講者はその会社がどこなのか知りたがるでしょうが、それは重要ではないことを伝えましょう。このケースに反映されている問題は、多くのファミリービジネスに共通するものだからです。本演習を成功させるためには、時間管理が重要です。多人数の場合は、グループの注意を素早く引き戻すための効果的な方法を用意しておくことも大切です。

ウェイド・ウォーターストン
1939年没

石油会社の売却益で、クラレンドン郡と
その周辺に50万エーカーの土地を購入

ウィンストン・ウォーターストン
1977年没

1979年に、ウィンストンの持分であ
った約20万エーカーの土地を元手に
ウェイド・ウォーターストン社が設立

ウィルバー・ウォーターストン
1974年没

ウォーターストン家のもう1つの分
家が、やはり1979年に約20万エー
カーの土地を元手に会社を設立

ステファニー・ウォーターストン

1988年ー取締役会を説得
し、自身のために信託された
土地を使った分譲地の開発を
認めさせる。
その後、その開発の親会社と
してブリッジトンを設立
ウォーターストンの40%、ブリ
ッジトンの100%を所有

ウォルター・ウォーターストン

2011年ーウォーターストン
の取締役会会長に就任
ウォーターストンの40%を
所有

ジョージ・ウォーターストン
（継子）
2009年没

ウォーターストンの20%
を所有していたが、ウィ
リアムに遺贈

3人の娘は事業に
関与していない

1人の娘は事業に
関与していない

ブリッジトン社

シルビア・ウォーターストン

1999年ーウォーターストンに入社
2013年ー共同社長に就任

ウィリアム・ウォーターストン

1999年ーウォーターストンに入社
2013年ー共同社長に就任

2015年7月15日。2015年は、シルビア・ウォーターストンが、家業で
あるカリフォルニア州北部最大手の不動産・農業会社「ウェイド・ウォー
ターストン社」に入社してから16回目の年でした。ウォーターストン社
のビジネスベンチャーには、土地所有、商業用・住宅用不動産、ワイナ
リーやアーモンド農園などの農業事業が含まれていました。

シルビアは、一族のレガシーを受け継ぐことに興奮していました。シルビ

アは従兄弟のウィリアムとともにウォーターストン社の共同社長を務めて
おり、地元のクラレンドン付近ではよく知られた一族の次世代のリーダー
でした。しかし、シルビアは岐路に立たされていました。ここ数年、共同
社長を務めるウィリアムとの関係が次第に不安定さを増していたのです。
会社の経営方針や将来の在り方について、2人の考えは明らかに違ってい
ました。シルビアの叔父、ウォルター・ウォーターストンが会長を務める
取締役会は、シルビアとウィリアムが今後も一緒に会社を率いていけるか
どうか、懸念を募らせていました。シルビアが取り組んでいたいくつかの
大きなプロジェクトが終了した機会を捉えて、ウォルターはシルビアに
「今の自分の役割はどうあるべきか考え直す」よう提案しました。

彼女は叔父の要請を受け、ウォーターストン社での仕事、キャリアを通じ
て最も楽しかった仕事、そして一族の伝統や義務という観点から振り返り
ました。シルビアは自分の職業人生において、これらの要素の間にいくつ
かの緊張があることを認識していました。叔父から与えられた時間がそれ
らの課題に対処する機会になるのではないかと考えました。また、母親が
所有するブリッジトンという小さな関連会社で働く時間が増えていること
についても考慮しました。

ウォルターは翌週、取締役会を招集し、シルビアにその日の午後、まずは
自分、そしてシルビアの母親であるステファニー、ウィリアムと会うよう
に言いました。ウォルターが提案したように、シルビアは自分の役割を見
直すべきでしょうか。もしそうなら、その役割はどうあるべきでしょう
か。ウォーターストンを辞めてブリッジトンに専念することを検討すべき
なのか、それとも彼女にとって最善の道となる第3の選択肢があるので
しょうか。

・会社の背景・

ウェイド・ウォーターストン社のルーツは、シルビアの曽祖父であるウェ

イド・ウォーターストンに遡ります。ウェイドはたたき上げの人物で、1900年代初頭に石油会社を設立して成功を収め、その収益をクラレンドン郡周辺の土地投資に充てました。最終的にウェイドは、カリフォルニア州のこの地域がほとんど開発されていなかった時期に、クラレンドンとその周辺の郡に50万エーカーを超える土地を所有するようになりました。一族が成長する中、彼らは農家に土地を貸したり、必要に応じて土地を売却したりして家族を養っていました。そして、1970年代後半に、シルビアの亡き祖父ウィンストンの持分であった約25万エーカーの土地を元手に、ウォーターストン社が設立されました。

この頃、クラレンドン郡は急速に発展し、変化し始めていました。一族の規模が大きくなり、土地の価値が高まる中で、ウォーターストンは開発業者に多くの土地を売却し始めました。当時、会社の若手幹部だったウォルターは農業に進出することを決意し、アーモンド農園やブドウ園を開発しました。

一方、シルビアの母であるステファニーの歩んだ道は彼女の兄のウォルターとは全く違っていました。若くして結婚した彼女は、両親の勧めもあって学校を卒業することよりも家庭に専念します。一人娘のシルビアが生まれた後、ステファニーは夫に先立たれて未亡人になりました。ステファニーは姓を元に戻し、ウォーターストンに関わろうとしましたが、当時取締役会長だった父親のウィンストンから「取締役会議室に女性の居場所はない」と言われました。ステファニーは粘り強く、最終的には理事会を説得し、彼女のために信託されていた小さな土地の開発を認めさせました。一族のうち、自分の力で土地を開発したのは彼女が初めてでした。やがて、ステファニーは次第に豊かになったクラレンドン地区に分譲地を造成し、大成功を収めます。

1990年に、ステファニーは成功した投資の親会社としてブリッジトンを設立しました。ブリッジトンは独立した法人でありながら、実質的にはは

るかに大きなウォーターストンの小さな事業部として機能していました。2000年代初頭を迎える頃には、ブリッジトンは開発の収益から潤沢な資金力を確保できるようになりました。

・ シルビアのストーリー ・

一方、シルビアは有名なウォーターストン家の一員として、クラレンドン郡で育ちました。大学に進学することになったとき、シルビアはクラレンドンという窮屈に感じる場所を永久に離れる覚悟ができていました。シルビアはアイビーリーグの大学に入学し、1985年に経済学の学位を取得した後、有名な経営コンサルティング会社に就職しました。ステファニーはシルビアにビジネス教育を受け続けるよう勧め、「正式なビジネス教育を受けていないことが私の大きな障害になっている。娘には最高の教育と最高のキャリアの選択肢を持たせたい。娘がどんな道を選んでも、それが彼女の選択で、彼女が望むことをやっている限り、私は構わない」と言いました。

シルビアは母親の忠告を聞き入れ、1991年に国内有数のビジネススクールに入学しました。卒業後はニューヨークの大手金融サービス会社で数年間勤務しました。シルビアは、1990年代初頭の活気のある、革新的な金融セクターが気に入っていました。彼女は次のように振り返っています。「信じられないほどエキサイティングな時期でした。ちょうどオンライン金融サービス市場が立ち上がりつつある時期で、私は新商品を開発していました。チームで力を合わせ、それまで存在しなかった価値あるものを作るという仕事が私は好きでした」。

シルビアは自分が家業に戻るとは思っていませんでしたが、ニューヨークで6年間仕事をするうちに、カリフォルニアに戻ってくるよう促す母親や叔父の言葉が心に響き始めます。ステファニーは、ウォーターストンは管理が不十分で、シルビアの学歴と職歴は一族のレガシーに大きく貢献でき

ると主張しました。ウォルターは、家族のレガシーと家族のつながりが最も重要であり、そのためシルビアは故郷に戻り、家族とともに次世代のリーダーになるべきだと主張しました。最終的に、シルビアは説得を受け入れ、1999年に渋る夫とともにカリフォルニアに移ってきました。

一方、シルビアの従兄弟のウィリアムもクラレンドン郡で育ちました。評判はよいものの特に名門とは言えない地元の大学に進学した後、一族と親交のある州議会議員の立法補佐官を務め、その後ロビイストとして成功を収めました。この頃、ウィリアムも叔父のウォルターの勧めを受けて、家業に加わることを決意します。シルビアとウィリアムは、いずれも一族出身ではないが長年にわたりCEOを務めてきたジョージ・マッキンタイアの直属となりました。

シルビアとウィリアムはアプローチやスタイルがそれぞれ異なっていましたが、ジョージのリーダーシップの下、それぞれのスキルに適した異なるプロジェクトに集中することで、全てがうまくいっていました。しかし、その後、2009年の冬にジョージは悪性のガンと診断され、残念ながらわずか数カ月後に亡くなってしまいました。ジョージの早すぎる死を受けて、一族はシルビアとウィリアムを共同社長に任命することにします。会長のウォルター・ウォーターストンは、当時の一族の決定をこう振り返りました。「ウォーターストン家にとって最も大切なのは家族の結束です。私たちは、次世代にビジネス上の強力なリーダーシップを発揮してほしいと考えており、そのための最善の方法が2人の次世代リーダーを共同社長にすることだったのです。もし、その役割分担がうまくいかず、会社が1人の社長しか必要としないのであれば、私は間違いなくもう1人が別の重要な役割を引き受けてくれることを望むでしょう」。

シルビアはウォルターの個人的なお気に入りであるブドウ畑を含む農業部門の責任者となり、ウィリアムは土地所有の責任者となりました。リーダーとしてステップアップしたシルビアは、事業の経営、ガバナンス、オ

ペレーションを近代化することを決意しました。ニューヨークの金融業界で働いて得た知識と経験を、ウォーターストンに持ち込もうとしたのです。

シルビアは、経営のベストプラクティスを導入することで、大きな変革の機会が得られると考えました。彼女は叔父を説得し、それまでウォルターとステファニー、そして事業にあまり関与していない数人の家族だけで構成されていた取締役会に、独立取締役として地元の別の大規模ファミリービジネスのCEOを加えさせました。これにより取締役会に新たな視点が加わりましたが、同時にウォルターが長年の友人を取締役会に加えたため、取締役会は依然としてウォルターが牛耳っていました。

シルビアは、取締役会で「一族は、主に資産を売却して現金を生み出す不動産保有会社から、継続的な事業を行う強力な会社へと変わる必要がある」という意見を表明し始めました。彼女の考えは、未開発の土地は固定資産であり、世代を重ねるごとに徐々に家族の間で分割されていくため、長期的に安定した解決策ではないというものでした。彼女は企業文化を近代化し、従業員に責任を与えるとともに、責任感を持たせようとしました。一番大変だったのは、どうしようもないほど赤字を垂れ流しているブドウ畑を売却するよう、叔父を説得することでした。

しかし、誰もがシルビアのように物事を見ていたわけではありません。ウィリアムは、彼女が提案していた不動産取引やその他の投資について、あまりに性急で、リスクを取りすぎていると考えていました。事業に携わっていた一部の家族も含め、長年勤務してきた従業員は新たな期待に居心地の悪さを募らせ、退職する者も出始めました。政治家気質のウィリアムは退職を覚悟した従業員を少なからず救い出しており、会社の伝統を守るためにいつでも頼りにできる存在でした。ウィリアムはこう振り返ります。「シルビアは私よりも立派な学歴の持ち主ですが、彼女のリーダーシップのスタイルがこの会社の文化に合っているかどうかは分かりませ

ん。確かにいくつかの変化を起こす必要はありますが、それはこの会社や家族にとって適切なペースでなければならないのです」。

一方、ブリッジトンはシルビアのリーダーシップの下で成長していました。シルビアは、母親が以前成功を収めた開発で得た資金の一部を使い、不動産投資会社と提携して革新的な複合用途プロジェクトを立ち上げ、大成功に導いたのです。彼女は、MBAプログラムの同窓生であるジェニファー・エングルを優秀な最高投資責任者（CIO）として採用しました。2人は協力してブリッジトンの流動資産の投資ポートフォリオを構築し始め、シルビアのこれまでの実務経験を生かして、企業や不動産プロジェクトへの直接投資を含む方針を打ち出しました。

地元の著名な実業家であり、クラレンドン郡が誇るウェイド・ウォーターストンのCEOを務め、ウォーターストン一族の次世代リーダーでもあるシルビアは、クラレンドン商工会議所の会長や地元の著名な慈善団体の理事など、地域社会のリーダーとして重要な役割を担うよう求められました。彼女は、こうした役割とそれに伴う評価を楽しんでいました。

・ シルビアのジレンマ ・

しかし、2015年になると、シルビアとウィリアムの経営スタイルの溝はかつてないほど深くなり、個人的な関係にも影響を及ぼし始めていました。シルビアは次のように述べています。「ウォーターストンは戦艦のようなもので、ほんの少し動かすだけでも、とてつもない労力が必要です。全員が同じ方向を向いていないように見えるときは、なおさら困難が伴います」。そんな時、ウォルターがシルビアに「共同社長がもはや会社のためにならなくなっているのではないかと心配している」と声をかけてきました。シルビアのプロジェクトの多くが終わりを迎えつつあることから、ウォルターは今後の彼女の役割がどうあるべきか提案するよう、彼女に求めたのです。

これを念頭に、シルビアは自分の選択肢について考えます。ウォーターストンは卓越した企業であり、彼女は共同社長として一族のレガシーを受け継ぎ、非常に立派な大組織を運営しているだけでなく、ウォーターストンとの関係があるおかげで、様々な機会にアクセスすることができていました。シルビアにはウォーターストンを引っ張っていく自信がありましたが、家族との関係をとても大切にする彼女にとって、ウィリアムとの溝が深まることが心配でした。一方、ブリッジトンははるかに小さく、ほとんど無名でしたが、革新的で成長しています。シルビアは、叔父から言われたようにウォーターストンでの自分の新たな役割を提案すべきかどうか迷っていました。もしすべきなら、それはどのような役割でしょうか。もしくは、彼女はウォーターストンから完全に離れ、より小さなブリッジトンに専念すべきでしょうか。彼女はこの状況をあまりにも狭く見ていたのでしょうか。もしかすると、彼女には見えていない別の選択肢があったのでしょうか。シルビアはノートを見直してから、母親、従兄弟、叔父と会うために4階に向かいました。

4-9　投資家との交渉

> 執筆者：アンドリュー・ザッカラキス
> 実践へのつながり：👁️♟️💡

・アントレプレナーシップにおける主要テーマ・

アントレプレナー・ファイナンス、機会評価、規模拡大と成長管理、市場または競合分析、ビジネスモデル開発、資源獲得

受講者は資本政策表とタームシートを評価し、交渉の準備をします。受講者を偶数個のグループ（各4～5人）に分け、グループの半分をアントレプレナー、残りの半分を投資家として行動させます。アントレプレナー・グループは自分たちの事業のピッチを行い、投資家グループからどのような質問や懸念が寄せられるかを予想します。一方、投資家グループはピッチを聞いた上で、その機会への理解を深め、それが投資に値するかどうか、投資に値するとすればどのような条件で投資を行うかをより的確に判断するために、質問を投げかけます。本演習では、政府や石油・ガス会社が使用する位置情報ソフトを販売しているメタカルタ社（MetaCarta社）を例として用います。

· 利用例 ·

この基本概念は、学部生、MBA、エグゼクティブ教育など、あらゆるレベルの参加者にとって役立ちます。一般的に、本演習は1クラス全体をカバーし、コア・アントレプレナーシップ・コースの後半、またはアントレプレナー・ファイナンス・コースの初期に行われます。また、どのような人数にも容易に適用できます。クラスを偶数個の小人数（4～5人）グループに分けて行います。

· 実施方法 ·

対面、オンライン

· 学習目標 ·

○ 資産政策表とタームシートの意味合いを読み取る。
○ 交渉の準備を行う。(a) アントレプレナーとしてストーリーを練り、質問を予想する、(b) 投資家としてデューデリジェンスのアジェンダ

を作成し、適切な質問をする。

○ 取引を交渉し、相手のニーズやウォンツを理解する。

表 4.5　メタカルタの資本政策表

	年	投資額	株価	株数	評価額	投資前	投資後	
プレラウンド資金調達								
創業者					100%	100%		
DARP	2018	$500		0	0%	0%		助成金、株式への影響なし
エンジェル投資家、1回目の投資	2018	$1,000		0	0%	0%		転換社債
合計		$1,500		0	100%	100%		
シリーズA	年	投資額	株価	株数	評価額	投資前	投資後	
創業者			$0.64	6250	$4,000	100%	63%	20%割引で株式に転換。
エンジェル投資家、1回目の投資			$0.51	2109	$1,080		21%	債券の元本と利息（8%）
エンジェル投資家、2回目の投資	2019	$1,000	$0.64	1563	$1,000		16%	により株価の80%
およびIn-Q-Tel								で株式を購入
合計		$1,000		9922	$6,080		100%	
シリーズB（案）	年	投資額	株価	株数	評価額	投資前	投資後	
創業者			$0.33	6250	$2,063	63%	16%	
エンジェル投資家、1回目の投資			$0.33	2109	$696	21%	5%	
エンジェル投資家、2回目の投資			$0.33	1563	$516	16%	4%	
オプションプール			$0.33	9775	$3,226		25%	
Sevin Rosenおよびその他のVC	2020	$6,500	$0.33	19697	$6,500		50%	
合計		$6,500		39394	$13,000	100%	100%	

注 ： 金額は千ドル単位。
出典：Andrew Zacharakis and Brian Zinn, in Zacharakis et al.,（2020）に掲載されているメタカルタケースの資本政策表

・ 理論的基礎と参考文献 ・

-Zacharakis, A., A. Corbett, and W. Bygrave（2020）, Entrepreneurship, 5th edn, Hoboken, NJ: Wiley, ch. 10.

「Entrepreneurship, 5th edn」の無料試読版は、https://www.wiley.com/en-us/Entrepreneurship%2C+5th+Edition-p-9781119563099で入手可能です。

The MetaCartaのケースは、https://www.thecasecentre.org/educators/products/view?id=112287からアクセス可能です。

-(訳者追加)『増補改訂版 道具としてのファイナンス』(石野 雄一著、日本実業出版社)2022年

-(訳者追加)『起業のファイナンス増補改訂版』(磯崎 哲也著、日本実業出版社)2015年

・ 教材リスト ・

○　メタカルタの資本政策表（表4.5）

○　メタカルタのタームシート（224ページ）

・ 受講者に求められる事前作業 ・

受講者に前もってケースを読ませる場合は、メタカルタのケースを読んでもらい、質問を用意させます。ただし、ケースを読ませずに資本政策表だけを使って交渉を行わせたり、アントレプレナー・ファイナンスなどのより高度なクラスでは、タームシートも使って交渉を行わせたりすることもできます。

・ タイムプラン（90分、オプションで45分追加）・

本演習は、4つのステップと上級クラス向けの1つのオプション・ステップで構成されています。このタイムプランでは、受講者が希薄化の概念には詳しいものの、資本政策表にはなじみがないと想定しています。資本政策表は、希薄化の概念をより具体的に示すものです。ケースを使用しない場合は、受講者にメタカルタの簡単な概要を説明してください（演習の「説明」セクションを参照）。

A.プレラウンド

1. 軍事利用可能な技術の開発を担当する政府機関である国防高等研究計画局（DARPA）に注目します。DARPAの資金を受け入れるメリットは何でしょうか。

a. 助成金ー何よりもまず、これは助成金であり、創業者は株式の100%を保持し、お金を返す義務がありません。

b. お墨付きーDARPAの資金は、他の投資家候補やステークホルダー（顧客など）に対し、政府がこの技術を重要視しているというシグナルを送ることにもなります。このシグナルは、メタカルタが他のステークホルダーとのミーティングや取引をまとめる上で助けになるでしょう。

2. エンジェルラウンドーこの取引では、転換社債として100万ドルを調達します。次の機関投資家ラウンド（トリガーイベントとも呼ばれます）では、次のラウンドの投資家が支払う価格の20%割引で社債が株式に変換されます。

a. このエンジェルラウンドは、トリガーイベントまでは社債であり、その後にその時点の株価の80%の価格で株式に転換されます。つまり、株価が1株あたり1ドルの場合、エンジェル投資家が保有する社債は1株あたり0.80ドルで株式に転換されるということです。

b. トリガーが発動するまで、転換社債には年率8%の利息が付されます。その後、トリガーが発動すると、元本と経過利息の合計額の分だけ、株式を20%の割引で購入することができます。トリガーイベントが発生しても、アントレプレナーが利息を直接支払うことはありません。

c. 例：

-エンジェル投資家は、利率8%、割引率20%の転換社債に100万ドルを投資します。

-1年後、アントレプレナーは新規投資を受け、それが転換のトリガーとなります。新規投資は100万ドル、株価は1ドルです。

-エンジェル投資家の社債が転換され、1株あたり0.80ドルで株式を取得します。元本と利息の合計は、元本100万ドル＋利息（100万ドル×0.08）＝108万ドルとなり、この金額の分だけ1株あたり0.80ドルで株式を取得することができます。

-エンジェル投資家は今や135万株を保有しており、その簿価は135万ドルです。

d.エンジェル投資家とアントレプレナーの双方にとって、転換社債にはどのようなメリットとデメリットがあるかを受講者に尋ねます。答えは次のようなものになるでしょう。

-アントレプレナーの視点：シードステージのアイデアを厳密に評価するのは困難です。アントレプレナーがベンチャーを過小評価したり、エンジェル投資家がベンチャーを過大評価したりすることはないため、転換社債はアントレプレナーとエンジェル投資家の双方を過度の希薄化から守るのに役立ちます。次のメジャーラウンドでは、アーリーステージ企業の評価に豊富な経験を持つ機関投資家（すなわち、ベンチャーキャピタリスト）が想定されています。さらに、会社がより多くのマイルストーン（売上高など）を達成していくことで、会社のより現実的な可能性が見えてくるでしょう。

-エンジェル投資家の視点：希薄化からの保護に加え、エンジェル投資家が保有する社債は通常、メタカルタが破綻した場合に、株式に対する優先請求権を持っています（ただし、メタカルタがこのアーリーステージで破綻した場合、清算価値はない可能性が高いでしょう）。債券は株式よりも高い税優遇処置で償却されることが多いため、転換社債は税務上も投資家に恩恵をもたらす可能性があります。

B. シリーズA

1年後、創業者はそれまでに自分たちに譲渡した株式数と、投資家と交渉した投資前評価額に基づいて、株価を0.64ドルに設定しました。株価を手っ取り早く（第1ラウンドの資金調達ではごく一般的な）1株あたり1ドルに設定し、その後、創業者が保持する相対的な持分を反映するように発行株式数を調整することもできたでしょう。このラウンドについては、いくつか質問または説明すべきことがあります。

1.（この資金調達に先立つ）エンジェルラウンドでは転換社債を利用しました。このラウンド（シリーズA）の交渉がまとまると、転換社債から普通株式への転換が行われ、その社債の保有者はエンジェルラウンドの交渉で合意した通り、株価の80％で株式を取得します。したがって、株価は0.51ドルと算出されます（0.64ドル×0.80）。また、転換社債の保有者は転換までに発生した利息（年率8％）も受け取ります。エンジェルラウンドから1年が経過しているため、エンジェル投資家は元本100万ドルと利息8万ドル（100万ドル×0.08）の合計108万ドルを持っていることになり、1株あたり0.51ドルで約210万株、会社の21％の株式を取得します。

2. ベンチャーキャピタルであるIn-Q-Telがこのラウンドに参加することの重要性について受講者に質問してください。In-Q-Telは、CIAのような米国政府の諜報機関のための戦略的投資家です。In-Q-Telの参加は、メタカルタが極めて貴重な技術を持っており、ゆえに他の投資家の目から見ても信頼できるという強力なシグナルを市場に送ることになります。

3. 受講者に、投資前評価額がどのように決定されたかを尋ねてみましょう。

a. 各ラウンドでは、アントレプレナーと投資家（この例ではIn-Q-Tel／シリーズAのエンジェル投資家）の交渉によって評価額が決定します。このケースにおける投資前評価額は508万ドル（つまり、創業者の株式とエンジェル投資家が転換した社債の合計価値）です。投資後評価額は投資前評価額に投資額を加えたも

ので、508万ドル＋100万ドル＝608万ドルとなります。

b. 受講者に資本政策表の全ての項目に目を通してもらい、投資後の持分比率に焦点を当てます。創業者の持分比率が100%から63%になったことに注目しましょう。資本政策表は、希薄化の概念を具体的に示しています。

C. シリーズB （1年後に提案されたVCファイナンス）

このケースにおける主な判断事項は、Sevin Rosen（SR）から提供されるベンチャーキャピタル（VC）ファイナンスを、SRからメタカルタに提示されたタームシートに記載されている条件で創業者が受け入れるべきかどうかということです。この質問を掘り下げる前に、提示されたオファーの意味を受講者が理解していることを確認してください。

1. もう一度、投資評価額はいくらか、それはどのように決定されたのかを尋ねてみましょう。この時点で、SRは投資前評価額として650万ドルのオファーを提示しています。最終的な評価額は、アントレプレナーとSRとの交渉によって決定されますが、これは分析の出発点であり、このケースではアントレプレナーが交渉でより有利な取引を行えるかどうかが問われています。なお、この投資前評価額はこれまでのラウンドの投資後評価額とは何の関係もないことに注意してください。投資前評価額は、次のような要素に基づいて、過去のラウンドとは無関係に決定されます。

a. 会社はマイルストーンを達成し、期待通りに進展しているでしょうか。フルケースを使用している場合は、メタカルタが予想よりも早く現金を消費していることが記述されており、これは同社がマイルストーンの達成に苦労していることを示唆しています。フルケースを使用していない場合は、前回のラウンドからのステップアップが少ないことから、同社が重要なマイルストーンの達成に苦労していることが窺えます。

b. もう1つの要素は、資金調達をしようとしている全ての企業に影響を与

える足元のマクロ環境です。経済、特に株式市場が好調であれば、他の条件が全て同じでも、評価額は高くなる傾向があります。

2. 現在の提案の影響について、受講者に説明させます。ほとんどの受講者は、創業者の持分の大幅な希薄化（63%から16%へ）を指摘するでしょう。新たな資金調達を求める際には希薄化が避けられないことを無視して、希薄化にこだわる受講者もいるでしょう。希薄化はアントレプレナーにとってマイナスですが、それよりも注目すべき重要な数字は株価です。創業者と初期の投資家は「ダウンラウンドした」、つまり株価が下がった（1株あたり0.64ドルから0.33ドルへ、従来の価値のほぼ半分になった）ということです。

3. 受講者に、この「ダウンラウンド」の原因は何なのかを質問します。過去のラウンドの投資後評価額（608万ドル）と現在のラウンドの投資前評価額（650万ドル）を比較してみると、さほど大幅ではないとはいえ、会社の価値が上がっていることが分かります。「ダウンラウンド」の大きな要因は、オプションプールの設定です。

4. 過去の仕事やスタートアップ企業などで、これまでにオプションを保有したことがあるかどうか、受講者に聞いてみましょう。これはオプションプールの説明につながります。オプションは、将来の重要な従業員を引きつけるためや、成果を上げ続けている既存の従業員に報いるために用意され、さらにいくつかのポイントがあります。

a. オプションプールの設定はテクノロジー企業では一般的ですが、提案されているメタカルタのオプションプールはほとんどのオプションプール（発行済み株式総数の15%程度である場合が多い）よりもやや大きめです。

b. オプションは、従業員とVCの目標を一致させるのに役立ちます。なぜなら、誰もが会社の価値を高め、それによって関係者全員の報酬が増えることを望むからです。これは、会社が目標を達成することで従業員が報われるという、エージェンシー理論の基本的な「成果」報酬制度です。会社の業績とは無関係に時給や給与で報われる場合は、「行動的」報酬制度と

呼ばれます。

c. オプションプールの規模が大きいことは、「メタカルタが急成長するためには人的資本インフラを構築する必要がある」とVCが考えていることを示唆しているのかもしれません。

d. 全てのオプションが、創業者とアーリーラウンドの投資家の株式価値（または投資前評価額）を引き下げていることに注目してください。これは「オプションプールシャッフル」と呼ばれ、投資前評価額は実質的に327万4,000ドル（650万ドル − 322万6,000ドル）となります。

e. 詳しくは、「The Option Pool Shuffle」[13]を参照してください。

0:30 -1:00 　交渉準備のための時間

ここで、クラスをアントレプレナーを演じるグループと投資家を演じるグループに分ける必要があります。通常は、4〜5人ずつのグループを偶数個作り、奇数番のグループがアントレプレナー、偶数番のグループが投資家を演じます。

一般的に、アントレプレナーは資本政策表に一通り目を通した後、自分の持分の希薄化にショックを受け、その希薄化を最小限に抑える方法を考えます。投資家は通常、自分の持分比率と、成長を促進するために新規従業員に与えるインセンティブ（オプションプール）の必要性に注目します。準備のために休憩しているグループに、メタカルタは資金切れ（out of cash：OOC）に近づいており、現在のバーンレートでは1カ月以内に資金が底を突いてしまうことを伝えます。デューデリジェンス[14]には6カ月かかることが多いため、新たな投資家を見つけるには時間が足りません。したがって、アントレプレナーにとって最善の選択肢は、より有利な取引のために交渉することです。

13　http://venturehacks.com/articles/option-pool-shuffle
14　訳注：投資をする前に行う事前調査のこと

交渉の鍵は「交渉が成立しない場合の最善の代替案（Best Alternative to a Negotiated Agreement=BATNA）」を講じることです。投資家の条件が厳しすぎると、アントレプレナーのモチベーションを低下させ、投資がリスクにさらされかねません。アントレプレナーが投資を受けなければ、おそらく会社は数カ月で倒産してしまうでしょう。準備時間中に、各グループは現在のタームシートの意味合いを考え、Win-Winの結果につながるような戦略を立てなければなりません。これは投資家にとって、現在のチームと将来採用する従業員を維持するとともにモチベーションを高め、同時に成長を実現するであろうという目標を達成することを意味します。

アントレプレナーには、ベンチャーが買収されたり株式が公開されたりしたときに大きなキャピタルゲインが得られる道が見えています。アントレプレナーにとって重要なのは、持分比率ではなく、保有している株式の価値です。そのため、会社が大幅な成長を遂げれば、アントレプレナーと投資家の双方が利益を得ます。交渉の準備をする際には、双方とも相手側が目標を達成するためには何が必要なのかを考えなければなりません。

1:00 - 1:15　交渉

2つのグループをペアにして交渉させます（例：グループ1（アントレプレナー・グループ）とグループ2（投資家グループ）をペアにします）。各グループにオブザーバーを置き、交渉のメモを取ってもらいましょう。つまり、各ペアにつき2人のオブザーバーが必要です。投資家はどのような質問をして、アントレプレナーはどう答えているでしょうか。アントレプレナーはどのような代替案を提示して、投資家はどのような反応を示しているでしょうか。

1:15 - 1:30　報告

オブザーバーに、交渉のハイライトをいくつか紹介してもらいます。メタカルタは資金がほとんど底を突いているため、交渉力が大きく低下してい

ます。それでも、交渉のポイントとして次のようなものが考えられます。

1. **オプションプールの大きさ**ー賢明なアントレプレナーは、次の資金調達期間（通常1年程度）に予想される新規採用従業員と業績ベースの報酬を追跡し、オプションプールを小さくするよう交渉するでしょう。

2. **創業者のために確保されているオプション**ー創業者は自分の継続的な実績に基づいて、創業者のために確保されているオプションについて交渉することもできます。

3. 創業者はSRを説得し、アントレプレナーとSRの間でオプションを均等に希薄化させることができるかもしれませんが、その見込みは薄いでしょう。

4. **資金調達額**（ゆっくりと成長するアプローチ）ーこれは、エグジットまでの時間が長くなりかねない点や、アントレプレナーがすぐにまた資金調達に走ることになり、成長が鈍化するため会社がエキサイティングには見えないという点で、リスクを伴う恐れがあります。

5. アーリーラウンドのエンジェル投資家は、SRが投資した場合に直面する深刻な希薄化を認識しながら投資を行う可能性があります。その場合、エンジェル投資家の株式ポジションは保護されますが、問題となるのはSRがもたらす付加価値によって希薄化が相殺されるかどうかです。SRは一流のVC企業であり、強力なビジネスコンタクトや企業の上場や売却で大きなリターンを得た経験を有し、将来の資金調達ラウンドをリードできる潤沢な資金を持っています。このような付加価値によって、企業の将来に対する総合的な評価が高まります。

最善の結果を見極めることは不可能ですが、受講者にはBATNAを検討させるようにしてください。実際の交渉では、メタカルタは提示されたタームシートをそのまま受け入れましたが、オプションプールについては20％小さくすることで合意しました。

オプションのタームシート（上級クラス向け）

上級クラスでは、アントレプレナー・ファイナンスと同様に、各条件とその意味合いを一通り説明することができます。これは比較的単純なタームシートですが、いくつか注意すべき点があります。

1. **優先株式ー**投資家は優先株式を保有し、アントレプレナーは普通株式を保有することになります。優先株式は普通株式よりも上位に位置し、配当、分配、清算、償還について優先権が与えられます（先に支払われます）。

2. **清算優先権ー**これは、普通株式の保有者が何らかを得る前に、投資家が特定の金額を回収することを意味します。タームシートの優先権が1倍ということは、SRが650万ドルを受け取り（投資額の回収）、その後、残りの流動性価値を持分に応じて分配することを意味します。2倍または3倍の優先権を設定したタームシートも珍しくありません。このタームシートの優先権が2倍であれば、流動性イベントが発生したときにまずはSRが1,300万ドルを受け取り、その後、残りの価値を株主全員で分配することになります。清算優先権はアントレプレナーにとって非常にダメージが大きいので、できるだけ避けるか、1倍に限定すべきです。

3. **配当ー**優先株式を保有しているため、まずは投資家に支払われます。

4. **ドラッグアロング権ー**このケースでは、投資家は株式の過半数を保有しているため、株式の売却を強制することができます。

5. **希薄化防止権ー**投資家は後続の投資家に加わり、持分を同一水準（本ケースでは50%）で維持するために必要な金額を投資する権利を有します。

6. **先買権ー**投資家は、その権利を譲渡しない限り、将来の全てのラウンドでリード投資家となる権利を有します。

7. **ベスティングー**創業者、従業員、新規採用者は4年間のスケジュールで権利付き株式を取得しますが（このケースでは毎年持分の25%ずつ）、1年経過するまでは株式を受け取れません（1年間のクリフ）。

このケースから導出される有用な演習は、受講者が立ち上げを計画しているベンチャー（もしあれば）の資本政策表を作成させることでしょう。外部資本を調達する必要のあるアントレプレナーにとって、資本政策表を理解することは極めて重要です。今後5年間にどれだけの資金を調達する必要があるか、またそれは潜在的な持分や株式の評価にどのような影響を及ぼすかについて、受講者にシナリオを作成させることも有益です。アントレプレナーは資金が乏しいとき（初期）には相場よりも安い給料しか受け取らないことが多いため、流動性イベント（新規株式公開（IPO）や買収など）が起きたときに十分な持分を有しているかどうかを確認することは、そのベンチャーを追究する価値があるかを受講者が見極めるのに役立ちます。

・ 指導のヒント ・

受講者は往々にして希薄化を気にし過ぎます。真に注目すべき問題は、次の重要なマイルストーンに到達する（それによって会社の評価額が上がり、ひいてはその後の資金調達ラウンドのコストが下がる）ためには、どれだけの資金調達が必要なのかということです。希薄化自体はそれほど重要ではありません。古い格言でいえば、「小さいパイの大きな分け前がいいか、大きいパイの小さな分け前がいいか」ということです。メタカルタが650万ドルを使って評価額を大幅に上昇させる重要なマイルストーンに到達できれば（さらには流動性事象に達することも考えられます）、ほとんどの場合、この投資主導の成長によって希薄化は相殺されることになるでしょう。資本政策表に基づいてシナリオを作成すると、その可能性が高いかどうかを判断するのに役立ちます。

・タームシート・

会社： メタカルタ

証券： 会社のシリーズB優先株式（以下、「シリーズB」）。

投資額： Sevin Rosen（以下、「リード投資家」）から650万ドル。転換社債およびSAFE（将来株式取得略式契約スキーム。以下、「転換証券」）は、その条件に従い、優先株式のシャドーシリーズ（以下、シリーズAと合わせて「優先株式」）に転換される。

評価額： 投資後評価額1,300万ドル。これには、クロージング後の完全希薄化資本の25%に相当するオプションプールが含まれる。

清算優先権： 1倍（非参加型）。会社の資産の全部もしくは大部分の売却、または合併（以下、「会社売却」と総称）は、清算として扱われる。

配当： 6%（非累積型）、取締役会が宣言した場合に支払われる。

普通株式への転換： 保有者の選択により、(i) IPO または (ii) 優先株式の過半数（転換後ベース。以下、「優先過半数」）の承認により自動的に行われる。転換比率は当初1対1で、標準的な調整を行う。

議決権： 次のことを行うには優先過半数の承認が必要である。(i) 優先株式の権利、優先権または特権の変更、(ii) 授権株式数の変更、(iii) 既存の優先株式に対して上位または同順位の証券の作成、(iv) 株式の償還または買戻し（役務の終了または契約上の先買権の行使に伴う原価での買い入れを除く）、(v) 配当の宣言または支払い、(vi) 取締役の定員の変更、(vii) 会社の売却を含む清算または解散。
上記以外の場合は、普通株式への転換後ベースで議決権が付与される。

ドラッグアロング： (i) 取締役会、(ii) 優先過半数、(iii) 普通株式の過半

数（優先株式の転換に伴い発行可能または発行される普通株式を除く。以下、「普通過半数」）によって承認された会社売却については、標準的な例外を除き、創業者、投資家、1%株主による議決が必要である。

その他の権利・事項：優先株式には、標準的で広範な加重平均希薄化防止権、創業者の株式譲渡に対する先買権および共同売却権、登録権、比例配分権、情報請求権が付与される。会社の顧問弁護士が書類を作成する。会社はリード投資家の弁護士費用を支払う（上限3万ドル）。

取締役会：リード投資家が取締役2名を指名する。普通過半数が取締役3名を指名する。

創業者と従業員のベスティング：創業者：ジョン・フランク、ダグ・ブレンハウス、エリック・ラウフ
従業員：4年間の毎月のベスティング、1年間のクリフ。

ノーショップ：会社は、30日間、会社の株式資本（サービス提供者に対する株式報酬を除く）または会社資産の全部もしくは大部分の取得について、勧誘や奨励を行わず、いかなる申し出も受け入れないものとする。
「ノーショップ」条項は、当事者間で法的拘束力を持つ。本タームシートの他の項目は全て拘束力を持たず、本資金調達に関する条件案の要約を示すことのみを意図している。

[メタカルタ]　　　　　　　　　　　[Sevin Rosen]
署名：_____　　　　署名：_____
　　氏名：_____　　　　氏名：_____
　　役職：_____　　　　役職：_____
　　日付：_____　　　　日付：_____

4-10 ターゲット市場のバイヤーペルソナ

[執筆者：ローレン・バイテルスパッヒャー
実践へのつながり： ◉ ⦿]

・アントレプレナーシップにおける主要テーマ・
アントレプレナー・マーケティング、アイデア創出、顧客開発

・説明・
バイヤーペルソナとは、企業の主なターゲット・オーディエンスを架空の
形で表現したものです。多くの場合、受講者はターゲット市場を真に理解
するためのリソース（特にデータ）がないと思っています。一次データソー
スと二次データソースからのデータを三角測量することでターゲット市場
の全体像が見えてきますが、必ず欠落しているピースがあります。このバ
イヤーペルソナを作成することで、受講者は自分が提供する商品やサービ
スに最も好意的な反応を示すのは誰なのかを考え、最善の判断を用いて
ピースを埋めていくことができるようになります。ターゲット市場をより
「人間的」に捉え、ターゲット顧客の動機となるサイコグラフィック変数
やライフスタイル変数を考察できるようになるのです。顧客を人間として
理解し、一見無関係に見えるような問題も検討すると、アントレプレナー
は顧客との関係を築く際に取引以外のことにも目を向けざるを得なくなり
ます。

バイヤーペルソナを作成することで、意思決定に役立つ道標を作ることが
できるのです。例えば、バイヤーペルソナの名前がフランシスであれば、
新たな商品属性を検討する際に「これはフランシスにとって重要だろう
か」と自問することができます。本演習は、受講者が真のバイヤーペルソ

ナについて考え始めるきっかけとなるよう設計されています。

・利用例・

本演習は、あらゆるタイプのアントレプレナーに使用することができます。学部生や大学院生だけでなく、実務家にも利用可能です。また、イマージョン・コース、ワークショップ、アクセラレーター・プログラムでも利用できます。

・実施方法・

対面、オンライン

・学習目標・

- 適切なターゲット市場と関連セグメントを決定する際の、バイヤーペルソナの役割を示す。
- ペルソナの潜在的な特徴を評価する。
- 顧客全体を理解しようとする意識を育む。

・理論的基礎と参考文献・

-HubSpotバイヤーペルソナ・テンプレート、無料のリソースは以下のURLで入手可能です。

https://offers.hubspot.jp/persona-templates （日本語版）

-Kemp, A., E. McDougal and H. Syrdal (2018),'Improving student under standing of core marketing concepts through the use of buyer persona workshops', Marketing Management Association Annual Conference Proceedings, Fall, 120-21.

-Revella, A. (2015), Buyer Personas: How to Gain Insight into your Customer's Expectations, Align your Marketing Strategies, and Win More Business, Hoboken, NJ: John Wiley & Sons.

- 「バイヤーペルソナ」配布資料（231ページ）
- 工作用具：のり、はさみ、雑誌、マーカー、ポスターボードなどの紙類

・ 受講者に求められる事前作業 ・

受講者は、市場セグメンテーション分析とターゲット市場の特定について、一般的な知識を持っていることが望ましいです。事前作業としてビデオ[15]を見るよう勧めてもよいでしょう（授業中に見せることもできます）。

・ タイムプラン（90分）・

`0:00 - 0:15`

演習についてのディスカッション。受講者は、このプロジェクトを導入する前に、顧客ニーズを理解することの重要性を熟知しておかなければなりません。このプロジェクトは、コースの構成に応じて柔軟に対応することができます。受講者がすでにプロジェクトで共同作業を行っている場合は、そのチームに残り、本演習をプロジェクトに適用してください。あるいは、演習用に実際にある商品や架空の商品を受講者に割り当てることもできます。チームはランダムに分けても、受講者たち自身で決めてもよいでしょう。人数は3〜4人が適切です。

本演習では、顧客を1人の人間として考え、その人物を意思決定やプランニングの指針とすることを推奨します。最初の15分間は、講師が演習の手順（後述）を説明します。本演習の意図する学習成果は次のようなものです。

15　https://www.priceintelligently.com/blog/quantified-buyer-personas

受講者は3〜4人のチームに分かれ、227ページの参考文献を使ってバイヤーペルソナの特徴を特定します。本演習を利用して、受講者は架空の会社のバイヤーペルソナを考えることができます。あるいは、受講者が独自の商品やサービスの開発を任されているのであれば、バイヤーペルソナの設定は顧客層を振り返るための有用な演習となるでしょう。本演習は、現在所属している会社の商品にも適用できます。受講者に人気のあるブランドや商品のバイヤーペルソナを作成させてもよいでしょう。

作業中、講師は各グループの状況をチェックして、問題があればそれを解決します。講師は、受講者が「商品が普通の消費財なのに、なぜ顧客のキャリア目標が重要なのか」と疑問に思うことを覚悟しておかなければなりません。顧客について取引の範囲を超えて考えることの重要性や、販売している商品以外の課題を抱えている人物として考えることの重要性を、受講者に伝えられるよう準備しておきましょう。

各グループの所見とペルソナの設定・開発に関するクラス・ディスカッション。各グループは、自分たちのペルソナをクラスで発表できるように準備します。他のグループは、建設的なフィードバックや改善のための提案を行うことができます。あるいは、各グループがそれぞれのバイヤーペルソナを壁に貼り、1人1人が見て回ってその下にフィードバックを書き込むことで、全員が匿名で参加できるようにすることもできます。

講師は受講者に対して、次のような掘り下げのための質問を行うことができます。

○ この演習によって、顧客についての考え方がどのように変わりましたか。

○ この情報を知って、顧客とのコミュニケーション方法を変えようと思

いましたか。

○ ペルソナをより包括的なものにするために、他にどのようなデータ
ソース（一次または二次）を利用しますか。

・ 受講者に求められる演習後の作業 ・

受講者は、商品やサービスのアイデアに関する今後のコミュニケーション
にペルソナを役立てることができるでしょう。マーケティングプランなど
を策定する際には、バイヤーペルソナとの関連性を検討するようにしま
しょう。

・ 指導のヒント ・

受講者からよく尋ねられる質問は、バイヤーペルソナが企業間取引（B2B）
市場にも有効かどうかです。本演習は主に企業・消費者間取引（B2C）向
けに設計されていますが、ペルソナの利用はB2Bの文脈でも重要です。
受講者は、エンドユーザーまたは主要な意思決定者のいずれかのバイヤー
ペルソナを作成することができます。ペルソナの開発を通して、全体の文
脈と一致していることが重要です。B2Cでも、B2Bでもペルソナを作成
する方法は変わりません。このプロジェクトは個人でも行えますが、より
多くの時間をかけるべきでしょう（2時間程度、または宿題として行います）。

・ 帰属 ・

本演習は、HubSpotの無料オンライン・リソースを参考にして作成され
ました。https://offers.hubspot.com/persona-templates?hubs_post-
cta=slide&hsCtaTracking=88bb33dc-bafb-486b-ab07-
0lc5754al4a6%7Cbffa6832-3207-460f-be52-7b92a6a5820b.
https://offers.hubspot.jp/persona-templates（日本語版）

バイヤーペルソナとは、企業が理想とする顧客を表したものです。バイヤーペルソナは企業の商品やサービスに最も好意的な反応を示すと考えられる顧客を反映しています。バイヤーペルソナは顧客を巡る人間的なストーリーを作成することで、顧客との個人的な結び付きを生み出します。

バイヤーペルソナは市場調査、一次データ、二次データ、そして時には直感に基づいています。ペルソナは企業が顧客やエンドユーザーの目標、要望、制約を考える際の有用なツールです。バイヤーペルソナは顧客にリーチするための適切なトーンやコミュニケーション手段を特定するために特に重要です。

ステップ1：雑誌やネット上の画像、その他のツール（場合によっては絵も）を使って、バイヤーペルソナの「肖像」を作成します。別のページやポスターに画像をペーストしたり、描いたりします。

ステップ2：バイヤーペルソナについて、次表の情報を記入します。

ステップ3：バイヤーペルソナに名前を付けます。

マーケティングやビジネスプランを進める際に、「これは私の（バイヤーペルソナの名前を挿入）が求めているものなのか」と自問してみましょう。

デモグラフィック属性： 年齢、性別、家族構成、収入、学歴、民族、人種など。	
地理的属性： バイヤーペルソナはどこに住んでいますか。	
キャリア願望： バイヤーペルソナは人生で何をしたいと考えていますか。	
個人的困難： バイヤーペルソナが現在の生活で直面する可能性のある個人的な困難は何ですか。	
ショッピング行動： バイヤーペルソナはどのように買い物をしますか。たくさんのリサーチをしますか。商品への忠誠心は高いですか。価格に敏感ですか。気まぐれですか。	
自由時間： バイヤーペルソナは自由時間をどのように過ごしていますか。楽しみは何ですか。余暇や可処分所得をどこで使っていますか。	
コミュニケーション： バイヤーペルソナはどのようにアプローチされたいと思っていますか。バイヤーペルソナとどのようにコミュニケーションを取るつもりですか。	
ブランドロイヤルティ： バイヤーペルソナが愛用している他のブランドは何ですか。	
バリュープロポジション： あなたの商品はバイヤーペルソナにとってどのような価値を生み出しますか。	
オブジェクション： バイヤーペルソナは、あなたの商品やサービスをどのような理由で拒否する可能性がありますか。	

第 **5** 章

「創造」の実践演習

5／「創造」の実践演習

　創造の実践は、受講者の創造力を引き出し、価値あるものを生み出すことと関係しています。この実践は多面的で、機会の創出と発見、問題解決、機会領域の探索、アイデアの創造、世間に対して全般的にオープンな態度を取ることが含まれます。創造の実践演習をすることで、受講者は極端な曖昧さや不確実性に慣れることができ、完全な情報がなくても行動を起こすことができるようになります。本章では、創造の実践に関連する8つの指導演習を行います。

5-1　　成長のための選択肢を検討する

[執筆者：カンディダ・G・ブラッシュ
　実践へのつながり：⚀❀]

・ アントレプレナーシップにおける主要テーマ ・
規模拡大と成長管理、機会評価

・ 説明 ・
本演習は、ビジネスの拡大や成長に関心のあるアントレプレナーを対象としています。受講者は、成長の選択肢フレームワークを学び、それぞれのオプションをどのように追究できるか、アイデアを作成することを求められます。最後に、それぞれの選択肢を試して、長所と短所、そしてその選択肢ではなく別の選択肢を選択することの意味を検討します。
成長の選択肢フレームワークは、もともとイゴール・アンゾフ (1988) によって開発されたものです。アンゾフによる製品・市場成長フレームワークは、どのように成長するかを考えるための方法として、どんなビジネスにも適用できる4つの基本的な選択肢を提供しています。これらの選択肢

には様々なレベルの不確実性とリスクがあり、受講者はビジネス運営、人材、競争、製品やサービス、その他の活動にどのような影響があるかを評価します。

・ 利用例 ・

本演習は、ビジネスを運営し（すなわち売上や顧客が存在している）、成長を望んでいれば、どのような参加者にも適用できます。また、既存のビジネスを持たない受講者は、新規事業のケーススタディとして、本演習をそのビジネスに適用することができます。

・ 実施方法 ・

対面、オンライン

・ 学習目標 ・

- 製品／市場フレームワークを使って成長の選択肢を探る。
- 特定のビジネスに対して成長の選択肢フレームワークを適用する。
- 成長の選択肢の実行に必要なリソースやその他の要件を評価する。

・ 理論的基礎と参考文献 ・

-Ansoff, H.I. (1988), The New Corporate Strategy, New York: Wiley. Brush, C., G. Bradley and M. Gale (2017), Note on Growth, Wellesley,
MA: Babson College
-Brush, C.G., D.J. Ceru and R. Blackburn (2009), 'Pathways to entrepreneurial growth: the influence of management, marketing and money', Business Horizons, 52 (5), 481-91.
-Churchill, N.C. and V. Lewis (1983), 'The five stages of small business growth', Harvard Business Review, 61 (3), 30-50.

- ○ 大きなフリップチャート…6人組の各グループに1枚ずつ用意し、講師が製品・市場マトリクスを描きます。
- ○ 付箋…6色用意し、グループ内の各メンバーにそれぞれ違う色のものを配ります。

・ 受講者に求められる事前作業 ・

なし

・ タイムプラン（60分）・

0:00 - 0:05

このセッションは受講者が成長の選択肢を探るのに役立つこと、およびアントレプレナーシップにとっての成長の重要性を説明します。意図的に成長の選択肢を特定すると、何が可能で、何が課題か、どのようなリソースが必要なのかが見えてきます。

0:05 - 0:10

受講者に次のような質問をしてみましょう。「成長とは何ですか」「成長を巡る大きな問題は何ですか」「成長すべきタイミングはどうやって見極めるのでしょうか」「どの程度のスピードで成長できますか」「成長が速すぎるということはあるのでしょうか」「どうすれば速く成長できますか」。

成長とは選択であり、創業者や場合によっては投資家の個人的な目標と一致している必要があることを受講者に説明します。ほとんどの人は、成長とは安定した売上と利益の通常のライフサイクル曲線であり、売上も利益も時間の経過とともに着実に増えていくと思い込んでいます。その背景にはどのような前提があるのでしょうか（顧客の一貫性、市場の成長、成長を支えるために利用可能な資金、訓練された従業員と実行可能なリーダーシップ、安定した供給源、

競争の少なさ）。

より一般的に言うと、成長の軌道は様々です（Brush et al., 2009 の論文を参照）。
この論文では、米国と英国の高成長企業を比較した研究結果が報告され、
成長には4つの典型的な軌道があることが明らかになりました。すなわち、
「緩やかな成長」「気まぐれな成長」「漸進的な成長」「売上曲線が上下する
例」です。

売上曲線の様々なパターンを考えてみた場合、浮き沈みは何が原因で起き
るのでしょうか。成長軌道に影響を与える最も一般的な要因としては、次
のようなものが挙げられます。

- ○ 経営：チームの能力、リーダーシップの変化といったマネジメント要
  因が、成長軌道に影響を及ぼす可能性があります。ビジネスが成長す
  ると新たなスキルや能力が必要になることが多く、それによって成長
  軌道に違いが出てくることがあります。

- ○ 市場：ベンチャーの製品やサービスを巡る競争は、新規の競争であれ
  既存の競争であれ売上の軌道に影響を与え、需要やひいては利益に違
  いをもたらす可能性があります。

- ○ 資金：あらゆる形態の資金、キャッシュフローは、在庫の購入やサー
  ビスの提供、成長活動のための投資や借入などを行う企業の能力に影
  響を与え、その他の財務慣行は成長に大きな影響を及ぼします。

- ○ モデル：企業のビジネスモデルには、製品・サービスの開発、在庫管
  理、販売チャネルの管理、流通と履行、製造、異なるチャネルからの
  収益源、売上を創出する方法などが含まれます。これらは全て、その
  一貫性と安定性に応じて成長軌道に影響を及ぼします。

`0:10 - 0:20`

製品・市場マトリクスです。図5.1のマトリクスを、受講者にとって身近
な例を用いて紹介します。マトリクスの各象限について説明し、選択肢の

意味と、それぞれの実行方法について論じます。

例として、ボストンの小売店で販売されているジュリーズ・オーガニックチョコレートバー＆コレクションを取り上げましょう。ジュリーはグルテンフリーでヘルシーな素材のオーガニックチョコレートバーを作っています。例えば、ジュリーが商品を味や素材により6〜9ドルで売っているとしましょう。彼女のチョコレートバーは、チョコレートが好きだけれども菜食主義者で、所得が高く、ボストン近郊で専門職に就いている人たち向けに販売されています。

彼女はボストンのダウンタウンに店を構えています。ジュリーが「市場浸透」を図りたい場合は、引き続き同じ顧客にチョコレートバーを販売しますが、プロモーション（1つ買うともう1つおまけなど）や値引き、祝日やその他のイベント向けのオンライン広告を行うことで、この顧客グループからより多くの売上を得ようとするでしょう。つまり、同じ顧客に同じ製品をさらに浸透させる（すなわち、より多くの製品を売る）ということです。

「市場開発」を適用する場合には、同じ顧客像を維持したまま、例えば、バーモント州バーリントンやメイン州ポートランドのような別の都市に店舗を構えるでしょう。新たな市場を開発するのです。

「製品開発」では、新製品を作ってそれを同じ顧客に販売します。例えば、ホットチョコレートや、オーガニックフルーツをチョコレートでコーティングしたものなど、チョコレートを加工した製品です。あるいは、バーを大きくしたり、バラエティパックやギフトバスケットを用意するなど、新たなパッケージにすることもできるでしょう。つまり、新しい製品を開発するのです。

「多角化」のためには、新たな市場に向けて新たな製品を作ることになるでしょう。この場合は、例えばチョコレートアイスクリームなど、チョコレートに関連したものが考えられます。チョコレートアイスクリームを製造するには、新たな能力、新たな設備（冷凍庫やアイスクリーム製造機）、そし

ておそらくは新たなマーケティングや広告が必要になるでしょう。小売店を通じてアイスクリームを販売することもあるかもしれません。その場合、彼女は小売店に対するサプライヤーとなります。あるいは、チョコレートとは関係のないもの、例えば製菓用の機器を売ることもできます。その場合は、全く新しい仕入先、従業員の新たな能力、新たな流通チャネル、広告、価格設定が必要になるでしょう。つまり、商品と市場の両方を多角化することになります。

市場浸透から、市場開発、製品開発、多角化へと移行することで、ビジネスのリスクや能力・コンピテンシーの要件が高まることに注意してください。

図5.1　製品・市場マトリクス

0:20 - 0:25

演習を行う準備です。各チームのメンバー全員に付箋を1枚ずつ配ります。グループの各メンバーにはそれぞれ違う色の付箋を配ってください。次に、各参加者に4つの選択肢（市場浸透、市場開発、製品開発、多角化）のそれぞれについて、自分のビジネスではどのように成長できるかを書いてもらいます。

各グループに、製品市場マトリクスのフレームワークが描かれた大きなフリップチャート用紙を配ります。これは講師が事前に描いておくことも、受講者に自分で描いてもらうこともできます。各チームメンバーは、自分のビジネスではそれぞれの選択肢をどのように追究できるかをグループ内で発表し、付箋を該当する象限に貼ります。1人につき2分間を割り当て、2分が経過した時点でチームに伝え、演習を段取りよく進めましょう。

グループの参加者はこの短いプレゼンテーションの間にコメントや質問をすることができますが、それは受講者が4つの選択肢全てについて発表した後にします。質問は次に示す項目に絞るようにしてください。そうすることで、発表者は成長にどのような変化があるのか、望ましい成長の選択肢を実施するために必要なリソースはあるのか（それとも新しいリソースが必要なのか）を評価することができます。

- この選択肢を実行するには、業務や活動をどのように変える必要がありますか。
- 実行するための人材はいますか。いない場合、新たにどのような人材が必要ですか。
- この選択肢は同じ流通経路を使うのでしょうか。
- また、同じ供給元を使うのでしょうか。
- マーケティングや市場での立ち位置についてはどうですか。新たなターゲット・マーケティング活動が必要ですか。
- 最上位にある成長の選択肢はどれですか。

グループ内での短い振り返りをメンバーで管理し、次のポイントについて話しあうよう指示します。

- 説明するのが最も難しかった選択肢はどれですか。

- 一番人気が高かった選択肢はどれですか。それはなぜですか。
- あなたのビジネスには、最上位の選択肢を実行するためのリソースと能力がありますか。
- その他の収穫はありましたか。

0:40 - 0:50

グループはより大きなグループ、例えばクラス全体に報告します。各グループは次の質問に対する答えを発表しますが、前のグループが報告したことは繰り返さないようにします。また、新しい報告事項がなければ、パスすることができます。

- ある選択肢が別の選択肢よりも好んで選ばれたことはありましたか。
- ある選択肢が別の選択肢よりも選ばれた理由は何ですか。
- 演習で学んだことは何ですか。

0:50 - 0:60

まとめとキーポイントです。成長の選択肢フレームワークは、潜在的な選択肢を整理し、各選択肢の長所と短所を考えるのに役立つ1つの方法に過ぎず、正解も不正解もありません。演習を終了するにあたっては、次のようなキーポイントを挙げるとよいでしょう。

1. スタートアップ企業のアントレプレナーの多くは、一度に全てをやりたいと考えます。成長において戦略的であるためには、選択することが必要です。2つ以上の選択肢を追究しようとすると、努力やリソースが希薄になり、チームが混乱します。1つの選択肢を選んで試してみて、なぜこれが追究すべき正しい選択肢なのか、明確な根拠を持ってテストする方がよいでしょう。

2. 選択肢を選ぶには、潜在需要や競争に関する追加の市場調査も必要です。製品やサービスのテストや小規模な実験を行うには、短期間の試用や

サンプル、割引クーポンの提供など、多くの方法があります。さらに、直接の競争相手、そのマーケティング手法、価格設定、流通、顧客のロイヤルティなどを知ることも重要です。

3. 選択肢を選ぶことは、人の能力やリソースにも左右されます。ビジネスが培ってきた能力からスタートし、それを積み重ねていくのが常に優れた方法です。さらに、成長には資金以外に人員、時間、設備、技術、施設といった新たなリソースが必要です。新しい拠点の開設や製品の開発・多角化などで、従業員のトレーニングが必要になる場合もあります。

4. 最後に、選択肢を実行する前に、予算の見通しを立てて、その選択肢に投資した後の損益分岐点または回収期間を決定しなければなりません。ある選択肢を実行するのにどれだけの資金が必要で、その資金はどこから来るのでしょうか。

・ 受講者に求められる演習後の作業 ・

フォローアップの活動として、受講者に取り組むつもりの選択肢を選ばせ、必要なリソース（人員、時間、資金、施設、設備、技術、スペースなど）や必要な能力（マーケティング、トレーニング、情報技術）を推定させて、その選択肢を実行するのにかかる時間を予測させることもできます。

・ 指導のヒント ・

受講者は市場浸透と市場開発の違いを混同することがあるため、前述したジュリーズ・オーガニックチョコレートバー＆コレクションのように、明確な例を示すとよいでしょう。また、一度に２つ以上の選択肢を追究しようとする傾向もあります。極めて小規模な企業やスタートアップ企業にとって、リソースの要件や制約を考えると、これは非常にリスキーなことです。そのため、選択肢を実行するために必要なリソースや能力を評価するよう、受講者に促すことが大切です。

5-2 国連の持続可能な 開発目標を通じて未来を創る

[執筆者：キャロライン・ダニエルズ
実践へのつながり： ⦿]

・ アントレプレナーシップにおける主要テーマ ・

概念化、マインドセット

・ 説明 ・

受講者は、起業のアイデアを開発しようとする際に、現状や将来の機会領域の限られた範囲にだけ焦点を絞る傾向があります。本演習では、未来志向のアントレプレナーが持つマインドセットを構築し、国連の持続可能な開発目標（SDGs）を機会領域に適用するよう受講者を促します。

まずは、経済・ビジネス的、技術的、文化・環境的な要因を考慮して未来像のブレインストーミングを行います。それによって、受講者が変化の要因に即したイノベーションを開発し、現在および将来の成功確率を高めるためのマインドセットを構築するよう後押しします。

次に、新規事業や企業イノベーションにSDGsを組み込む方法を理解することで、受講者の注意を人と地球によい影響を与えながら経済的・社会的価値を生み出すことに向けます。

本演習では、未来を形作る要因について考え、SDGsをインスピレーションとして活用して、さらに機会を形作ることに焦点を置きます。受講者のチームは、SDGsを自分たちの機会に適用する際のダイナミクスを理解するために、SDGsのオンライン・サマリーボードと対話します。国連の資料には、企業の行動がSDGsの目標にどのように貢献するか、あるいは損なうかが説明されています。

受講者には、SDGsの目標達成に貢献するベンチャー企業を生み出すために、どのようなアントレプレナー的行動を取ることができるかを考えるストーリーボード活動が課されます。本演習は、再生可能な経済を作る上で果たすべき役割について、受講者が理解するのに役立ちます。

・ 利用例 ・

学部、大学院、または実務家向けの一般的なアントレプレナーシップ・コース。クラス人数の制限はありません。本演習は、少人数のコースにも多人数のコースにも対応できます。また、受講者がすでに機会領域を選択済みで、アイデアを開発するために次のステップに進む準備ができているコースのどの段階でも使用することができます。

・ 実施方法 ・

対面

・ 学習目標 ・

- 新たな市場に影響を与えるビジネス・経済的、技術的、文化・環境的な主な要因を特定する。
- 経済的・社会的価値のあるベンチャー企業を構築するために、SDGsに貢献する起業機会を形成するスキルを身に付ける。
- 機会市場に参入するための行動における重要な成功要因を開発する。

・理論的基礎と参考文献・

-Bullen, C.V. and J.F. Rockart (1981), 'A primer on critical success factors', Center for Information Management Research Paper, Massachusetts Institute of Technology, Cambridge, MA.

-Marion, T.J., S.K. Fixson and G. Brown (2020), 'Four skills tomorrow's innovation workforce will need', Sloan Management Review, 61 (2), 1-7.Schein, E.H. with P.A. Schein (2016), Organizational Culture and Leadership, 5th edn, Hoboken, NJ Wiley.

-United Nations Organization (2020), UN Sustainable Development Goals, https://sustainabledevelopment.un.org/sdgs

およびhttps://www.un.org/sustainabledevelopment/sustainable-development-goals/.

・教材リスト・

○ 受講者はノートパソコンを持参してください。スマートフォンも使用できますが、ノートパソコンの方が簡単です。

○ 調査のためのインターネットアクセス

○ グループごとのフリップチャート用紙とマーカー

・受講者に求められる事前作業・

○ 受講者は3人ずつのチームに分かれ、ベンチャー企業や企業内イノベーションを構築するために、関心のある機会領域を定義します。本演習でいう機会領域とは、「アントレプレナーが経済的・社会的価値を創造するための解決策を開発できる顧客の問題やニーズ」のことです。

○ 国連SDGsのリサーチをして、その目的を理解します。SDGsについて調べるための出発点としては、このサイト[1]が適しています。

○ H.M. Neck, C.P. Neck and E.L. Murray (2020), Entrepreneurship:

1　https://sustainabledevelopment.un.org/sdgs

The Practice and Mindset, 2nd edn, Thousand Oaks, CA: Sageの第4章「Using design thinking」を読んでおきましょう。

・ タイムプラン （90分、ただし120分まで延長可能） **・**

0:00 - 0:15

受講者チームが注目することにした機会領域についてのディスカッションを行います。

0:15 - 0:45

現在および将来の生活に影響するビジネス・経済的、技術的、文化・環境的な要因についてのディスカッションを行います。受講者には、人口増加など、何が世界の変化を促す主要な要因と考えるかの確認をしてもらいます。主な質問としては次のようなものが挙げられます。

○ 世界、ひいてはアントレプレナー・ベンチャーや企業内イノベーションに影響を与える将来のトレンドや要因は何ですか。今後3年、5年、10年の間に世界に影響を与えると思われるトレンドや要因を全て挙げてください。それを、「ビジネス・経済」「技術」「文化・環境」という3つの変化のカテゴリーに分けてボードに書き出します（表5.1に各変化の例を示します）。

○ 将来のトレンドや要因がボードに書き出されたら、クラスは多くのトレンドや要因が重なり合い、互いに影響し合っていることに気付くでしょう。例えば、人口増加は将来の交通手段の利用に影響を与えるだろうというようにです。

○ 1〜2人の受講者に、クラスで特定した将来の変化の要因全体を要約してもらいます。

○ 受講者は、こうした変化の要因が自分たちの機会にどのような影響を与えるかについて考え始めることができます。将来について考え、行

動することで、新しく有益な側面を見出すことができ、それが機会領域における新たなニッチ市場の創出につながることに気付くかもしれません。

表 5.1　変化の例

変化のタイプ	例
ビジネス・経済	世界人口の増加、新興国経済、再生可能エネルギーへの移行など
技術	新たな交通手段や電気自動車の普及、コンピュータの処理能力の向上やデータアクセスの高速化、衣服型センサーによる生体情報のモニタリングなど
文化	気候変動の現実化、相互接続された世界（ソーシャルメディアなど）、オンラインでの学習や経験の共有など

`0:45 - 1:00`

SDGsを紹介します。

- SDGsを採用することで、製品・サービス（何を作るか）、市場（誰のために作るか）、プロセス（どのようにビジネスを進めるか）にどのような影響がありますか。SDGsの画像はオンラインで入手できます。
- 受講者の各チームに、それぞれの機会領域で取り組むことができるSDGsを1つか2つ選んでもらいます。
- 受講者に、それぞれの機会において、活動、特徴、メリットを形成することでいかにして国連SDGsを取り入れ、優位性を構築できるかに焦点を置き、検討するように指示します。

`1:00 - 1:15`

SDGsと受講者のベンチャー企業をどう結び付けられるかに関する、より踏み込んだディスカッションを行います。

- 受講者には、SDGsを自社の事業機会にどのように取り入れるか、す

なわち SDGs を統合することを自社のビジネスプロセスでどのように行うかについて考えてもらいます。SDGs の目標を盛り込むことで、どのような経済・社会的価値が生まれるでしょうか。

- 受講者に重要な成功要因、すなわち SDGs を自社の事業機会に導入するために「取るべき主な行動」を3つ挙げてもらいます。

1:15 - 1:30

ストーリーボード導入の演習を行います。

- 各チームに、SDGs の影響を受けた機会や、SDGs に貢献する機会を構築するために取るべき主なアントレプレナー的行動をストーリーボードに描くよう指示します。
- 各チームに、その企業の新たな機会領域の図を説明してもらいます。
- SDGs の統合が自分らの機会にどのような影響を与えたか、クラスで考察します。

最後に、新規事業に SDGs を組み込むことには大きな価値があるという認識が広まっていることを受講者に伝え、演習を締めくくりましょう。SDGs は、12兆ドルのビジネスチャンスを反映していると推定されています[2]。講師は、SDGs を活用したビジネスの事例を紹介することもできます。また、自分の機会を1つ以上の SDGs と結び付けることは、自分のアイデアが問題全体を解決することを必要とするのではなく、解決策の小さな一端を担うようになることを強調することもできます。おそらく、次のような質問が締めの言葉になるでしょう。

「もし、全てのアントレプレナーが解決策の小さな一端を担ったとすれば、世界はどのような姿になるでしょうか」。

---

2 https://sdgresources.relx.com/articles-features/sdgs-opportunity-business、および https://www.forbes.com/sites/michelegiddens/2018/05/24/the-sdgs-are-an-opportunity-not-just-a-challenge/#402091033ef5 を参照

本演習を、受講者が作成するあらゆるタイプの機会、ベンチャー、企業イノベーションにつなげます。

もし、何らかの評価課題を出したいのであれば、受講者に既存のスタートアップ企業とSDGsの関係について3ページの論文を書かせましょう。論文では、SDGsを活用した3つのスタートアップ企業について論じなければなりません。

・ 指導のヒント ・

国連は、事前に連絡すればSDGsをまとめたSDGsカードを提供してくれます。こちらのサイト[3]を参照してください。

本演習では、SDGsを自分たちが作るベンチャーに取り入れ、機会領域を拡大して新たな価値を生み出すことで世界にポジティブな影響を与えられることを受講者に理解してもらいます。ここで大切なのは、ビジネスは利益を生み出すと同時に、社会にポジティブな影響を与えられることを強調することです。SDGsは12兆ドルを超える市場機会であることを強調することで、この点を肝に銘じさせることができます。受講者は、新規ベンチャー企業の設立と建設的でポジティブな社会的行為を結び付けることを学びます。

本演習は、受講者が自らの行動や事業によって、前向きで持続可能・再生可能な未来を築くための創造的な能力を開発する場を提供するものです。

3　https://www.un.org/sustainabledevelopment/news/communications-material/

5-3 リソース獲得のためのギブ&ゲット

執筆者：フィリップ・H・キム
実践へのつながり： 💡 🧑
]

・ アントレプレナーシップにおける主要テーマ ・

ネットワーキング、リソース獲得

・ 説明 ・

本演習を通じて、参加者は新たな関係を築き、既存の関係を強化する方法として、他の参加者に助けを求めたり、他の参加者を助けたりすることができるようになります。人は、「自分には提供すべき価値あるものが何もない」と思っているため、助けを求める自信がなかったり、他人を助けようとしなかったりすることがよくあります。

本演習では、構造化されたフォーマットに従って、他人を助け、自分自身も助けを受けられる方法を理解します。これは、特に人脈作りのスキルを身に付けたい起業家の受講者にとって特に有効です。重要なポイントは、（1）まず与えることで自分のネットワークリソースを強化し、（2）互恵関係が新たな機会を生み出し、（3）練習すれば助けを求めることが容易になる、ということです。

・ 利用例 ・

本演習は様々なタイプの参加者（学部生、大学院生、実務家）および規模に対応することができます。仕事上の人脈作りの経験が浅い参加者には、より多くの事例を示し、活動の様々なステップをロールモデル化する必要があるかもしれません。全学期のコースでは、受講者同士の関係を構築する手

段として、最初に本演習を行うことができます。また、コース中の別の時期に実施することも可能です。

・ 実施方法 ・
対面、オンライン

・ 学習目標 ・
- いかにして助けを求めるかを実践する。
- 仕事上のネットワークとそれに関連するリソースを拡大する。
- 他者の価値をもたらす「まず与える（ギブ・ファースト）」マインドセットを身に付ける。

・ 理論的基礎と参考文献 ・
-Baker, W. (2014), '5 ways to get better at asking for help', Harvard Business Review Digital Articles, 18 December, https://hbr.org/2014/12/5-ways-to-get-better-at-asking-for-help.
-Baker, W. (2020), All You Have to Do ls Ask: How to Master the Most Important Skill for Success, New York: Currency.
-Givitas tool (2020), https://giveandtakeinc.com/givitas/.
Grant, A. (2014), Give and Take, New York: Penguin.

・ 教材リスト ・
- フリップチャート（または大きな紙－参加者5人程度のグループにつき1枚）
- 油性マーカー（参加者1人につき1本）
- A5サイズ程度の大きな付箋（参加者1人につき2枚）
- 7.5センチ×7.5センチの普通サイズの付箋（参加者1人につき1パッド）
- マスキングテープ
- Googleフォーム（オプション）

Wayne Baker著「5 ways to get better at asking for help」を読んでおきます（前述の「理論的基礎と参考文献」を参照）。

・ タイムプラン（90分）・

部屋の準備（セッション開始前）

1. 参加者がフリップチャートに付箋を貼ったり、部屋の中を動き回ったりする必要があるため、移動可能なテーブルや椅子を備えた平らな教室が理想的です。

2. フリップチャートは部屋のあちこちに間隔を空けて並べ、参加者5人程度で1枚のフリップチャートを使えるようにします。フリップチャートを置くイーゼルがない場合には、フリップチャート用紙を部屋の周りの壁にかけてください。

3. それぞれのフリップチャート用紙の中央に縦線を引いて2つの欄を作り、それぞれの欄の一番上に大きな文字で「ギブ（人に与える）」および「ゲット（助けを求める・受けとる）」と書きます。

4. 大判および普通サイズの付箋とマーカーを部屋の前や周囲のテーブルに置いておくと、セッション時間の短縮になります。

0:00 - 0:10 ウォーミングアップ

5. 参加者には、次のようなウォーミングアップのための質問をします。参加者に選択肢（イエスまたはノー）あるいはスケール（1〜10点）に基づいて投票してもらうこともできます。必要に応じて質問のフレーズを修正してください。それぞれの質問は、パートナーとの1対1のディスカッション、少人数でのディスカッション、または多人数での話し合いに発展させることができます。時間の許す限り、いくつ質問しても構いませんが、少なくとも1つは、演習の準備のための質問であることが重要です。

-a. 他人と「ネットワークを作る」と言われたら、何を思い浮かべますか。

-b. 他人に助けを求められたとき、どの程度の自信を持って人を助けることができますか。

-c. ネットワークを広げるためには、まずは人に与えること（ギブ）、それとも助けを求めること（ゲット）、どちらがよいでしょうか。そして、それはなぜですか（注：この質問は示唆に富んでおり、「ギブ」の票数と「ゲット」の票数をボードに記録しておくとよいでしょう。演習の最後に、それぞれの票数を振り返ることができます）。

6. 参加者に「互恵性」の概念を説明します。すなわち、私たちが他人に与えるとき、将来何らかの見返りを期待するものです。様々な人間関係（家族、友人、隣人、同僚など）を例にとって説明するか、例を挙げてもらいます。本演習では、この基本的な人間関係の質に基づいた構築をします。

7. 「私たちは助けを求める自信やスキルが不足していたり、助けを求められてもそれに応じなかったりすることがよくある」という主張を行います。これこそが「ギブ＆ゲット」演習が役立つ理由です。

8. 本演習では各自が何かを求め、何かを与えることを受講者に説明します。

0:10 - 0:30 SMARTテクニック

9. Baker (2014) に基づき、助けを求めるためのSMARTテクニックを受講者に説明します。

-a. S = あなたのリクエストを具体的に（Specific）伝えることで、あなたが何を必要としているかを、相手が正確に理解できるようにします。

-b. M = （くだらないものではなく）意味のあるもの（Meaningful）を求めることで、相手があなたの要求を真剣に受け止めるようにします。

-c. A = 相手にしてもらいたい行動（Action）を説明します。

-d. R = 求めに応じてもらうため、相手に現実的な（Realistic）期待を抱かせます。

-e. T = 相手がいつまで行動できるかの時間枠（Timeframe）を提案します。時間が許せば、講師自身の経験から助けを求めた例を挙げ、SMARTフレームワークの観点で説明してください。学部生にとって、職業上のネットワーキングの経験が乏しいとしたら、これは重要になるでしょう。

例：

a. ブロックチェーン技術を農産業へ応用する方法を理解するために、ブロックチェーン技術の専門家と来月中に30分ほど話がしたいと思っています。

b. フードベンチャーで開発した新しい料理のサンプルを作るために、業務用キッチンを利用できる人に相談したいと考えています。来週のファーマーズマーケットで意見を伺いたいのですが。

10. 参加者に「SMARTリクエスト」を作成してもらいます。これは、参加者が他者から「ゲット」したいものです。受講者が参考にできるように、PowerPointで例を映すとよいでしょう。少なくとも、SMARTテクニックを映す（または配布資料として共有する）必要があります。参加者や目的に応じて、仕事上の要求や個人的な要求に重点を置くように求めることもできます。

受講者には、相手を念頭に置いて、それに応じて要求を調整することで要求が満たされやすくなるように説明します。大判の付箋紙に、1～1.5メートル離れていても読めるよう、大きな文字で要求したいことを書きましょう。このときは、油性マーカーを使います。また、誰の要求なのか分かるよう、付箋紙に自分の名前を書いてもらいましょう。

参加者が書き出す「ゲット」は1つにとどめることをお勧めします。

問いかけの例

仕事上または個人的に役立つもので、あなたが「ゲットしたい」(受け取りたい) ものは何ですか。

「ゲット」の例

「自分のアプリが技術的に実現可能かどうか判断するのを手伝ってくれるコーディングの専門家を紹介してほしいと思っています。向こう2週間以内に1時間ほど会ってもらい、アドバイスやフィードバックをお願いできればと思います」。

11. 参加者に「SMARTオファー」を作成してもらいます。これは、すすんで他の参加者に「ギブ」するものです。2枚目の大判の付箋にSMARTオファーを書き出しましょう。参加者が書き出す「ギブ」は2つにとどめることをお勧めします。

受講者に次のように問いかけ、質問をスクリーンに映します。このグループ (現在、そして将来) にどのようなスキル、専門知識、リソース (仕事上および個人的) を進んで「ギブ」(共有) しますか。

「ギブ」の例:

○ 新しいウェブサイトやモバイルアプリのカラーマッチングの基本を教えることができます。

○ 新たなビジネスアイデアを投資家に売り込むためのベストプラクティスを紹介することができます。

○ ロボット業界でAIや自動化に取り組んでいる同僚を紹介することができます。

`0:30 - 1:10` ギブとゲットの交換

12. 書き終えたら、参加者は「ギブ」と「ゲット」を部屋のいずれかのフリップチャートの該当する欄 (タイムプランの最初に書いた見出しの下) に貼り付

けます。時間が許せば、そして少人数のグループであれば、何人かの参加者には自分のギブとゲットをグループ全体に共有してもらうこともできます。そうすることで、発表者は自分のギブとゲットを言語化することができ、他の参加者は様々なタイプのギブとゲットを聞くことができます。

13. 全てのギブとゲットが貼り付けられたら、参加者に部屋の中のギブとゲットを見て回るよう指示します。自分が手助けできる「ゲット」があれば、7.5×7.5センチの付箋に自分の名前を書いて、元のリクエストに貼り付けることができます。同様に、受け入れたい「ギブ」があれば、同じことができます。

14. 参加者に、自分が受け入れたい、または提供したいと考えているギブまたはゲットを書いた人と1対1で直接話し合うよう勧めます。その際、参加者たちは連絡先を交換し、フォローアップの方法について話し合わなければなりません。参加者に、ギブとゲットの付箋を写真に撮って、その応答を記録しておくよう伝えます。

1:10 - 1:30 振り返り

15. 参加者の中には、ギブとゲットに対する応答がほとんどない、あるいは全くない人もいるでしょう。これは、オファーやリクエストを説明するためにSMARTテクニックが適切に使われたかどうかを議論する機会になります。通常、このテクニックは改善することができ、グループはその参加者とともに説明を改善するためのブレインストーミングを行うことができます。私は普段、その参加者に全員の前でリクエストを言い直してもらいますが、そうするとグループの誰かが進んで手伝ってくれることがよくあります。

16. また、本演習でギブとゲットを特定することがどれだけ難しかったか、あるいは簡単だったかを議論することもできます。

17. セッションを終了するにあたって、ウォーミングアップの質問を振り

返ってみてもよいでしょう。

-a. 他人と「ネットワークを作る」と言われたとき、何を思い浮かべますか。

-b. 助けを求められたとき、どれだけ自信を持って他人を助けることができますか。

-c. ネットワークを広げるためには、まずは人に与えること、あるいは助けを求めること、どちらがよいでしょうか。そして、それはなぜですか。

ウォーミングアップと同様に、様々な方法でこれらの質問をすることができます。先に投票した場合は、グループに同じ質問に対して投票してもらい、票数の違い（演習の前と後）に注目し、参加者が投票を変更した理由について議論します。ウォーミングアップの段階でスケールを使った場合は、演習前よりも多くの受講者が気持ちよく、自信を持って、進んで先手を打ちたいと思うようになったかどうかを確認してもらいます。また、互恵性の原則を再確認して、「先に与えることで、将来的に他者が進んで助けてくれるようになる」という基本原則を補強してもよいでしょう。見返りを期待せず、ただ先に与えること（一般交換とも呼ばれます）は可能かどうか尋ねて、議論を広げることもできます。

・ 受講者に求められる演習後の作業 ・

参加者には、次回の授業より前に、演習で得たギブとゲットの応答を実行しておくように指示します。次の授業の冒頭で、何か意味のあるつながりができたかどうか、大まかな質問で聞いてみるのもよいでしょう。

・ 指導のヒント ・

時間をしっかりと管理しましょう。ウォーミングアップでの議論が長くなることで、進行が遅れてしまいがちです。参加者がギブとゲットを作成

し、部屋中に掲示した後で、他の参加者と話し合う時間を十分に取るようにしましょう。参加者の中には、最初はなかなか思いつかない人もいるでしょう。複数作成したいという参加者もいるかもしれません。参加者やペース配分にもよりますが、参加者全員に均等に機会を与えるために、（上述したような）制限を設けることをお勧めします。

また、Googleフォーム（または同等のアンケートツール）を用意して、参加者がギブとゲットの情報をオンラインで入力し、セッション終了後に全員で共有することも可能です。本演習全体をオンライン形式に移行したいと思うかもしれませんが、より有意義な関係を構築するためには、ネットワーキングにおける対面での交流は重要です。さらに、受講者はオンラインに慣れているので、対面での交流に物理的に参加させることで快適な環境から外に出ざるを得なくなり、より強いギブ＆ゲットのマインドセットを身に付けることができるのです。

ですが、もし完全なオンライン形式で学習を行うのであれば、Googleフォーム（または同等のアンケートツール）の使用は間違いなく有効です。

・帰属・

本演習は、ポジティブ組織学センターを通じて提供されているWayne Baker著「Reciprocity Ring」を参考にして作成したものです[4]。

---

4 https://positiveorgs.bus.umich.edu/cpo-tools/partner-product-reciprocity-ring/

5-4　4Hフレームワークによるピッチ

［ 執筆者：デビ・クレイマン
実践へのつながり：💡👁 ］

・アントレプレナーシップにおける主要テーマ・

新たなベンチャー企業の設立、ソーシャル・アントレプレナーシップ、デザイン思考、アントレプレナー・マーケティング、ピッチの実施

・説明・

本演習は、アントレプレナーが自分のスタートアップ企業（またはプロジェクト、アイデア、イニシアチブ）を明確かつ説得力のある形でピッチする方法を学ぶのに役立ちます。4Hフレームワークは、聴衆への情報の流れを導き、アントレプレナーがより自信を持ってピッチを行えるように手助けします。本演習は感情を込めてストーリーを語るためのツールを提供します。本演習はピッチを4つの簡単な要素に分解し、受講者がピッチをセクションに分けて書けるようにしたもので、作業の負担を軽減します。また、このフレームワークには、効果的なピッチを行うためには聴衆の視点を理解する（共感する）必要がある、という考え方も組み込まれています。

・利用例・

学部生、大学院生、実務家－アクセラレーター・プログラム、コース、またはトレーニング・プログラムで使用できます。本演習では、受講者がスタートアップ独自のバリュープロポジションを理解し、それを明確に説明できることを前提としています。参加者は30人を超えないようにしてください。

・ 実施方法 ・

対面

・ 学習目標 ・

- ピッチの流れを作る4Hフレームワークの構成要素を学び、マイティウェル社とエアビーアンドビー社を例として、4つの「H」を頭文字にもつ各セクション（ヘッドライン（Headline）、ハート（Heart）、ヘッド（Head）、ホープ（Hope））に何を含めるべきかを理解する。

- 4Hフレームワークを使用して、ベンチャー企業、プロジェクト、イニシアチブのための短いピッチを作成する。

- ピッチまたはピッチの一部を実演し、感情的な言葉やイメージを通して聴衆を魅了するストーリーテリングの実践をする。

・ 理論的基礎と参考文献 ・

4Hフレームワークの詳細やピッチへの適用方法、ピッチ作成に関するその他の基本的情報は、以下を参照してください：Kleiman, D. (2020), First Pitch: Winning Money, Mentors, and More for Your Startup, Wellesley, MA: Babson College.

本演習がうまくいくためには、バリュープロポジションの作成方法を知っていることが重要です（一般的にスタートアップにとっても同様です）。ストラテジャイザー社のHPにはアレックス・オスターワルダーが作成したバリュープロポジション・キャンバスがあります。これには顧客とその顧客のために創造する価値に関する情報が整理されており、非常に役に立ちます。使い方を説明した動画は、このサイト[5]で見ることができます。

---

5 https://www.strategyzer.com/library/value-proposition-canvas-a-tool-to-understand-what-customers-really -want

○ 2008年頃のエアビーアンドビーの簡単な説明（266ページにミニケースが
  あります）

○ エアビーアンドビー社の4Hフレームワーク・テンプレートの記入例
  （268ページ）

○ 白紙の4Hフレームワーク・テンプレート

・ 受講者に求められる事前作業 ・

なし

・ タイムプラン（40分）・

0:00 - 0:05

ピッチの目的や目標について話し合います。例えば、話の流れのアウトラインは必要で、スクリプトは必要ないのはなぜなのか、ストーリーテリングと説得力のあるバリュープロポジションがいかに重要で、ピッチに織り込む必要があるのかについてやり取りをします。ピッチを受けるオーディエンスの動機や状況、そしてなぜそれが重要なのか、受講者が考えるのをサポートします（バリュープロポジションの作成方法については事前に説明していることが前提です）。

0:05 - 0:11

4Hフレームワークを紹介し、各セクションの目的である「ヘッドライン」「ハート」「ヘッド」「ホープ」と、ピッチの各セクションに含めるべき内容を説明します。表5.2を使ってスタートアップ企業であるマイティウェル社の例を用いて各セクションを説明し、構成要素への理解を深めます。

表 5.2　4Hフレームワーク

構成要素	説明	利用例
ヘッドライン (Headline) 文脈を設定する	4～7個の単語を使ったフレーズで、あなたの会社の本質（アイデア、コンセプト、イニシアチブ）、カテゴリー、「秘伝のたれ」を捉えてください。これは、あなたがこれから話す内容に対して聞き手に準備させるもので、タイトルのスライドに表示することができます。スライドなしでピッチを行う場合、これは会社を紹介するために話すことであり、スライドで見せるものよりも会話的に聞こえるでしょう。	「身に着けることのできる健康」は、慢性疾患患者のためのアダプティブウェアであるマイティウェル社＊のヘッドラインです。聞き手は、プレゼンターが健康に関連した「身に着けられるもの」について話しているのだとすぐに分かります。つまり、これから何が起こるのかについての文脈を把握できるということです。
ハート (Heart) 何かを感じさせる	あなたが解決しようとしている問題についてストーリーを語り、ドラマを作ります。これは多くの場合、個人の視点から語る会社の「起源」の物語（なぜ会社を起こしたのか、アイデアはどこから来たのか）であるか、あなたの会社がどのように問題を解決し、世界（あるいは少なくともその一部）をよりよくするのかを示すストーリーのどちらかです。ここでは、聴衆が物語の主人公（またはヒーロー）に興味を持つように仕向ける必要があります。目標は、聴衆にその問題について何かを感じてもらうことです。 問題を解決してほしいという欲求を聴衆に抱かせることができれば、どのような感情的な反応でも構いません。ストーリーの一部としてバリュープロポジションが明確に述べられていることを確認してください。	マイティウェル社の創業者であるエミリー・レビーは、大学在学中に慢性ライム病と診断されたことから、この会社のアイデアを思いつきました。 大学生だった彼女は、腕にPICC（末梢挿入型中心静脈カテーテル）を刺しているため「病気の女の子」と見られ、それがいかに辛かったか、また市販のものには自分の助けになるようなものがなかったため、自分で作ろうと決心したというエピソードを話してくれました。これは彼女の強さとユーモアで聴衆の感情を揺さぶるパワフルなストーリーです。

ヘッド (Head) どのように 役立つか伝 える	このセクションでは、聴衆がこの時点で考えている「どのように機能するのか」という質問を予測して、それに答えることを目的としています。このセクションは大部分が分析的かつ直接的です。ビジネスモデル（いかにして儲けるか）、独自のバリュープロポジションを支える利益を生み出す基盤技術やプロセス、ターゲットとする市場の詳細、チーム、顧客の獲得方法などについて説明します。	ここでは、エミリーがいかにして機能性とファッション性を両立させたかを説明するとともに、使用する生地の特徴や選んだデザインについて掘り下げた話をしました。また、市場規模（自分のような人は何百万人もいる）や、競合するとみられる企業がマイティウェル社のような魅力的な商品を製造・販売していないことも紹介しました。さらに、現在の製品と今後追加予定の製品、マイティウェル社の販売チャネル、消費者やパートナーを獲得し維持するための計画、そして彼女のメッセージを増幅させるためのファンコミュニティの作り方についても話しました。
ホープ (Hope) ビジョンで インスパイ アする	あなたのスタートアップ企業が大きな成功を収めたとき世界がどのようになるのか、想像をかきたてるような絵を描いてください。ピッチの他の側面と同様に、このビジョンやホープの話も物語のように感情的な言葉やイメージを使って、あなたのアイデアが世界を少しでもよくすることができるというインパクトを伝えなければなりません。ここでは、独自のバリュープロポジションがビジョンを推進する原動力となります。ここでの目標は、このビジョンを実現するために仲間に加わりたいという気持ちを喚起することです。	マイティウェル社の場合、エミリーは「患者とその介護者が病気を力に変える」ことを支援したいと考えました。このビジョンは、病気の犠牲者ではなく病気と闘いたいと思っている患者たちに大きな力を与えるというものでした。そのため、このスタートアップ企業は単にPICCカテーテル用のおしゃれなカバーを売るというだけでなく、はるかに大きな意味を持つものとなります。

注：マイティウェル社の詳細については、同社のウェブサイト（mighty-well.com）を参照してください。

エアビーアンドビー社のケースを例として紹介し、4Hフレームワークが
どのように機能するかを示します。まずは、エアビーアンドビー社のミニ
ケースを受講者に配り、読んでもらいます。次に、記入済みのエアビー
アンドビー社の4Hフレームワーク・テンプレートを配り、ミニケースがフ
レームワークの中でどのように展開されているかを確認します。これはグ
ループで行います。先に進む前に、理解度を確認してください。あるい
は、ここで時間を延長し、受講者がエアビーアンドビー社のケースに4H
フレームワークを適用させて、完成したテンプレートを配布して議論して
もらうこともできます。この場合はさらに15分追加されます。

4Hフレームワークを使って自分たちのピッチに取り組むためのブレイク
アウトタイムです。白紙の4Hフレームワーク・テンプレート（268ページ
表5.3を参考に）を配布して、書き込んでもらいます。受講者は2〜3人のグ
ループになって1人のスタートアップ・ピッチに取り組むことも、各自で
作業することもできます。多人数の場合は部屋を3つのセクションに分け
て、セクション1の受講者はハート・ストーリー、セクション2の受講者
はヘッド・ストーリー、セクション3の受講者はスタートアップのホー
プ・ストーリーの作成に取り組むようにします。物語の台本を書くのでは
なく、論点を箇条書きにして、そのストーリーを通じて聴衆といかに感情
的につながるのかを考えなければなりません。

報告をします。各グループから1人ずつ、自分たちが担当したセクション
のピッチをしてもらい、全員が「ハート」「ヘッド」「ホープ」のストー
リーの様々な例を聞くことができるようにします。人数が少なく、各自が

ピッチ全体（全セクション）を作成した場合には、手を上げた人にピッチの草案を発表してもらいます。全員にフィードバック、提案、改善点を挙げてもらいましょう。

0:35 - 0:40

まとめです。学習目標を再確認し、ピッチでの4Hフレームワークを要約します。アイデアや新規ベンチャー企業をピッチで売り込む際に、ストーリーを語ること、聴衆と感情的なつながりを作ること、大きなビジョンを構築することの重要性を受講者に思い出させます。共感する練習をすることで、より優れたピッチを行う助けになるでしょう。

・ 受講者に求められる演習後の作業 ・

セッション中に完成しなかった場合は、白紙の4Hフレームワーク・テンプレートを使用して、自分のピッチについて4Hフレームワークの各セクションを箇条書きにしてください。各セクションを補助するスライドは必要ありません。これは、アントレプレナーが台本を暗記しないでも、自分のスタートアップ企業についてどのように話すかを考え続けられるようにするためです。後からスライドを追加することで、ピッチ全体のアウトラインを作成することができます。

・ 指導のヒント ・

- 「ハート・セクション」で使う感情的なフックや感情的な言葉・イメージを探します。もし受講者がストーリーを語らずに、ただ活用例を挙げているだけであれば、なぜそのスタートアップ企業が重要なのかという感情的な側面にまで踏み込むよう促しましょう。
- ピッチの中で明確に述べられているはずのバリュープロポジションに耳を傾けます。理想的には、各セクションでそれが述べられていなけ

ればなりません。

- ○ 「ホープ・セクション」の発表の際には、ピッチを行う受講者に、そのソリューションの大きな目的、つまりなぜそれがなければならないのかについて、有意義なビジョンを描くよう勧めます。
- ○ 受講者が「レベルアップ」しているかを常に確認します。解決しようとしている感情的ニーズについて、より大きな、あるいはより高いレベルの何かを構築できているでしょうか。
- ○ 本演習は、オンライン・Zoom環境に適応させることができます。指示に従い、小グループでセクションに取り組む時間が来たら、ブレイクアウトルームを使用して少人数の参加者で一緒に作業を行います。

・ 帰属 ・

本演習は、以下の拙著に基づいて筆者自身が作成したものです：Kleiman, D. (2020), First Pitch: Winning Money, Mentors, and More for Your Startup, Wellesley, MA: Babson College.

ピッチの「ホープ」セクションは、ナンシー・デュアルテのTEDxトーク「The secret structure of great talks[6]」からヒントを得たものです。

・ 配布資料：エアビーアンドビーのベンチャー・コンセプト（2008年）[7] ・

ビジネスの説明： エアビーアンドビーは、旅行者がホテルに宿泊する代わりに現地の人の部屋をオンラインで予約できるウェブサイトです。

1. オンラインで旅行を予約する人にとって、価格は大きな関心事です。
2. ホテルでは、街やその文化から切り離された状態になってしまいます。
3. 現地の人の部屋を予約したり、ホストになったりする簡単な方法はあ

6　https://www.ted.com/talks/nancy_duarte_the_secret_structure_of_great_talks?language=en
7　この配布資料の情報の出典は、Airbnbの2008年のピッチデッキ（https://piktochart.com/blog/startup-pitch-decks-what-you-can-learn/）です。

りません。

ユーザーは旅行のお金の節約やその街とつながって現地の文化を学ぶことができます。ホストは部屋を貸して収入を得ることができます。これは、予算に敏感な顧客のために新たなシェアードエコノミーを利用した最初の旅行ビジネスの1つです。競合他社に対する優位性としては次のようなものが挙げられます。

- いち早く市場に参入
- ホストへのインセンティブ
- 登録は1回
- 使いやすさ
- 検索可能なプロフィール
- デザインとブランド

チーム：ジョー・ゲッビアとブライアン・チェスキーはいずれもアントレプレナー兼デザイナーで、ロードアイランド・スクール・オブ・デザインの卒業生です。開発者のネイサン・ブレチャールチクはFacebookで複数のアプリを成功させており、ハーバード大学でコンピュータサイエンスの学位を取得しています。

ビジネスモデル：エアビーアンドビーのウェブサイトには、ユーザーが訪れる都市の自宅、アパート、コンドミニアム、空き部屋などのプロフィールがホストによって掲載されており、低予算の旅行者はオンラインで旅行を予約することができます。エアビーアンドビーは取引ごとに10％の手数料を受け取ります。

市場：世界中で毎年20億件以上の旅行が予約されており、そのうち5億

6,000万件の旅行が「低予算」旅行者向けにオンラインで予約されています。

表5.3　エアビーアンドビーへの4Hテンプレートの適用

ピッチ・セクション	話す内容		バリュープロポジションとのつながり
ヘッドライン	「ホテルではなく、現地の人の部屋を予約しましょう」		ビジネスモデル、カテゴリー、ターゲット市場が明確
文脈を設定する	（私はこれまでとは違う旅行計画の立て方について話を聞こうと思います）		
ハート	スペイン旅行をしたときの話（ストーリーを語ります）。		旅行はもっとよくすることができます
何かを感じさせる	ホテルは高く、観光地にありましたが、私はそれを知りませんでした。観光客が訪れないバルセロナの素晴らしいところを見逃してしまいました。この都市の本当の素晴らしさを理解するために、現地のコネクションがあればよかったと思います。		使いやすさ より手頃な価格 都市に住む人々や文化とのつながり
ヘッド	市場は大きく成長しています。		オンライン・プラットフォーム
どのように役立つか	都市を指定してオンラインで検索し、リストを見て予約します。		現在の選択肢は並以下
	ホストは収入を得て、私たちは手数料を受け取ります。		いち早く市場に参入
	一度で済む投稿、ホストの詳細なプロフィール、写真、レビュー、簡単な予約と手配といった点で、競合他社よりも優れています。		双方にとって優れたユーザーエクスペリエンス
ホープ	自分がテーブルについている姿が見えますか。それがどんなに素晴らしいことか想像できますか。		現地の人々とのつながり、誰もが楽しめるユニークな体験

	その体験を心に描いてみましょう。	
ビジョンでインスパイアする	世界はよりつながった場所になり、旅行には誰もが利用できる全く新しい次元が加わりました。	旅行が変わります
	使っていないスペースがある人々に繁栄と機会をもたらします。	

5-5　アイデアボード

> 執筆者：ハイディ・M・ネック
> 実践へのつながり：(☀)(☺)

・ アントレプレナーシップにおける主要テーマ ・

アイデア創出、機会評価、ピッチング、市場または競合分析

・ 説明 ・

アイデアボードは受講者が新しいアイデアを素早く可視化するのに役立つツールで、アイデアとその重要な部分を記載できるように設計されています。また、アイデアを市場、チーム、既存のリソースに結びつけるものです。アイデアボードは、アントレプレナーシップ・コースの初期、つまりブレインストーミングやその他のアイデア創造技法の直後に使用するべきです。

・ 利用例 ・

アイデアボードは、ビジネスモデル・キャンバスの前、アイデア創造に関連するトピックの後に使用するのがよいでしょう。アイデアボードは仮説を立て検証するためのものではなく、受講者が自分のアイデアを明確にす

るための手段であり、ボードを完成させる過程でアイデアを継続的に洗練させることもできます。本演習はあらゆる参加者に適しています。

・ 実施方法 ・
対面、オンライン

・ 学習目標 ・
- 初期の、まだ検証されていないアイデアの基本的要素を明確にする。
- 受講者がそのアイデアにどの程度情熱を持っているかを評価する。
- ブレインストーミングやその他のアイデア創造技法の実施後に、そのアイデアについての初期の質問を特定し、それに答える。

・ 理論的基礎と参考文献 ・
-Bourque, A. (2012), '4 powerful reasons to storyboard your business', 17 November、https://www.socialmediatoday.com/content/4-powerful-reasons-storyboard-your-business-ideas
-Glaser, M. (2008), Drawing is Thinking, New York: Abrams Press.

・ 教材リスト ・
- アイデアボードを大きく印刷したもの（276ページ図5.2）。印刷可能なファイルについては、Heidi Neck（hneck@babson.edu）までメールでお問い合わせください。
- 油性マーカーまたはその他のマーカー

・ 受講者に求められる事前作業 ・
アイデアボードを完成させる前に、ビジネスや製品のアイデアを持っておくこと。

本演習は2つに分かれています。(A) ボードを完成させる、(B) ボードを使ってクラスの仲間からフィードバックを得る、です。受講者は新規ベンチャー設立コースの一環としてアイデアに取り組むこともできますし、共同カリキュラム・プログラム、ブートキャンプ、ワークショップ、または個人で行うこともできます。

0:00 - 0:10 アイデアボードの紹介

各チームにアイデアボードのコピーを1部ずつ配ります（276ページ図5.2）。チームの人数は3〜5人が適正です。次に、ボードの各項目を説明します。

- **名称**：ビジネスまたはアイデアの名称です。楽しい名称を付けるよう、受講者に促しましょう。

- **キャッチフレーズ**：アイデアの本質を捉えた、簡潔な1文の説明です。例えば、「スムージーのためのスターバックス」などです。これはマーケティング用のキャッチフレーズではなく、説明的なキャッチフレーズです。

- **満たそうとしているニーズ**：解決しようとしている問題は何か、誰のためのアイデアなのかを考えるよう、受講者に促します。また、ニーズとソリューションは分けて考えます。ニーズは動詞で、ソリューションは名詞で記載します。例えば、ニーズは「高い棚の上にあるものに手が届く」ことかもしれませんが、ソリューションは「はしご」です。「手が届く」は動詞で、「はしご」は名詞です。つまり、提案されたアイデアは何をするのに役立つか、ということです。

- **独自性**：これは差別化や、そのアイデアが市場に出ている他の製品／サービス／提案よりも優れている理由と関係しています。そのアイデアのどこが斬新なのか考えましょう。アイデア全体が斬新である必要はありませんが、アイデア全体のうち何らかの側面がユニークである

必要はあります。例えば、設計、流通、顧客サービス、機能性などに関するものが考えられるでしょう。

- **チーム**：チームメンバーについて、何ができて何ができないのかを早めに検討するよう、受講者に促すことが大切です。チームとアイデアの適合性が高ければ高いほど、進展させる推進力も強くなるでしょう。

- **コンセプト**：コンセプト・ステートメントは、そのアイデアがどういうもので誰のためのものなのか、なぜそれが優れているのかについて、より詳細に説明するものです。これは、初期のアイデアを説明する10秒ピッチだと考えてください。受講者を導くために、次のような「穴埋め式」の文章を用意するのもよいでしょう。

  ［アイデア］は［ターゲット市場］のための［説明］であり、［問題］を解決します。

- **説得力のある視覚表現**：アイデアの大まかなスケッチ（棒線画など）を描くように促すと、アイデアをもう少し具体化するのに役立ちます。アイデアについて実行されている場面を描くと、アイデアがさらに明確になります。クラスでストーリーボードを使用する場合、これはストーリーボードの簡易版となります。

- **手持ちのリソース**：エフェクチュエーション理論によると、アントレプレナーは「必要なもの」ではなく「持っているもの」から始めます。現在利用できるリソースについて考え、どうすればそのリソースを使ってアイデアに関する何らかの初期行動を起こすことができるかを、受講者に検討させましょう。全ての行動は新たな情報につながります。

- **生み出される価値**：世の中にアイデアが不足しているわけではありませんが、様々なステークホルダーのために価値を生み出すアイデアは不足しています。自分のアイデアが生み出す可能性のある価値につい

て考えると、独自性がある部分をより正確に特定するのに役立ちます。逆に、価値を見出せなければ、何か問題があることに早い段階で気付くことができます。

- **ハッピーメーター**：アイデアを実行するには、多くのエネルギーと情熱、そして執念が必要です。そこで、この段階で知りたいのは、受講者がどれだけ自分のアイデアに興奮しているかです。ハッピーメーターが8以下であれば、はじめからやり直すよう受講者に提案します。

`0:10 - 0:30` アイデアボードの完成

私の講座では、受講者はチームで新たなアイデアに取り組みます。そのため、各チームには授業中にアイデアボードを完成させてもらいます。フィードバック・ラウンド（次で説明します）で文字が見えるように、油性マーカーを使うことをお勧めします。可能であれば、アイデアボードはポスターサイズか、少なくともA4サイズよりも大きな用紙に印刷してください。

`0:30 - 0:50` フィードバック・ラウンド

クラスのグループ数が偶数であると仮定して、グループのペアを作ります。例えば、クラスに10個のグループがある場合、グループ1とグループ2、グループ3とグループ4、グループ5とグループ6といった具合にペアを作ります。フィードバック・ラウンドの構成は次のようになります。

1. 奇数グループが2分間で自分たちのアイデアボードを紹介します。
2. 奇数グループのアイデアについて、偶数グループが3分間のフィードバックを行います。フィードバックは、気に入った点、改善できる点、その他の考慮すべき変更点や強化点を含みます。
3. 偶数グループが2分間で自分たちのアイデアボードを紹介します。
4. 偶数グループのアイデアについて、奇数グループが3分間のフィード

バックを行います。フィードバックは、気に入った点、改善できる点、その他の考慮すべき変更点や強化点を含みます。

時間が許せば、グループの組み合わせを変えてこの作業をもう一度行い、さらにフィードバックを得ることができます。

0:50 - 0:60 振り返りと修正

フィードバック・ラウンドの後、各チームは相手グループから受け取ったフィードバックの要約を書かなければなりません。さらに、フィードバックに基づいて自分たちのアイデアに取り入れる変更点をリストアップします。グループ・ディスカッションでは、次のような質問をするとよいでしょう。「このような初期のアイデアに対するフィードバックを受けてどのように感じましたか」「フィードバックはグループにどのような価値をもたらしましたか」「フィードバックをいつ取り入れますか」「取り入れませんか」。

・ 受講者に求められる演習後の作業 ・

授業中に感想を話し合う時間がない場合（またはそれを望まない場合）は、2つのタイプの報告書または内省文のいずれかを提出させることができます。

- ○ **タイプ1**：ペアを組んだグループからのフィードバックを文書に記録するよう指示します。こうすることで、各チームは授業中のプレゼンテーションにさらに耳を傾けるようになります。報告書を作成することでフィードバックを行う時間が増えると、より質の高いフィードバックが得られます。報告書には、アイデアの説明、アイデアのよい点3つ以上、改善案3つ以上、未回答の疑問点3つ以上を含めなければなりません。
- ○ **タイプ2**：受講者チーム（または個人）は、相手チームからのフィード

バックについて内省文を書きます。内省文には、発表したアイデアの説明、フィードバックの概要、フィードバックで驚いた点、フィードバックの結果として取り入れようと思う変更点、初期のアイデアを発表するプロセスについての全般的な感想を含めなければなりません。

・ 指導のヒント ・

アイデアボードは、コース、プログラム、ワークショップにおいて初期のアイデアを考えるのに適しています。潜在顧客とのインタビューや実験の前に、新たなアイデアに内容を加えるのに役立ちます。アイデアボード演習は、ビジネスモデル・キャンバスやリーン・キャンバスを使う前に行う方がよいでしょう。本演習は、デザイン思考におけるアイデア創出の部分を含め、あらゆるアイデア創出の方法の最後に使用することができますが、次の点に留意してください。

○ 受講者は、「ニーズ」の部分で苦労するかもしれません。ニーズは動詞で、ソリューションは名詞であることを改めて強調します。「あなたのアイデアで顧客は何ができるようになりますか」と質問してみましょう。

○ ハッピーメーターは非常に主観的なものですが、受講者が自分自身やチームに対して、そのアイデアにどれだけ興奮しているか（あるいはしていないか）を正直に伝えるのに役立ちます。講師が「ハッピーメーターが8以下であれば、別のアイデアを考えるべきです」と言えば、受講者に最初からやり直すのに必要な許可を与えられます。

○ 受講者はボードの視覚表現のパートに最後に着手するでしょう。しかし逆に視覚表現から始めるように強く推奨しましょう。スケッチを描くことでアイデアがより明確になり、他の項目を記入するのに役立ちます。

名称	
何か名称を付けてください。	

キャッチフレーズ	コンセプト
何が明快か1文で記載すること。	そのアイデアがどういうもので、なぜそれが優れているのか？　明確に、短く。

満たそうとしているニーズ	説得力のある視覚表現
3つまでのニーズを記載すること。動詞で表現すること。	アイデアがどのようなことか？ それが実行されている場面を描くこと。

独自性

現在できているものに対してどのように差別化していますか？

手持ちのリソース	生み出される価値	ハッピーメーター
初期の段階で、すぐに使えるものは何か？（人、資金、情報、技術）	経済的、社会的、評判、コミュニティー、付帯的、本質的	1　2　低 3　4 5　6 7　8 9　10　高 ○を1つつける

チーム

なぜあなたなのか？
どのようにチームはそのアイディアにフィットしますか？

図 5.2　アイデア・ボード・テンプレート

5-6 お聞かせください ── ニーズ特定の ためのインタビュー・ロールプレイ

[
執筆者：ハイディ・M・ネック、アントン・ヤクシン
実践へのつながり：⦿◉
]

・アントレプレナーシップにおける主要テーマ・

アイデア創出、顧客開発

・説明・

本演習では、アントレプレナーシップの受講者が機会特定とコンセプト開発の過程で行う必要がある2つのタイプのインタビューのうち、1つを紹介します。1つ目のタイプは「ニーズ発見インタビュー」、2つ目のタイプは「フィードバック・インタビュー」です。ニーズ発見インタビューは、参入したい市場領域（ペット、健康飲料、高齢者介護、ギフトなど）ははっきりしているが、アントレプレナーがまだアイデアを持っていない場合に行います。

ニーズ発見インタビューの目的は、市場の消費者をより深く理解し、そのニーズを特定したり、抱えている重大な問題を明らかにしたりすることにあります。フィードバック・インタビューは、アントレプレナーが十分に練られたアイデアやプロトタイプを持っており、デザイン、機能性、価格などについて顧客からのフィードバックを求めていることを前提としています。本演習は、（フィードバック・インタビューではなく）ニーズ発見インタビューのためのインタビュー・ロールプレイです。

・利用例・

学部生用または大学院生用。3人ずつのグループに分かれることができれ

ば、参加者の人数は問いません。

・ 実施方法 ・

対面、オンライン

・ 学習目標 ・

- 機会特定の初期段階で用いられる2つのタイプのインタビューについて説明する。
- ニーズ発見インタビューに適した質問と適さない質問の両方を明らかにする。
- ニーズ発見インタビューを実践し、そこからどのようにアイデアが生まれるかを明らかにする。

・ 理論的基礎と参考文献 ・

-Constable, G. (2014), 'Talking to humans: success starts with understanding your customers' https://www.talkingtohumans.com/.
-Neck, H., C. Neck and E. Murray (2020), 'Using design thinking', Entrepreneurship: The Practice and Mindset, 2nd edn, Thousand Oaks, CA: Sage, pp. 78-103.

・ 教材リスト ・

- 286ページの「ニーズ発見インタビュー・スコアカード」のコピー（各受講者に1部ずつ）
- 優秀な受講者に贈るちょっとした賞品
- オンライン・ストップウォッチ（検索して探してください）

・ 受講者に求められる事前作業 ・

このロールプレイは単独でも行えますが、ほとんどの場合は受講者がVenture Blocksシミュレーションを実施した後に行われます。詳細は、こ

のサイト[8]を参照してください。

・ タイムプラン（75分）・

0:00 - 0:15 はじめに

アントレプレナーが新たな機会を開発するにあたり、先述の2つのタイプのインタビューを行うことを紹介します。「説明」でも述べましたが、1つ目のタイプは「ニーズ発見インタビュー」、2つ目のタイプは「フィードバック・インタビュー」です。ニーズ発見インタビューは、参入したい市場領域（ペット、健康飲料、高齢者介護、贈り物など）ははっきりしているが、アントレプレナーがまだ十分に練られたアイデアを持っていない場合に行います。ニーズ発見インタビューの目的は、市場の消費者をより深く理解し、そのニーズを特定したり、抱えている問題を明らかにしたりすることです。フィードバック・インタビューは、アントレプレナーが十分に練られたアイデアやプロトタイプを持っており、デザイン、機能性、価格などについて顧客からのフィードバックを求めていることを前提としています。本演習で行うのは、（フィードバック・インタビューではなく）ニーズ発見インタビューのロールプレイです。

次に、ニーズ発見インタビューで使われる不適切な質問の例を紹介します（表5.4）。高齢者介護の領域を例に取り、82歳の女性の娘さんにインタビューすると想定してもらいます。

表5.4 不適切なインタビュー質問

不適切な質問のタイプ	説明	不適切な質問例（高齢者介護の場合）
時期尚早	会話の中でふさわしいタイミングが来る前に、コミットメントや個人情報を尋ねてしまう。	お母様の病状について教えてください。
誘導的	その人について、間違っているかもしれない想定をする。そうすると、自分の偏見が会話に滲み出てしまう恐れがある。	お母様を介護施設に入れるのはいつ頃になるとお考えですか。
デッドエンド	イエス／ノーや一言で済む回答だけ質問し、相手にそれ以上何も言わせない。	お母様は1人暮らしですか。
話を聞いていない	すでに尋ねた質問に対する相手の答えを聞いていなかったことが分かってしまう。	お母様はおいくつですか。ああ……もう聞きましたっけ。
セールストーク	相手に自分の製品やサービスに興味があるかどうか尋ねる。提案や売り込みを行うのではなく、相手について学ばなければならない。	近くにいる人で、お母様を助けてくれる人がすぐに分かるアプリを使った、オンデマンドの在宅医療サービスに興味はありますか。
侮辱的	相手の気分を害し、会話を打ち切られてしまうような質問をしてしまう。	まさか母親と3人の子どもの面倒を同時に見なければならない羽目に陥るなんて思ってもみなかったでしょうね。

してはいけない質問を一緒に考えた後、どのような質問をすればよいかを話し合います（表5.5）。

表 5.5　優れたインタビュー質問

優れた質問のタイプ	例（前述の高齢者介護の場合）
アプローチ	私は、子どもが高齢の親をどのように介護しているのかについて調査しています。2分間ほどお時間をいただき、いくつか質問に答えていただけますか（時間を取られると思われたくないため、「2分間」と言うことが大切です）。
最初の大まかな質問	近頃のお母様の様子について教えてください。お元気ですか。人付き合いはどうですか。
掘り下げの質問	上記の最初の大まかな質問に対する答えに基づいて行います。耳を傾け、必要に応じて掘り下げます。例えば次のような質問です。「お母様はもう車を運転しないとのことですが、どうやって移動しているのですか」「お母様が年をとっていくのが悲しいと言っていましたが、何が一番悲しいのでしょうか。それはなぜですか」（答えを掘り下げるために理由を尋ね続けますが、煩わしくなるほど何回も聞いてはいけません）。
要約の質問	短いお話の中で、私は○○（主な学びを3つ挿入）を学びました。他に何か知っておくべきことはありますか。
締めくくりの質問	お時間をいただきありがとうございました。他にお話を伺った方がいい人はいますか。

ニーズ発見インタビューは、短時間で済むように設計されています。インタビューは、地下鉄やイベントなどで見知らぬ人に話を聞くだけのものもあれば、よりフォーマルで、特定の場所やオンラインで事前にスケジュールを決めて行うものもあります。大切なのは、インタビュー対象者に機械的な質問をするのではなく、少数の質問から会話を始めるよう受講者に教えることです。

不適切な質問と優れた質問を紹介した後、いよいよロールプレイを行います。

0:15 - 0:20 　ロールプレイの準備

まず、受講者を3人ずつのグループに分けます。受講者は次の3つの役割

のいずれかを順番に担当します。

1．アントレプレナー

顧客インタビューを行い、メモを取り、ビジネスアイデアを考え出します。

2．顧客

アントレプレナーと話をし、質問に答え、アントレプレナーのアイデアの質をランク付けします。ここでは顧客という言葉を使っていますが、前述の年老いた親の娘にインタビューする場合と同様に、あらゆるステークホルダーが顧客になり得るということを留意すべきです。

3．監査役

アントレプレナーと顧客がルールを守っているかどうかを確認し、アントレプレナーのスコアを算出します。

本演習では、1回10〜12分のラウンドを3回行います。最初のラウンドのために、各グループで誰がどの役割を演じるかを決めます（各グループは、アントレプレナー1人、顧客1人、監査役1人です）。

次に、インタビューのテーマを決めます。適したテーマは、幅広く、誰にでも当てはまるものです。例えば、「どのように贈り物をしますか」「どうやって旅行しますか」「学校の勉強をどのように計画しますか」などは適したテーマです。

0:20 - 0:25 **受講者へルールの説明**

1．ラウンドの最初に、監査役はスコアカードにアントレプレナー、顧客、自分（監査役）の名前を記入します。ラウンド中に使用するスコアカードはこれだけです。

2．顧客インタビュー

アントレプレナーは、演習用に選んだテーマについて、顧客に7つの質問

をします。顧客は自分自身のこととして正直に答えます（他人のふりはしません）。監査役は質問を観察して、アントレプレナーが行った質問の数を記録し、スコアカード上で質問を分類します。また、監査役はアントレプレナーが7つの質問をしたら、それをアントレプレナーに知らせます。

3. 問題／ニーズの特定

監査役はアントレプレナーにスコアカードを渡し、アントレプレナーは顧客インタビューから学んだ問題やニーズを3つ書き込みます。次に、アントレプレナーはそのスコアカードを顧客に渡し、顧客はそれぞれの問題やニーズに星1つから星5つまでのランクを付けます（星5：重要な問題／ニーズである、星1：重要ではなく、顧客を理解していない、または顧客インタビューに基づいていない）。

4. ビジネスアイデアの創出

アントレプレナーはスコアカードを受け取ってそれを裏返します。アントレプレナーはスコアカードの裏面に顧客のためのビジネスアイデアを2つ、文章やスケッチで記述することができ、顧客はそれを見たり聞いたりします。終わったら、顧客はスコアカードの裏面を見て、そのアイデアが自分にとってどれだけ望ましいかに基づいて、各アイデアに星1つ〜星5つのスコアを付けます（星5：最も魅力的、星1：最も魅力的でない）。

5. 全て終わったら、監査役はスコアカードを受け取って一番上にアントレプレナーの合計点を書き込みます。

a. 尋ねたよい質問1つにつき1ポイント。

b. それぞれの問題／ニーズの星1つにつき1ポイント。

c. 各ビジネスアイデアの星1つにつき1ポイント加算。

6. 次のように役割を交代して、次のラウンドを開始します（図5.3。この順番は重要です）。

a. アントレプレナーは次の監査役になります。

b. 顧客は次のアントレプレナーになります。

c.監査役は次の顧客になります。

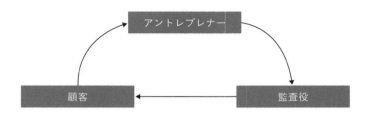

図5.3　役割の順番

ロールプレイ

各受講者がそれぞれの役割を演じられるよう、3ラウンド行います。上記の6で示した順番を覚えておいてください。10分間に設定したオンライン・ストップウォッチをスクリーンに映したり、ノートパソコンに表示させたりしておくと便利です。

1:00 - 1:15　**グループ・ディスカッションと優秀者**

受講者全員がロールプレイを終えたら、クラスの最高得点者を尋ね、そのグループにインタビューの様子を論じさせ、発見された問題／ニーズやビジネスアイデアを発表してもらうこともできます。うまくいった質問といかなかった質問のタイプについて話しましょう。また、不適切な質問と優れた質問のタイプを改めて説明し、要点をまとめます。

・ 受講者に求められる演習後の作業 ・

本演習についての内省は、クラス外で行う必要があります。次のような質問を投げかけることで、受講者の内省を助けることができます。「インタビュー中、どのようなタイプの質問をしていたか、どの程度認識していま

したか」「どの質問から最も価値のある情報が得られましたか」「ニーズ発見インタビューは、これまでに行ってきた他のタイプのインタビューとどのように違いますか」「インタビューの後、新たなビジネスアイデアを特定するのはどのくらい容易でしたか、あるいは困難でしたか」「ロールプレイ演習で一番驚いたことは何ですか。それはなぜですか」。

・ 指導のヒント ・

誰もが共感できるインタビューテーマを見極めることが大切です。「贈り物」は、私たちにとって最も成功したテーマです。ルール、流れ、役割を明確化することが重要であるため、ルールに関する追加の配布資料を作成したり、部屋のスクリーンにルールをプロジェクターで映し出しておいたりするとよいでしょう。また、1グループ3人というのが大切です。クラスを3人ずつのグループに分けられない場合は、2人組のチームを作るのではなく、講師がチームに参加することをお勧めします。もしかすると、講師となる人は、クラスの前で一度ロールプレイを行い、ロールプレイに参加していない受講者全員に監査役をさせたくなるかもしれませんが、これはやってはいけません。ほとんどの受講者は、多人数の前で真剣にロールプレイを行うことを非常に難しいと感じます。ビデオ会議ソフトウェアによってブレイクアウトルームが使える場合、本演習は簡単にオンラインで実行できます。

・ 帰属 ・

本演習は、ハイディ・ネックとアントン・ヤクシンがVenture Blocksシミュレーションの補足として作成したものを参考にしています。このサイト[9]を参照してください。

・配付資料：ニーズ発見インタビュー・スコアカード・

アントレプレナー： _____

顧客： _____

監査役： _____

最終スコア
（監査役が集計）

1. 顧客インタビュー

アントレプレナーは顧客に7つの質問をします。監査役は、それぞれの質問がどのようなものか印を付けます。該当する欄に印を付けてください。

優れている	時期尚早	話を聞いていない
	誘導的	セールストーク
	デッドエンド	侮辱的

2. 問題／ニーズの特定

アントレプレナーが問題またはニーズを3つ書き出します。
次に、顧客がそれぞれの問題／ニーズを星の数で評価します。

1： _____ ☆☆☆☆☆

2： _____ ☆☆☆☆☆

3： _____ ☆☆☆☆☆

3. ビジネスアイデアの創出

アントレプレナーがアイデアを文章またはスケッチで
記述します（スケッチする場合は裏面を使ってください）。
次に、顧客がそれぞれのアイデアを星の数で評価します。

1： _____ ☆☆☆☆☆

2： _____ ☆☆☆☆☆

スコアリング：
尋ねたよい質問1つにつき1ポイント。特定した問題／ニーズの星1つにつき1ポイント。
考え出したビジネスアイデアの星1つにつき1ポイント。

5-7 アントレプレナーに対する公共政策の在り方

[執筆者：パトリシア・G・グリーン
実践へのつながり：◉◉✹]

・ アントレプレナーシップにおける主要テーマ ・

規模と成長管理、アントレプレナー的チーム、公共政策

・ 説明 ・

本演習において、公共政策とは社会のニーズを最もよく満たすために政府が取る行動（規制、法律、支出の優先順位）を意味します。

授業の冒頭で、公共政策の目的について、起業、規模、エコシステムに関連する既存の公共政策の例を挙げながら議論します。受講者はチームに分かれて好きな公共政策問題を選び、政策ピッチを作成してクラス全員に発表します。ピッチには、（1）その政策が存在する理由や、誰または何にサービスや保護を提供するためのものなのかなど、テーマの定義付け、（2）関連する政策の現状、（3）政策に関して特定の個人やグループが提起した懸念や課題、（4）政策の変更案（追加、適応、削除）などを含めます。このプレゼンテーションで重要なのは、政策立案者に提示できるよう、本格的な形で準備することです。

本演習は様々な形で実施できるため、かなり柔軟に使用できます。

オプション1

クラスでオープニング・ディスカッションを行い、課題を与えます。その後、受講者は1週間（講師が期限を設定します）にわたってチーム・プロジェクトを実施し、クラスで最終的なプレゼンテーションを行います。受講者

に、クラス外での作業に4〜6時間ほど費やすこともアドバイスしてよい
でしょう（費やす時間は、プレゼンテーションに含めるべき詳細に関する講師の期待に合
わせて調整することができます）。

オプション2

クラスでオープニング・ディスカッションを行い、課題を与えます。授業
中にチームは協力してリサーチを行い、プレゼンテーションを完成させま
す。最後のプレゼンテーションも授業中に行います。このモデルを適用で
きるのは、週に数回開催され、このプロジェクト専用の週があるクラスで
す。受講者がプロジェクトに最低2時間を費やすことが理想的です。

オプション3

オプション1・オプション2のいずれかを用いてリサーチとプレゼンテー
ションを完了させます。講師が決めたスケジュールに従って政策立案者を
招き、全部または選別した最終プレゼンテーションを聞いてもらいます。

・ 利用例 ・

本演習は、学部生、大学院生、実務家などの各参加者に適しており、コー
ス内またはワークショップとして使えます。また、チームの人数を調整す
ることで、クラスの大きさを問わず対応できます。

・ 実施方法 ・

対面、オンライン

・ 学習目標 ・

○ 特定のアントレプレナーシップ問題に関連する既存の公共政策を発見
し、分析する。

○ 関連するアントレプレナーシップ問題について、公共政策の提案や既
存の政策の修正案を作成する。

○ 説得力のある公共政策のピッチを作成し、実演する。

・ 理論的基礎と参考文献 ・

-Arenal, A., C. Feijoo, A. Moreno, C. Armuña and S. Ramos (2019), 'An academic perspective on the entrepreneurship policy agenda: themes, geographies and evolution', Journal of Entrepreneurship and Public Policy, 9 (1), 65-93.

-Bosma, N. and D. Kelley (2019), Global Entrepreneurship Monitor 2019/2019 Global Report, London: Global Entrepreneurship Research Association, London Business School,

-Rand Corporation (2020), 'Entrepreneurship public policy: studying the way legal and regulatory policymaking affect small businesses and entrepreneurship'、https://www.rand.org/well-being/community-health-and-environmental-policy/portfolios/entrepreneurship.html.

www.congress.govには、提案から最終決着までの米国連邦法案のリアルタイムのリストとステータスが掲載されています。このウェブサイトは米国のみを対象としていますが、他の国についても同様のサイトが見つかるかもしれません。

・ 教材リスト ・

○ 公共政策資料（例：congress.gov、e-Govポータルなど）へのインターネットアクセス

○ 公共政策のピッチ・プレゼンテーション（4枚のスライドのみを使った課題の説明）。プレゼンテーションでは、以下の問題を扱います。

○ その政策が対処する問題（その政策が存在する理由や、誰または何にサービスや保護を提供するためのものなのかなど）と、それを裏付けるリサーチ

○ その問題に対処する政策の状況とステートメント

○ 提案する政策変更案（修正、追加、削除）

○ それを実現するためのステップと予想される影響

なし

本演習のタイムプランは、選択した実施オプション（前述の演習オプションを参照）と、ピッチの実演を予定しているクラスの大きさによって異なります。以下に示すタイムプランは上記のオプション1の場合であり、2回の1時間クラスを、少なくとも1週間の間を開けて行います。

クラス1 (60分)

`0:00 - 0:30`

講師は最初に公共政策を定義します。考えられる定義の1つは、「政府が社会問題に対処するために取る一連の行動（規制、法律、支出の優先順位など）」です。例えば、銃規制や男女平等などが挙げられます。政策アプローチは、内容とプロセスの両面で、国によって大きく異なります。その後、引き続きクラスのディスカッションで次のことを取り上げます。

- 公共政策はアントレプレナーにとって重要ですか。
- 政策はどこで策定されていますか（例えば、連邦、州、国、市、近隣などの様々なレベル）。
- 役に立つ関連政策は何ですか。
- 物事を困難にする関連政策は何ですか。
- 何が足りませんか。

受講者はおそらく税政策や知的財産保護など通常のトピックを含めるでしょうが、最低賃金、家族休暇規定、投資規制といった問題の重要性も認識するでしょう。

受講者をチームに分けます。チームの人数は、クラスの大きさに基づいて講師が決定します（最適な作業チームは4〜6人でしょう）。チーム分けは講師がランダムに行うことも、受講者が特に関心のあるトピックを提案し、他のチームメンバーを募集することもできます。

講師は、課題の手順を次のように説明します。

1. アントレプレナーシップに関連する政策トピックを選びます。
2. 次の質問に対する答えをリサーチするための方法を計画します。

  ○ その政策が対処する問題は何ですか（その政策が存在する理由や、「誰」または「何」にサービスや保護を提供するためのものなのかなど）。

  ○ その問題を扱う政策の状況はどうですか。

  ○ あなたの提案する政策変更案は何ですか（修正、追加、削除）。

  ○ それを実現するために必要な手順と、予想される影響は何ですか。

3. 上記4つの質問のそれぞれについてスライドを1枚だけ使用して、最終的なプレゼンテーションを作成するための方法を計画します。

残りの時間でチームはプロジェクトに対する方法を整理し始めます。これには、リサーチとプレゼンテーションの準備で作業をどう分担するか、進捗状況を互いにどうやって伝えるか、個々の作業をいかにして一貫性のある最終的なプレゼンテーション作品にまとめるか、などが含まれます。

クラス2（60分）

チームのプレゼンテーション時間はクラスの大きさによって異なり、1つの案は各チームに8分ずつ割り当てることです。4枚のスライドのプレゼンテーションに5分、質疑応答に3分使います。クラスの最後に10分間を確保しておき、示されたテーマ（機会と課題）について、講師が最終の

ディスカッションを進めます。

なし

冒頭のディスカッションのために、現在の政策変更や政策論議の例を少なくとも2つ用意し、演習を現実と結び付けましょう。例えば、米国では、(1) 連邦政府職員は現在12週間の家族休暇を利用でき、いくつかの州や多くの都市では企業に家族休暇の付与を義務付けていますが、一定規模の企業のみが対象です。(2) ゴールドマン・サックス「10,000 Small Business（1万社の中小企業）」イニシアチブの調査によると、成長志向の中小企業経営者は最低賃金の引き上げを支持しています。使用する例は、演習を実施している国のものであるのが望ましく、どの政府レベルのものであっても構いません。
本演習はどこの国でも行えますが、政党や政治家ではなく政策に焦点を当て、可能な限り政治とは切り離した議論を続けることが重要です。

5-8　ホットシート

> 執筆者：アントネット・ホー、シンディ・クライン・マーマー
> 実践へのつながり：⚡👁👥

ビジネスモデル開発、ピッチング

ホットシートは、アントレプレナーがビジネスチャンスのピッチを行って、建設的なフィードバックを受け取り、他のアントレプレナーの小さなチームと協力してプレゼンテーションを再構築し、新たなオーディエンスに再びピッチを行う活動です。プレゼンターにとってのホットシートの目的は、比較的フォーマルで大規模なグループを相手にビジネスチャンスをプレゼンテーションする練習をして、説得力のあるプレゼンテーションをより効果的に行えるようにすることにあります。

ホットシートの過程は、受講者が投資家、顧客、その他のステークホルダーにプレゼンテーションを行うのに必要なコミュニケーションスキルや自信を身に付けるのに役立ちます。オーディエンスにとってのホットシートの目的は、積極的に耳を傾ける練習をして建設的なフィードバックを提供することにあります。

その他の学習目標としては、能動的学習と共感の実践が挙げられます。本演習では、受講者は部外者のいない状況で、他の参加者、教員顧問、メンターを相手にプレゼンテーションを行います。これは、正直なフィードバックが期待できる安全な環境といえるでしょう。ホットシート・フレームワーク（302ページ図5.4）は参加者全員に配られますが、主にプレゼンターがプレゼンテーションをまとめる際の参考として使われます。

本演習は、あらゆる参加者（学部生、大学院生、エグゼクティブ、実務家）向けに使用できます。最も効果的なのは、アクセラレーター・プログラムやブートキャンプの一環とするなど、共同カリキュラムの環境です。また、新規ベンチャー設立コースにも適用できます。プログラムまたはコースの全ての受講者チームが、プログラムまたはコース中に少なくとも1回はホットシート・プレゼンテーションに参加するのが理想的です。また、アクセラ

レーター・プログラムまたはコースの受講者全員が、ホットシートの一般オーディエンスにも参加するとさらに効果的です。演習でプレゼンテーションの再構築と再ピッチを行うパートのために、少人数のチームを編成することができます。

・ 実施方法 ・
対面、オンライン

・ 学習目標 ・
- 効果的かつ説得力のある方法でコミュニケーションを取る。内容とプレゼンテーションの両面で明確かつ簡潔であること。
- 特定のターゲットとするオーディエンスの観点からピッチの評価と分析を行う。
- フィードバックの受け入れ、評価、統合を実践し、学ぶ能力全体を高める。

・ 理論的基礎と参考文献 ・

-Cialdini, R. (2001), 'Harnessing the science of persuasion', Harvard Business Review, 19 (9), 72-81.

Cuddy, A. (2012), 'Your body language may shape who you are'、https://www.ted.com/talks/amy_cuddy_your_body_language_may_shape_who_you_are?language=en.

-Duarte, N. (2012), HER Guide to Persuasive Presentations, Boston, MA: Harvard Business Review Press.

Goldstein, N.J., S.J. Martin and R.B. Cialdini (2010), Yes!50 Scientifically Proven Ways to be Persuasive, New York: Free Press.

-Santinelli, A. and C.G. Brush (2013), Designing and Delivering the Perfect Pitch, Wellesley, MA: Babson College.

Sinek, S. (2009),'How great leaders inspire action'、https://www.ted.com/talks/simon_sinek_how_great_leaders_inspire_action/c

- ノートパソコン／パソコン
- スライド・プレゼンテーションを視聴できる機器
- ホットシート・フレームワーク（302ページ図5.4）
- メモを取るためのホワイトボードまたはノートパソコン
- プレゼンテーションを記録するためのビデオカメラまたはモバイル機器

事前にプレゼンターを選び、プレゼンテーションの準備ができるようにします。ホットシートの最初のプレゼンターは、講師が事前に決めておく必要があります。この最初のプレゼンターは、オーディエンスの前でプレゼンテーションを行うことに慣れていて、フィードバックを前向きに受け止められる人物であることが望ましいでしょう。後続のプレゼンターは、空き状況に応じて事前に登録することができます。プレゼンターは次のガイドラインに従います。

- プレゼンテーションは6〜8分の長さで、意図的かつ整理された情報の流れを持つものにします。
- 特定のオーディエンスの役割を決定します。これには、潜在的な顧客、パートナー、投資家などが考えられます。
- オーディエンスに応じてスライドデッキやプレゼンテーションを編集することが推奨されます。

プレゼンターは、プレゼンテーションのためにドレスアップする必要はありません。ただ、最も有益なフィードバックを受け取るために、プレゼンテーションの準備をし、コメントを受け取る心積もりをする必要があります。

また、ホットシート演習の再構築セッションの参加者も、事前に登録する必要があります。これらの参加者は、プレゼンターがフィードバックを受けてピッチを再構築するのを手助けする必要があります。再構築チームは3〜4人とすることをお勧めします。

・ タイムプラン（約2時間）**・**
パート1：ホットシート：40分
パート2：再構築：1時間
パート3：再ピッチ：15〜30分

パート1：ホットシート

`0:00 - 0:05` **ステップ1：ホットシート・フレームワークの紹介**
ホットシート・フレームワーク（302ページ図5.4）を配布して内容を確認します。プレゼンテーション中に全員が見えるように、これを印刷するか、ボードに貼っておくとよいでしょう。

`0:05 - 0:07` **ステップ2：ホットシート・ファシリテーターの選出**
ファシリテーターは次のことを行います。

- ○ プレゼンターがプレゼンテーションを行う準備ができていることを確認します（該当する場合）。
- ○ セッションを開始し、全員の注意と注目を引きつけます。
- ○ 聴衆（オーディエンス）にホットシートのルールを改めて説明します。
- ○ ルールは以下の通りです。
- ― プレゼンテーションの最後に拍手をしない。
- ― プレゼンターの邪魔をしない。
- ― 建設的な「フィードバック」のみを提供する。建設的なフィードバックとは、プレゼンターがプレゼンテーションを改善するのを助けるも

のです。フィードバックは褒め言葉を与えるのではなく、プレゼンテーションのやり方、見た目、内容の改善に焦点を当てたものでなければなりません。以下にフィードバックの例を示します。

- 問題や製品の説明に時間をかけすぎて、聴衆が関心を失った。
- 聴衆への問いかけがなかった。
- プレゼンテーションの流れが混乱している。
- プレゼンターの意図せぬ動きによって、聴衆の気が散ることがある。

○ プレゼンターに、意図するターゲットとする聴衆を述べてもらいます。これは、ピッチを聞いている人がプレゼンテーションの目的を理解し、適切なフィードバックを提供できるようにするのに役立ちます。

○ プレゼンターがピッチを行っている間、時間を計ります。プレゼンテーションが終わったら、ファシリテーターはプレゼンテーションの時間をプレゼンターに伝え、セッションはフィードバック・パートに移ります。

○ 聴衆からフィードバックをもらう際の進行役を務めます。

○ 聴衆に対して建設的な批判に焦点を当てたフィードバックを求めます。フィードバックの範囲が狭い場合は、ピッチの全ての側面（内容、スタイル、視覚表現、口頭でのプレゼンテーション、身振り手振りなど）をカバーするフィードバックを提供するよう、他の聴衆に促します。

○ 同じような内容のフィードバックに注意を払い、提供されたフィードバックが一致していることを示すため、「指を鳴らして」合図することができます。

○ プレゼンターに、フィードバックへの応答を控えるよう念を押します。

○ プレゼンターが今後留意すべき点を聴衆に尋ね、フィードバック・パートを締めくくります。

- 最後に、本演習の再構築パートでプレゼンターは何に取り組むべきか、聴衆に尋ねます。

`0:07 - 0:15` ステップ3：プレゼンテーション

プレゼンターがプレゼンテーションを行います。この間、聴衆はホットシート・フレームワークを参照し、プレゼンターの改善点をメモします。

`0:15 - 0:40` ステップ4：ホットシート・フィードバック

聴衆がプレゼンターにフィードバックを提供します。ホットシートの目的は、褒め言葉を与えることではなく、もっぱら最適ではなかったものに焦点を当て、どうすればプレゼンテーションをより強力で説得力のあるものにできるかをプレゼンターにフィードバックすることです。フィードバックの間、プレゼンターは積極的な傾聴を実践し、聴衆が改善の必要があると考えていることをメモに取り、応答を控えなければなりません。聴衆がプレゼンテーション中に改善点についてメモを取っていた場合、ファシリテーターはそのメモをプレゼンターと共有するよう促してください。

パート2：ホットシート再構築

`0:40 - 1:40`

ステップ1：何に焦点を当てるかを決定します。

聴衆からのフィードバックに基づいて、そして最終的にはプレゼンターが焦点を当てる必要があると考えていることに応じて再構築セッションのトピックを決定します。トピックは、フック、プレゼンテーションの流れ、バリュープロポジションの定義など、何でも構いません。

ステップ2：再構築セッションを行います。

再構築セッションの参加者から1人を選び、全員が脱線しないよう気をつけ、タイムキーパーを担当してもらいます。このステップは脱線したり、

時間をオーバーしたりしがちですので、再構築中にこうした点に注意を払ってくれる人物が必要です。再構築中は、プレゼンターにとって必要なことに積極的に耳を傾け、そのニーズを満たすためのアイデアについてブレインストーミングを開始します。アイデアを書き留めるためのホワイトボードや黒板を用意し、さらには再構築の参加者とプレゼンターが作業するための区切られたスペースを確保しておくことをお勧めします。再構築セッションは、プレゼンターのニーズに応じてそれぞれ違ったものになるでしょう。再構築の参加者は、プレゼンテーションをより明確で簡潔なものにするためにその一部を言い換えることもあれば、スライドの順番やプレゼンテーションの流れについてチームで議論することもあります。このセッションは有機的で、自然に流れていくべきものです。

・受講者に求められる演習後の作業・

プレゼンターは、1時間かけて再構築セッション中に参加者が思いついた全ての提案を内省し、実行したいと思うかもしれませんが、これはプレゼンターの個人的なプロセスであるべきです。プレゼンターにとって、これは再ピッチの練習を行い、プレゼンテーションの中で再構築チームが作業した部分だけに集中するための時間です。

パート3：ホットシート再ピッチ
ステップ1：再ピッチの時間と参加者の選択

プレゼンターによっては、その日のうちに再ピッチをしたいと思う人もいれば、数日かけてプレゼンテーションを練り直し、その後で再ピッチをしたいと思う人もいるでしょう。これはプレゼンターの意向次第です。再ピッチの参加者は、再構築に参加しなかった人の中から選んでください。

ステップ2：再ピッチ

プレゼンターは、プレゼンテーション全体を再ピッチすることも、プレゼ

ンテーションの中で再構築中に作業した部分だけを再ピッチすることもできます。

ステップ3：フィードバック

再ピッチの参加者は、プレゼンターが考慮すべき点についていくつかの提案をします。これは、プレゼンターが新たな視点からプレゼンテーションに関する最終的なコメントを得られる機会です。

・指導のヒント・

- ○ ホットシートが定期的にスケジュールされている場合は、コースやアクセラレーター／ブートキャンプの最初に、講師がフィードバックと再構築のファシリテーターを務めることをお勧めします。受講者は、プロセスやフレームワークを理解および把握した後で、聴衆の一員として講師とともにファシリテーターを務めることができます。

- ○ プログラムまたはコースの受講者全員に、少なくとも1回はホットシートのファシリテーターを務めてもらうようにしましょう。

- ○ ホットシートをコースに適用する場合、講師は、クラスの参加者から寄せられるフィードバックの質が成績と関連付けられていない場合には、予想されるほど建設的でない可能性があることを理解しておかなければなりません。

- ○ ホットシートをオンライン配信に適用する場合、講師はオンライン・ビデオ会議プラットフォームのチャット機能を利用してフィードバックを集めることができます。また、プレゼンターが視覚的なフィードバックや反応を確認できるように、聴衆はこのプロセスを通じてビデオをオンにしておくことをお勧めします。

- ○ ホットシート・フレームワークを忘れないようにしましょう。プレゼンターは、自身が意図した聴衆にとって説得力のある最も効果的なプレゼンテーションを行うために、このフレームワークの全ての側面を

取り入れる必要があります。

- これは、何か特定の方程式に従うということではありません。多くの場合、プレゼンターは他にも似たようなプレゼンテーションがある中で自分のプレゼンテーションを行うことになります。アントレプレナーは目立つ方法を見つけなければなりません。
- ホットシートのプロセスは、プレゼンターに優れたプレゼンテーションという「贈り物」を与えることであり、プレゼンターはすでにそれを行うことができます。
- スライドやその他の視覚表現はプレゼンテーションをサポートするためのものであり、聴衆の気を散らすものであってはいけません。技術環境が低い場合には、プレゼンターはフリップチャートを使ってプレゼンテーションの重要なメッセージを強調することができます。
- プレゼンテーションを撮影し、そのビデオをアントレプレナーが見られるようにしましょう。これにより、プレゼンターは自分のプレゼンテーション・スタイルを見直して内省でき、改善点を確認することができます。

・帰属・

オリジナルのフレームワークは、バブソン大学のためにスティーブン・K・ゴールド博士が作成したもの[10]です。

10　https://www.linkedin.com/in/stevenkgold

エンゲージメント

ターゲットを絞ったやり方ですぐに聴衆の心をつかむことが重要です。さもないと、聴衆の関心の一部または全てが失われ、効果が台無しになってしまいます。質問を投げかける、関連するストーリーを話す、興味深い事実を紹介するなど、力強くスタートしましょう。何をするにしても、最初の印象は長く残るものです。

内容

聴衆は自分の時間を大切にし、印象を決めたり決断を下したりするための情報を探しています。聴衆に役立つ情報を伝えるために、整理された効率的な言葉遣いを心がけましょう。利益の少ない、注意をそらすことや気を散らせることは避けましょう。

スタイル

これは言葉を「パッケージ化」する方法であり、正しく行うことが極めて重要です。コミュニケーションの 85 〜 90% が視覚によるものであることを考えればなおさらです。自分が言っていることへの情熱や聴衆への敬意を示すなど、身振り手振りを上手に使いましょう。

要求

プレゼンテーションは必ず目的を持って行われます。あなたの目的は何ですか。努力の結果、何を得たいのでしょうか。これが明確でない場合には、率直に、聴衆に何かを頼んでみましょう。やり方は遠回しでも直接的でも構いませんが、要求しなければ欲しいものは手に入りません。

説得力

聴衆に何かを求めることと、実際の欲求を生み出すことは全く別のことです。説得のテクニック（例えば、チャルディーニのフレームワーク[11] など）を学び、全てのプレゼンテーションに互恵主義、嗜好、社会的証明、一貫性、権威、希少性など、テクニックの一部または全てを取り入れてみましょう。

視覚表現／小道具

私たちは常に視覚表現や小道具を利用しています。例えば、体や服装、動きからスライドやプロトタイプに至るまで、様々なものがあります。視覚表現や小道具は伝えようとしているメッセージを補強し、明確にすることで私たちの役に立つべきものであり、決してそれらに従属してはなりません。

図 5.4　ホットシート・フレームワーク

11　人々が影響を受けやすい心理的傾向を示す法則。米国の社会心理学者ロバート・チャルディーニによって提唱された。

第 6 章

「実験」の実践演習

6 ／「実験」の実践演習

　実験の実践は、受講者が学ぶために行動すること、と表現するのが最もふさわしいでしょう。新しいコンセプトを検証するために、受講者はGoogle検索や大学の豊富なデータベースに頼るのではなく、新たな実際のデータを収集する必要があります。実験は、行動、学習、構築、繰り返しの連続的なサイクルです。あらゆる新しいアイデアや機会には、それに関連する想定と疑問が伴います。実験の実践は、受講者にあらゆる想定を検証し、重要な疑問に答えるよう促します。本章では、実験の実践に関連する9つの指導演習を行います。

6-1　包摂的なアントレプレナーのリーダーシップ能力としてジェンダー感覚を涵養する

[執筆者：スーザン・G・ダフィ]
[実践へのつながり：✳🍽👁]

・ アントレプレナーシップにおける主要テーマ ・

アントレプレナー・チーム、ジェンダー感覚

・ 説明 ・

この複数のパートからなる演習では、ジェンダーと包摂的な（＝インクルーシブな）アントレプレナー・リーダーシップに関する基礎的な概念を紹介し、新たな学習を実験する機会を提供します。本演習では、包摂的なアントレプレナー・リーダーシップを「意図的に多様なチームを構築し、全ての人が公平かつ敬意を持って扱われ、機会やリソースへの平等なアクセスを持つとともに起業機会が認識され、リソースが与えられ、段階的に前進する中で十分に貢献することが奨励される組織環境を実現する思考と行動

のパラダイム」と定義しています。

ジェンダー感覚（Gender Acumen）とは、ジェンダーの社会的構築に関する主要な概念、用語、研究についての基礎的な理解であるとともに、個人、組織、社会におけるジェンダーバイアスのインプリケーションについての基本的な認識でもあります。

本演習は、受講者が自分自身の潜在的なジェンダーバイアスを認識するところから始まります。ジェンダーバイアスとは、ジェンダーアイデンティティー（自分自身のジェンダーに対する認識）に基づく役割、価値、権力、可能性に関する無意識で疑問を感じていない思い込みのことを指します。

次に、これらのジェンダーバイアスの思い込みを、アントレプレナーと企業の有効性に関連させて明らかにします。テーマとしては、アイデアの創造（誰が、いつ、何のために聞くのか）、イノベーション（全ての選択肢に平等な実行の機会が与えられ、検討されているか）、コミュニケーション（能力を最大限に発揮するために必要な情報に誰もが平等にアクセスできるか）、権限（誰が権力を持つと想定されているか、またその理由は何か）などが挙げられます。

本演習の最後に、受講者はジェンダーについて深まった理解を適用し、自分自身の環境（自分のベンチャー、ファミリービジネス、企業、学校のクラブやチームなど）でより包摂的で生産的な成果を生み出すための簡単なパイロット実験を設計します。

・利用例・

学部または大学院の一般的なアントレプレナーシップ・コース、ベンチャー成長コース、またはアントレプレナー・リーダーシップ・コースで利用できます。理想的なクラスの人数は20〜40人です。本演習は、成長のための企業文化やコーポレート・アントレプレナーシップを構築しているアーリーステージのアントレプレナーや、より包摂的な文化の育成に関心のあるファミリービジネスのリーダーにも最適です。

・ 実施方法 ・

対面、オンライン

・ 学習目標 ・

- 男性的な属性／行動と、女性的な属性／行動を区別し、それらがアントレプレナー・リーダーシップの成功に対する認識とどのように関係しているかを学ぶ。
- 自分自身が暗黙のうちに持っているジェンダーについての思い込みを認識し、その思い込みが個人や企業レベルのパフォーマンスにどのような影響を与えるかを明らかにする。
- ジェンダー感覚の向上がより包摂的なアントレプレナー・リーダーシップにつながることを実証し、すぐに実行可能な行動変容実験を設計する。

・ 理論的基礎と参考文献 ・

これらの参考文献は、講師としてのあなたの参考・探求のために設計されています（本演習の正式な事前作業として挙げられている「暗黙の連想テスト（Implicit Association Test）」を除く）。このリストを受講者がさらに自習するための出発点として提供したり、レビュー、日誌、ブログなどを書く追加課題を作成したりすることもできます。また、クラスで動画を1本視聴し、それについて議論することもできます。明示的バイアスと暗黙的バイアスの例を調べるには、以下を参照してください。

'Silent Beats'（動画）、アフリカ系アメリカ人の少年がコンビニに立ち寄った際に、思い込みやステレオタイプの厳しい現実に直面する。
https://www.youtube.com/watch?v=76BboyrEl48.
'Blind Spots'（動画）、暗黙のバイアスとその影響の基本を確認するための一連の動画。同サイトの動画の下には、動画用のディスカッション・ガイドも用意されています。
https://www.pwc.com/us/en/about-us/blind-spots.html.

用語の定義やバイアスの実際の例については以下を参照してください。

-'Inclusion, exclusion, illusion and collusion'、
https://www.youtube.com/watch?v=zdV8OpXhl2g.
-'Recognizing gender bias and barrier's'
https://www.youtube.com/watch?v=YbMQ5YapnfE&1ist=TLPQMjYwMjiwMjDD
2esnrfAW3g&index=5.

ジェンダーダイバーシティのビジネスケースに関する基本的なレビューについて
は以下を参照してください。

-Kimmel, M. (2015), 'Why gender equality is good for everyone, men included'
https://www.ted.com/talks/michael_kimmel_why_gender_equality_is_good_for_
everyone_men_included
-Turner, C. (2017), 'The business case for gender diversity'
http://www.huffingtonpost.com/caroline-turner/the-business-case-for-gen_
b_7963006.html

アントレプレナーシップやビジネスの文脈においてジェンダーバイアスがどのよ
うに作用するかについてのさらなる例は、以下を参照してください。

-Coury, S., J. Huang, A. Kumar, S. Prince, A. Krivkovich and L. Yee (2020), 'Women
in the workplace 2020', McKinsey & Company
https://www.mckinsey.com/featured-insights/diversity-and-inclusion/women-in-
the-workplace
-Gerzema, J. and M. D'Antonio, (2013), The Athena Doctrine: How Women and the
Men Who Think Like Them Will Rule the Future, San Francisco, CA: Jossey-Bass.
Guillen, L. (2018), 'Is the confidence gap between men and women a myth', Harvard
Business Review,
https://hbr.org/2018/03/is-the-confidence-gap-between-men-and-women-a-myth.
-Haller-Jordan,E.T. (2012), 'How to avoid gender stereotypes', TEDx Zurich,
https://www.youtube.com/watch?v=9ZFNsJ0-aco.
-Turban, S., L. Freeman and B. Waber (2017), 'Study used sensors to show that men
and women are treated differently at work', Harvard Business Review,
https://hbr.org/2017/10/a-study-used-sensors-to-show-that-men-and-women-are-
treated-differently-at-work
-Walker, K., K. Bialik and P. van Kessel (2018), 'Strong men, caring women: how
Americans describe what society values (and doesn't) in each gender', Pew Research
Center,
http://www.pewsocialtrends.org/interactives/strong-men-caring-women/?.

- PowerPointのスライド（図6.1〜6.7）
- フリップチャート用紙と筆記用のマーカー

「ジェンダーとキャリアのための暗黙の連想テスト（IAT）」[1]を受けてみましょう。このテストはProject Implicitと呼ばれるNPOのリソースの一部です。詳細は、PIH[2]を参照してください。

0:00 - 0:04 セッションの学習目標の確認

学習目標を確認する前に、今日のセッションは全てのリーダーと組織に広範な影響を及ぼす複雑な現象についての「入門編」であることをクラスに伝えてください。このセッションでは、バイアス全般を検証するためのはじめの一歩として「ジェンダーバイアス」を用いることを説明します。受講者に、自分自身の無意識の思い込みを検証し、そうした思い込みが全体としてリーダーシップや企業の成果にどのような影響を与えるかを特定してもらいます。その後にジェンダーや包摂的なリーダーシップについて深まった理解を適用するために、新たな認識に基づいて自分の環境で小さな実験を設計してもらうことを伝えます。

0:04 - 0:25 ラピッドファイア言語連想（図6.1）演習の進行と振り返り

受講者を5人ずつの4つのグループに分けます（人数が多い場合は、同じ単語についてさらにグループを作ってください）。各グループに、次のいずれかからランダムに1つの単語を割り当てます。

---

1 https://implicit.harvard.edu/implicit/user/agg/blindspot/indexgc.htm
2 https://implicit.harvard.edu/implicit/user/pih/pih/index.jsp

1．アントレプレナー（Entrepreneur）
2．リーダー（Leader）
3．女性らしさ（Feminine）
4．男性らしさ（Masculine）

（1分）各グループに指示を与えます。まずは個人として割り当てられた単語から連想される言葉をできるだけ多く考え出すように指示してください。行動、属性、価値観、動詞、形容詞、その単語から連想される人の例、その他関連するあらゆるアイデアを検討するように伝えましょう。割り当てられた単語を一番上に大きく書いたフリップチャート用紙やホワイトボード等に、考えついた言葉をリストアップします（注：反対語を考えついた場合はそれらを別にリストアップするよう指示してください）。

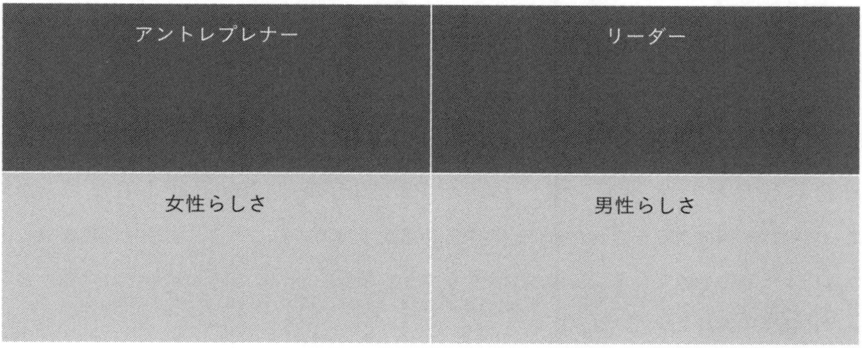

図6.1　ラピッドファイア言語連想のスライド

（5分）グループごとに連想した言葉をフリップチャートに書きます。5分経過した後、各グループはミーティングスペースまたは教室の指定された場所にリストを掲示します。1つの単語が複数のグループに割り当てられている場合は、各グループのリストを隣同士に掲示してください。

(14分) **振り返り**

他のグループが作成したそれぞれのリストを受講者に見てもらいます。対面のクラスであれば短時間で見て回ることができますが、そうでない場合はホワイトボードやバーチャルボードで確認することもできます。

次に、受講者に演習データについての所見を挙げてもらいます。具体的には、リストについて面白いと感じた点は何か、それぞれのリストにはどんな言葉が加えられていたか、リスト全体ではどのようなパターンがあるか（男性はアントレプレナーやリーダーとより強く結び付いている場合が多い）などです。

その次は真意・内容について説明します。ジェンダーとは、ある集団が女性らしさや男性らしさと関連付ける意味、観念、慣行に基づいて、文化的・社会的に構築された女性と男性の違いを意味します。人は誰でも、女性的なものから男性的なものまで、様々なジェンダー属性を持っています。しかし、期待されているものとは異なる行動を取ると（すなわち、男性が女性らしく振る舞い、女性が男性らしく振る舞うと）、その人は不利な扱いを受けたり、過小評価されたり、誤解されたりすることがあります。このような期待は、それが文化的、宗教的、家族的、業界的な規範に基づいている場合、より劇的なものとなる可能性があります。このような文脈で目撃したり経験したりしたジェンダーバイアスの例を挙げてもらいましょう（例えば、女性は家族の世話をするために仕事を辞めるよう期待されている、男性は感情を表に出さないよう期待されている、男の子や女の子は幼い頃から温和になるか攻撃的になるかどちらかに社会化されている、など）。

ディスカッションを行います。このような言語連想は、アントレプレナー、企業、社会にどのような影響を及ぼすでしょうか。アントレプレナー、投資家、一般大衆にはどのようなメッセージが送られるでしょうか。オプションとして女性的用語、中立的用語、男性的用語の包括的なリストをディスカッションの背景として使用します。図6.2を参照してください。

女性的特徴、中立的特徴、男性的特徴を示すスライド

女性的特徴			中立的特徴	男性的特徴	
オリジナル	マルチタスクが得意	誠実	先見の明のある	頑丈	勇敢な
自由奔放	親切	協力的	エネルギッシュ	支配的な	大胆
魅力的	サポート	関与した	単純	強い	競争的
信頼できる	与える	フレンドリー	本物	硬い	ガッツ
明確に表現する	聞き上手	最新の	違う	リーダー	頑固
信頼性のある	愛する	無私無欲	迅速な	生まれながらのリーダー	積極的
ひたむきな	官能的	知覚的	屈託のない	分析的	突き動かされた
合理的	脆弱	社会的責任	協力的	プライドが高い	直接的
機敏な	優しい	励ます	知的	決断力のある	キャリア志向
適応性のある	スタイリッシュ	共感する	ずるい	野心的な	動的
義務を負う	感情的	表現力豊かな	率直な	高圧的な	自信がある
健康	分別のある	理解	伝統的	勤勉な	率直に
人気のある	将来に向けて計画	忍耐強い	楽しい	論理的	わがまま
受け身	上層階級	落ち着いた		コンセンサスを取る	独立した
コミットしている	新しいアイデアを受け入れる	トレンディ		自立	近寄りがたい
コミュニティ指向	個性的	家族思い		集中	進歩的
人を助ける	寛大	思いやりのある		特徴的な	革新的
クリエイティブ	チームプレイヤー	愛情深い		献身的な	抑制された
柔軟	正直	センシティブ		弾力性のある	有能な
直感的	想像力豊か	子育て		攻撃的	
社交的	謙虚な	グラマラス			
誠実な	好奇心旺盛				
情熱的	忠実な				

図6.2　女性的用語、中立的用語、男性的用語を示すスライド
出典：Gerzema and D'Antonio（2013）

0:25 - 0:45　暗黙の連想テストの振り返りとバイアスの定義の確認

受講者に事前作業で行った暗黙の連想テスト（IAT）を思い出してもらい、テストを受ける「過程」での反応を共有してもらいます。次は「結果」へとテーマが変わります。テスト「結果」で驚いたこと、驚かなかったことは何ですか。IATの結果は、今終わったばかりの演習とどのように関係していますか。

受講者に明示的なバイアスと暗黙のバイアスを定義してもらい、例を共有してから基本的な定義を改めて確認します。明示的なバイアスとは明白で、意識的、意図的なものであり、暗黙のバイアスとは疑問に感じていない、無意識の、しばしば意図的ではないものです（図6.3）。

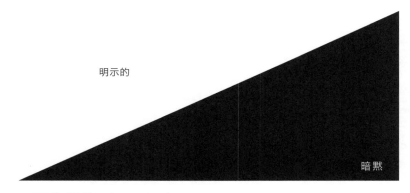

図6.3　明示的／暗黙のバイアスを示すスライド

人間の生存と情報処理効率のための認知的ショートカットの機能について議論します。

人間の生存：同じ現象に遭遇するたびに貴重な脳のエネルギーを使わなければならないのは非効率的であるため、脳は熊／危険、家族／安全というように素早い関連付けをします。

暗黙のバイアス構造の特徴（図6.4）と暗黙のバイアスに関する研究例を紹介し（図6.5）、反応を引き出します。

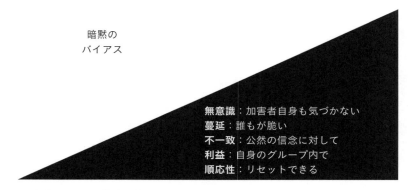

図6.4　暗黙のバイアス構造の特徴を示すスライド

図6.5　暗黙のバイアスに関する研究例を示すスライド
出典：Sabin, J.A. and A.G. Greenwald (2012), 'The influence of implicit bias on treatment recommendations for 4 common pediatric conditions: pain, urinary tract infection, attention deficit hyperactivity disorder, and asthma', American Journal of Public Health, 102 (5), 988-95; Sheppard, L.D. and K. Aquino (2013), 'Much ado about nothing? Obse'rvers' problematization of women's same-sex conflict at work', Academy of Management Perspectives, 27 (1), 52-62; Banerjee, R., Reitz, J.G. and P. Oreopoulos (2018),Do large employers treat racial minorities more fairly? An analysis of Canadian field experiment data', Canadian Public Policy, 44 (1), 1-12; and Blair, I.V., K.M. Chapleau and C.M. Judd (2005), 'The use of Afrocentric features as cues for judgment in the presence of diagnostic information', European Journal of Social Psychology, 35 (1), 59-68.

世界を見るレンズとして「ジェンダースキーマ」の概念を紹介し（図6.6）、反応を引き出します。

ジェンダースキーマ

男性や女性の生活を形成する上で
中心的な役割を果たす、
性差に関する一連の暗黙
または無意識の仮説

男性は常に**過大評価される**

女性は常に**過小評価される**

男性のジェンダーを強調するものは
小さなアドバンテージになる

女性のジェンダーを強調するものは
小さな損失につながる

男女は同じジェンダースキーマを持ち、
それは**幼少期に始まる**

ほとんどの専門家や学者は平等主義な
信念を公言している

図 6.6　ジェンダースキーマの概念を示すスライド
出典：Virginia Valian (1998), Why So Slow? The Advancement of Women, Cambridge, MA:MIT Press

ディスカッション：両方の演習の経験から、演習前には気付かなかった無意識のバイアスを自分が持っている可能性について、受講者は何を認識できたでしょうか。これらのバイアスは（個別に、または集合的に）、アントレプレナーやリーダーとしての成功にどのような影響を与えるでしょうか。これらのバイアスは、意思決定者にどのような制約をもたらすでしょうか。企業にとってはどうでしょうか（図6.7）。

移行：これらの演習はいずれも、私たちが人間として持っている無意識の、そしてしばしば疑問を感じていない思い込みを示しています。包摂的なアントレプレナー的リーダーは、自らのバイアスを自覚し、違いが歓迎され、評価され、最適化される環境を意図的に構築するよう努めます。包摂的なリーダーシップと文化がなぜそれほど重要なのかを、さらに掘り下げてみましょう（図6.7）。

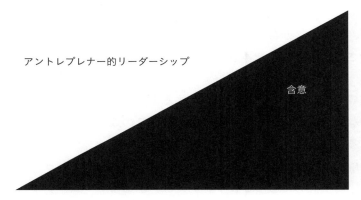

アントレプレナー的リーダーシップ

含意

図6.7　アントレプレナー的リーダーシップと文化を示すスライド

0:45 - 0:55 **受講者の意見を用いた「包摂的なアントレプレナー的リーダーシップ」と「包摂的な企業文化」の定義**

受講者に、自分自身の暗黙のバイアスの経験について学んだことと、これまでのクラスでの議論をもとに、包摂的なアントレプレナー的リーダーシップと包摂的な企業文化を定義してもらいます。思考／ペア／共有形式で双方向の対話を促しましょう。

○ 包摂的なアントレプレナー的リーダーシップとは何か、包摂的な企業文化とはどのようなものか、自分自身の定義を考えてみてください。ベンチャーを立ち上げ、成長させていく上で、包摂的な文化を構築することの利点は何ですか。包摂的な文化にはどのような利点がありますか。次は隣の人とペアを組みましょう。包摂的な文化をどのように定義しますか（5分）。

講師用メモ：包摂的なアントレプレナー的リーダーシップの定義を思い出してください。本演習では、包摂的なアントレプレナー的リーダーシップを「意図的に多様なチームを構築し、全ての人が公平かつ敬意を持って扱

われ、機会やリソースへの平等なアクセスを持つとともに、起業機会が認識され、リソースが与えられ、段階的に前進する中で十分に貢献することが奨励される組織環境を実現する思考と行動のパラダイム」と定義しています。

- ○ 定義と利点をクラス全体で共有するようファシリテートします。包摂的な文化の要素が起業やリーダーシップの成功とどのように関係しているか、具体的な例を挙げてもらいましょう。
- ○ 受講者に、自分自身の包摂的なアントレプレナー的リーダーシップについて批評してもらいます。例えば、創業者チーム、クラスプロジェクト、スポーツチーム、学生クラブ、グリークライフ、仕事など、現在持っているリーダーシップの役割において、これらの特徴をどのように具現化しているのでしょうか、またはしていないのでしょうか。実務家の場合は、職場での役割に焦点を当てます。同じグループの中で、どのように包摂的な文化を促進しているのでしょうか。

0:55 - 1:20 ジェンダーについて啓発された包摂的なアントレプレナー的リーダーシップのアイデアと実験

（5分）指示をします。前のジェンダー感覚に関する「ミニレクチャー」を踏まえて、今度は受講者が新たなアイデアを生み出し、関連する実験を行い、自分のアイデアを検証し、実践するのを手助けするときです。このパートは、より包摂的な環境作りをすぐにでも始めたいと考えている実務家やエグゼクティブにとって特に有用です。どのようなアイデア創出テクニックを使っても構いませんが、受講者に同じ総合的課題を与えることが大切です。

自分自身のジェンダーバイアスを自覚するとともに、ジェンダーの違いを歓迎し、評価し、最適化する環境を意図的に構築するにはどうすればよい

のでしょうか。

私は受講者にグループで作業させるのが好きですが、これは個人による演習でも可能です。また、受講者には実行可能な小さなアイデアから始めるよう推奨しています。例えば、ある受講者はキャンパスで小さな集会を開くアイデアを持っている。あるいは、実務家が社内で一連の講演会を開催するというのもよいでしょう。また、アイデア自体が実験であり、そのアイデアを他者と共有するだけでも実験行為となることも重要なポイントです。

　○　**受講者への指示**
全員で答えに取り組むのは、次の質問です。
自分自身のジェンダーバイアスを自覚するとともに、ジェンダーの違いを歓迎し、評価し、最適化する環境を意図的に構築するにはどうすればよいのでしょうか。

3〜4人ずつのグループに分かれ、3つの小さくても実行可能なアイデアを考え出します。つまり、あなたとあなたのグループのメンバーは、1つ以上のアイデアに対してすぐに行動を起こすことができるということです。それぞれのアイデアについて、アイデアとそれが上記の総合的な質問にどのように答えるかを説明します。さらに、それぞれのアイデアをテスト、実験、実践するために取るべき3つの行動を特定する必要があります。
(10分) フリップチャートとマーカーを使ったグループワークを行います。時間に余裕があるのであれば、演習のこのパートに15〜20分を費やすことをお勧めします。
(10分) グループのペアを作って、それぞれのアイデアと関連する行動を共有します（各グループにつき5分）。個人で演習を行う場合は、グループの場合と同じように個人をペアにしてアイデアを共有します。

まとめと総括

アイデアや実験をいくつか挙げてもらい、より大きなグループで共有します。共有された事例で扱われているバイアスを強調してください。共有された実験を通じてアントレプレナーと企業の成果がどのように改善されるかについて受講者に意見を求め、共有します（すなわち、より大きなエンゲージメント、より多くのアイデア、より強力なチームパフォーマンスなどです）。学習目標を振り返り、セッションの内容がそれぞれとどのように対応していたかを確認しましょう。受講者に質問がないか尋ねます。

・ 演習後の作業 ・

オプションとしては、セッション活動についての振り返り、生み出されたアイデアや実験に関する短いレポート、成果を反映した論文の一定期限までの提出、参考文献リストから選んだ課題の閲読／視聴と省察の投稿などが挙げられます。

・ 指導のヒント ・

このセッションを初めて教える場合や、普段はヒューマンバイアスやジェンダーバイアスを教えていない人にとって、上で挙げた参考文献を全て閲読／視聴することはとても有用です。演習が内容の大部分を生み出しているため、このセッションを効果的に教えるのにバイアスの専門家である必要はありません。この内容は、実務家との作業やオンライン・モジュールに簡単に適用することができます。時間が許せば、参考文献リストのいずれかの動画をクラス時間に加えることもできます。

ジェンダーは多くの人にとってデリケートな問題です。このセッションのトピックにもっと時間が必要な場合には、オフラインで会話を続けることを提案したり、多様性と包摂性に関する教育機関の専門家との面会時間を追加したり、受講者が参考文献からより多くを学び、将来のより深いディ

スカッションをリードしたりするよう奨励します。特に重要なのは、ジェンダーに対する「二元的」アプローチが時代遅れであることを認識することです。ジェンダー表現やジェンダーアイデンティティーは、女性的なものから中立なもの、そして男性的なものへと流れる特徴や行動の連続体として捉えなければなりません。ほとんどのアントレプレナーは、その文脈に適したスタイルを使用しています。

・帰属・

これらの演習は、一般的なジェンダー連想演習（原著者不明）、IAT、バブソン大学のセンター・フォー・ウィメンズ・アントレプレナリアル・リーダーシップの資料を参考にして作成したものです。スライド（図6.1～6.7）は、スーザン・G・ダフィ博士の「Gender Acumen and Inclusive Entrepreneurial Leadership」PowerPoint資料の一部です。出典は、適宜スライドに記載しています。

6-2　ビジネスモデル・キャンバスを活用してアイデアをテストする

[執筆者：メアリー・D・ゲイル
実践へのつながり：❀⍟♨]

・アントレプレナーシップにおける主要テーマ・

アイディエーション、デザイン思考、機会評価、検証、ビジネスモデル開発

本演習の目的は、受講者が1ページのビジネスモデル・テンプレートを使用して、ビジネスモデル仮説の初期および継続的な修正を視覚化できるようにすることです。

「ビジネスモデル」という用語には数多くの定義があり、その定義は使われる文脈によって異なります。本演習では、ビジネスモデルとは、受講者が自分のアイデアの実現可能性や実行可能性を調査・評価する際に考慮しなければならない一連のビジネスモデル要素を指します。受講者は、正式なビジネスモデル「キャンバス」ツールの1つを使用することができます。図6.8に示したバブソン・ビジネスモデル・キャンバス（BBMC）は、オリジナルのビジネスモデル・キャンバス（BBMC：Osterwalder and Pigneur, 2010）を改作したもので、そのようなツールの1つです。

バブソン・ビジネスモデル・キャンバス（BBMC）

主なパートナー	主なリソース	バリュープロポジション	優位性につながる差別化	顧客セグメント
	6		3	
	主な指標		チャネル	
7	8	2	4	1
コスト構造		収益構造		
9				5

図6.8　改作版のビジネスモデル・キャンバス
出典：Angelo Santinelli の The Business Model Canvas（http://www.businessmodelgeneration.com）から改作。この著作物は Creative Commons Attribution-Share Alike 3.0 Unported License の下でライセンスされています。このライセンスのコピーを見るには、http://creative.commons.org/licenses/by-sa/3.0/ にアクセスしてください。これはメアリー・ゲイルによるアレンジ版です（訳注：リンクが切れていますが、そのまま掲載しています）。

新たなベンチャー・アイデアの実現可能性や実行可能性を調査している受講者は、自分のコンセプトのビジネスモデルを構成する要素を理解していないか、しばしば見失っているかもしれません。さらに、モデルのある要素に加えた変更が、他の1つ以上の要素、あるいはコンセプトの本質そのものに影響を与える可能性があることを理解していないか、積極的に考慮していない可能性もあります。本演習は、受講者が市場調査や実験の過程で立てたビジネスモデル仮説におけるピボット（方向転換）を記録・追跡するための単純な方法です。また、各モデル要素の変更がモデルの他の部分やモデル全体にどのような影響を与えるかを分析し、考察するための継続的なリマインダとしても機能します。これらのピボットでは、分析的スキルと創造的スキルを同時に使用する必要があります。

講師は、受講者または受講者チームが新たなベンチャー・アイデアの実現可能性や実行可能性を評価する道のりの最初に、教室のワークショップでBBMCと本演習を紹介します。これは、受講者が新たなビジネスアイデアを開発した後の1学期後、または1年以上後の任意の時点で行うことができます。ワークショップでは、モデルの各要素（ターゲット市場、バリュープロポジション、チャネルなど）について、受講者に具体的な仮説を構築してもらいます。その後、受講者または受講者チームは必要な間隔でキャンバスを更新しなければなりません。これは2週間の「スプリント」でも、その他の所定の間隔でも実行可能です。ビジネスモデル要素のそれぞれの繰り返しは色でバージョン分けされており、一次調査や二次調査でより多くのことを学ぶのに伴い、新たな修正が反映されます。バージョンごとに新しいキャンバスでやり直すわけではありません。代わりに、テストと省察の後で、もはや信じていないものを取り除き、変更が必要なキャンバスの各ブロックに新たな色で新たな仮説を追加するだけです。さらに、新たな仮説を確認／反証するための新たな調査ステップを決定し、短い付表にリストアップします。図6.9は、これらの変更を加えたビジネスモデルのサンプルです。

パブソン・ビジネスモデル・キャンバス

主なパートナー
- 主なパートナーは誰ですか。
- 各パートナーはどのような価値を提供してくれますか、金融融資、物的支援、知的財産。
- パートナーは、バリュープロポジションを提供する上でどの程度重要ですか。
- 各パートナーが提供する主なリソースまたは活動は何ですか。
- どのようなリスクや不確実性が軽減されますか。

主なリソース
- バリュープロポジションを実現するために必要な主な資産は何ですか（人材、金融融資の資産、物理的資産、財産）。
- これらのリソースは妥当に利用できますか。購入する、レンタル、リース、借入が可能なものは何ですか。

主な指標
- ビジネスモデルの成功を測る主な指標は何ですか。
- パフォーマンス基準はどのように測定されますか。
- これらの指標は収益やコストにどのように反映されますか。

バリュープロポジション
- バリュープロポジションを実現するための主な活動は何ですか。それは何ですか。誰のためのものですか。なぜ必要なのですか。
- 顧客にとって、解決しようとしている問題はどの程度重要ですか。
- どのように役に立ちますか。
- ユニークな点や他とは異なる点は何ですか。

チャネル
- 顧客や各顧客セグメントにどうやってアプローチしていますか。
- 既存のアプローチ方法はどのようなものですか。
- 直接的か？間接的か？所有？パートナー？
- それぞれどのようなサービス/レーションシップが提供されていますか。
- どのチャネルが一番効果的ですか。
- チャネルは統合されていますか。
- どのチャネルが最もコスト効率がよいですか。

優位性につながる差別化
- あなたの製品の真の独自性は何ですか。
- ターゲット顧客に響く属性はどれですか。
- 耐久性のある感応性はありますか。その理由は何ですか。
- その価値を定量的または定性的に実証できますか。

顧客セグメント
- 誰のために価値を創造しているのでしょうか。
- 獲得可能な最大市場規模はどれくらいですか。
- セグメント化された獲得可能な市場はどれくらいですか。
- それぞれの潜在的な市場セグメントを特定しますか。
- 各セグメントのニーズを比較し

顧客セグメント
- 購入場所はどこですか。購入方法は何ですか。
- 支払い方法は何ですか。購入する理由は何ですか。
- それぞれのような関係が必要ですか。
- 顧客は他にどのような製品やサービスを提供されていると考えていますか。
- 各セグメントの収益性はどの程度ですか。
- バリュープロポジション、差別化、チャネル、価格設定を顧客がどう見ているかという点で、成功の方程式は何ですか。

コスト構造
- コストドライバーは何ですか（活動、リソース、スタンダード）。
- 製品やサービスを生産する際のリソース強度はどの程度ですか。
- 単位コスト構造はどうですか。
- 規模の経済や範囲の経済はありますか。
- どのようなコストが固定されていますか。どのコストが変動しますか。
- バリュープロポジションはコスト主導ですか、価値主導ですか。顧客獲得コスト（CAC）はどの程度ですか。
- コストモデルのレバレッジはどの程度にありますか。
- 所要運転資本はどの程度ですか。

収益構造
- 収益の原動力は何ですか。
- 顧客は何に進んでお金を支払いますか。
- 支払いは現在どのようにしていますか。価格設定メカニズムはどのようなものですか。別の支払い方法はありますか。
- 金庫に入るまでの平均時間はどのくらいですか。
- 貢献利益率はどの程度ですか（単位数量、販売数量）。
- 損益分岐点はどこですか。
- 収益モデルのレバレッジはどこにありますか。
- 顧客生涯価値（CLTV）はどのくらいですか。

図6.9 質問を加えたビジネスモデル・キャンバス

出典：Angelo Santinelliの The Business Model Canvas (http://www.businessmodelgeneration.com) から改作。この著作物は Creative Commons Attribution-Share Alike 3.0 Unported License の下でライセンスされています。このライセンスのコピーを見るには、http://creativecommons.org/licenses/by-sa/3.0/ にアクセスしてください。これはメアリー・ゲイルによるアレンジ版です（訳注：リンクが切れていますが、そのまま掲載しています）。

本演習はプロジェクトやコースの定期的な宿題として実施され、1回のピボットでモデル全体の要素が変わることも多いことを受講者に思い起こさせます。3〜4回の宿題ごとに、全ての要素についてアイデアや新たな仮説を生み出すことが要求されます。これらの宿題の一部または全てを、講師の判断で採点することがあります。新たな仮説と調査計画は、モデルの新しい色が生み出されるごとに視覚的に結び付けられ、取り消されたアイデアとともに、受講者自身と講師のために受講者の思考の進歩を記録する役割を果たします。プロジェクトやコースの最後のBBMCは長くなる場合がありますが、そのこと自体がアントレプレナーの旅は直線的なものではなく、継続的な学習、反復、省察の連続であることを示しています。多くの受講者は自分の道のりに誇りを持ち、その紆余曲折に驚きます。

最初のクラス内のセッションでは、まずはビジネスモデルの概念について話し合い、1ページのBBMCツールの説明と使い方を解説し、その落とし穴を指摘することをお勧めします。この最初のセッションの残りの時間はクラス内のワークショップで構成されており、受講者または受講者チームは自分たちのアイデアのビジネスモデルの各要素に関する仮説を1ページのビジネスモデル文書にまとめます。

・利用例・

受講者が新規ベンチャーのアイデアを追究または評価する学部または大学院のコースで使えます。クラス人数の制限はありません。

・実施方法・

対面、オンライン

・学習目標・

○　新たなデータを開発する際に、手始めとしてアイデアをビジネスに変

える方法について具体的なアイデアを練る手段として、1ページのビジネスモデル・ツールを使用する。

o ビジネスモデル仮説の生成と修正を実践する。

o 1つのビジネスモデル要素に1つの変更を加えると、モデル全体の他の要素に1つ以上の変更が必要になり得ることを考察し、分析する。

・ 理論的基礎と参考文献 ・

本演習では、ビジネスモデルをまとめるためのツールとして、数ある1ページのフレームワークの中からいずれかを基礎として使用します。以下に挙げるのは、教育関係者と学生のための主な参考文献です。

-Magretta, J. (2002), 'Why business models matter', Harvard Business Review, 80 (5), 86-92、https://hbr.org/2002/05/why-business-models-matter.
-Osterwalder, A. and Y. Pigneur (2010), Business Model Generation: A Handbook for Visionaries, Game Changers, and Challengers, Hoboken, NJ: John Wiley & Sons.
-Ovans, A. (2015), 'What is a business model', Harvard Business Review Digital Articles, 23 January, 2-7、https://hbr.org/2015/01/what-is-a-business-model.

・ 教材リスト ・

受講者はノートパソコンを持参してください。スマートフォンも使用できますが、ノートパソコンの方が簡単です。

o ビジネスモデル・キャンバスを完成させるためのインターネットアクセス

o ビジネスモデル・キャンバスのインタラクティブ版へのアクセス

o 壁に掲示できるフリップチャート用紙

o フリップチャート用のマーカー

・ 受講者に求められる事前作業 ・

ビジネスモデル・キャンバスを説明した記事を読むか、動画を見ておいて

ください。以下に、それぞれの例を紹介します。

記事

Ovans, A. (2015), 'What is a business model', Harvard Business Review, 23 January, https://hbr.org/2015/01/what-is-a-business-model.

Strategyzer (2019), 'Business Model Canvas overview and pitfalls', 11 December, https://www.strategyzer.com/blog/imd-business-school-a-short-video-series-on-the-business-model-canvas.

動画

Osterwalder explaining the Business Model Canvas, https://www.youtube.com/watch?v=RpFiL-1TVLw.

Strategyzerによるビジネスモデル・キャンバスの説明、https://www.youtube.com/watch?v=QoAOzMTLP5s.

・ タイムプラン（60分、ただし90分まで延長可能）・

`0:00 - 0:10` **ビジネスモデルの紹介**

このセクションでは、「ビジネスモデル」の様々な定義について検討します。受講者に「ビジネスモデルとは何か」と質問して、異なる定義を持つ受講者同士の対話を促しましょう。「正解」はありません。しかし、たとえ1つの要素であっても欠陥があれば実現可能性や実行可能性が損なわれてしまうため、健全なビジネスモデルこそが新規ベンチャーの成否を決めるという点を強調してください。

さらに、アイデアをビジネスチャンスに発展させるためには仮説が重要である理由や、アントレプレナーが反復的な市場テストを作成するためには仮説が有用である理由を説明します。

- なぜ仮説を立てることは受講者がより強固な機会を開発する助けとなるのでしょうか。仮説は、「漠然とした大きなアイデア」をより具体

的なビジネスのビジョンに落とし込むのに役立ちます。例えば、誰のためのものなのか、なぜ価値があるのか、市場に投入して収益性を確保するにはどのようなステップが必要なのか（チャネル、マーケティング戦略・戦術、パートナーなど）といったことです。

- ○ 仮説は市場テストの作成にどのように役立つのでしょうか。仮説は、受講者が問わなければならない重要な質問につながります。受講者は、仮説を証明する（しばしば、より重要なこととして反証する）ための創造的な方法を生み出すことができます。仮説は市場調査に方向性を与え、「どんな情報であってもとにかく追いかける」という陥りやすい罠を避けるのに役立ちます。仮説を証明または反証しようとすることで、受講者は横道にそれず、調査すべき最も重要な要素に集中することができるのです。仮説を証明または反証するための市場テストには、二次調査、顧客や業界専門家へのインタビュー、競合他社または類似の製品やサービスとの比較などが含まれます。

0:10 - 0:25 1ページのキャンバスの作成方法

オリジナルのBMCが普及しているため、講師は好きなやり方でビジネスモデル・テンプレートの紹介や説明を行うことができます。そうしたものがなければ、次の方法をお勧めします。

要素の名前以外は空白の1ページのビジネスモデル・テンプレートのスライドを見せます。2〜3人のランダムなチーム、またはすでに結成されているビジネスプロジェクト・チームの受講者にフリップチャート用紙を配布します。そして、同一の特定のビジネスの全ての要素についてビジネスモデル・テンプレートを作成するよう指示します。よく知られた企業を使ってもよいですし、「水中で消火できる装置」といった楽しい架空のテーマを作り上げてもよいでしょう。

終了したら、完成したテンプレートを掲示してもらいます。「一見バカバ

カしい」例を用いることで、重要な違いをより深く理解することができる
場合があります。例えば、「水中で消火できる装置」の例では、海底石油
採掘業者、消防署、海洋パトロール、沿岸警備隊など、明らかに異なる顧
客ターゲットが存在するかもしれません。これらの異なる顧客にアプロー
チするためのマーケティング・チャネルは様々です。その他の要素も変
わってくるでしょう。

この段階では、各ブロックの記入項目を非常に具体的なフレーズやセンテ
ンスに限定するよう指導します。こうすることで、例えば「ソーシャルメ
ディア」といった一般的な回答や、長くて回りくどい説明が抑制されるで
しょう。そして、スライドまたは大きな空白のキャンバスが描かれたボー
ドに受講者の回答を記録します。

0:25 - 0:35

受講者がフリップチャート用紙にキャンバス・テンプレートを完成させる
時間を設けます。

0:35 - 0:45　演習の振り返り

お互いが掲示したフリップチャート用紙の内容を見てもらい、上位3つに
チェックマークをつけてもらいます。受講者がお互いのテンプレートを評
価する際に考慮すべき簡単な基準を掲示しておきましょう。

- 　仮説は具体的か（一般的または漠然としていないか）。
- 　全ての仮説は全体的なビジネスアイデアと関係しているか。「的外れ」
　　なものはないか。
- 　個々の仮説は内部的に一貫しているか。バリュープロポジションは
　　ターゲット・セグメントのニーズを反映しているか。チャネルはター
　　ゲット・セグメントにアプローチするための強力な手段か。水中消火
　　装置を例に取ると、直販や業界を絞ったキャンペーンの方が理に適っ

ている場合、Facebook広告を作成しても意味はありません。

- ターゲット・セグメントとチャネルを考慮した上で、収益ストリームは実現可能に見えるか。

注：講師は、受講者がビジネスモデルの「顧客対応要素」（ターゲット・セグメント、バリュープロポジション、チャネル、製品、サービス・ソリューション）を決定した後で、収益とコストに関する考慮事項を導入することができます。

0:45 - 0:50

振り返りを行った後、受講者に違う色のマーカーを使って、機能しない仮説や全体的なビジネスモデルに適合しない仮説を消してもらいます。次に、この新しいマーカーを使って、同じブロックに新たな仮説を書き込むよう指示します。これは、市場テストを繰り返した後、プロジェクトの残りの部分でも踏襲される方法です。

0:50 - 1:00

次のようなトピックを使って演習を要約します。

- テンプレートに記入するポイントは全て仮説であり、真実ではありません。これはあなた自身のビジネスモデル・テンプレートの場合も同じでしょう。あなたの仕事は、より多くの情報を収集しながら、モデルや要素をどのように表現し、証明し、反証し、よりよいものに変えていくかを考えることです。
- 最良のビジネスモデルとは、その要素が統合された全体として結び付いているものです。

1:00 - 1:30

時間が許せば、個々の受講者または受講者チームに、クラスで最初のキャンバスの作成を開始するよう指示します。これにより、講師は受講者から

の質問にリアルタイムで答えることができます。

ビジネスモデリングのプロセスは、受講者にとって最初は理解するのが難しいかもしれません。このアプローチが実現可能性／実行可能性の調査に必要な他の作業やスキルとどのように適合するかを受講者が理解するには、手助けが必要な場合があります。最も陥りがちな落とし穴は次のようなものです。

- ビジネスモデル・キャンバスを作成した後、それを特定のターゲット・セグメントや集中的な二次調査計画のための的を絞ったインタビューガイドを作成するためのツールとして使用するのではなく、「棚上げ」してしまうこと。

- 受講者が従来のアイデアを反証するような新たなデータを開発する際に、仮説を簡単かつ視覚的にアップデートする手段としてキャンバスを使用しないこと。元の仮説を消して同じブロック内の新たな仮説に置き換えることは、進歩と受講者の発見や考察の深さを示す強力な方法です。

- 受講者はビジネスモデル・キャンバスのオンライン版を使って、自分の仮説や変更を記録しておきたいと考えるかもしれません。全てのデータが保存され、受講者が自分の思考やピボットの進化を確認できる限り、そうしても問題はありません。

6-3 マインドシフト

> 執筆者：ハイディ・M・ネック
> 実践へのつながり：✲💬

・ アントレプレナーシップにおける主要テーマ ・
失敗、検証、マインドセット

・ 説明 ・
「マインドシフト」は、コース内の異なる時期に課される3つの課題で構成されています。マインドシフト1は最初、マインドシフト2は中盤、マインドシフト3は終盤に課されます。それぞれのマインドシフトにおいて受講者は小さな活動を行う必要がありますが、マインドシフトを経るごとに、課題を完了するために必要な勇気と創造性のレベルは上がっていきます。受講者がそれぞれの活動を完了し、その内容をクラスの掲示板（オンライン）に投稿すると、クラスメートはそれを見て返信することができます。投稿はバブソン大学のEntrepreneurial Thought & Action®の方法論と結び付いている必要がありますが、適切なコースワークと結び付けることも可能です。

・ 利用例 ・
学部や大学院、または受講者の勇気を育もうとしているあらゆるレベル。

・ 実施方法 ・
対面、オンライン

- 何か新しいことに挑戦することへの恐怖と興奮を感じる。
- 結果が予測できないときに行動を起こす勇気を養う。
- 失敗や拒絶の恐怖を克服する。

· 理論的基礎と参考文献 ·

-Neck, H., C. Neck and E. Murray (2020a), 'Activating the entrepreneurial mindset', Entrepreneurship: The Practice & Mindset, Thousand Oaks, CA: Sage, pp. 30-54.
-Neck, H., C. Neck and E. Murray (2020b), 'Anticipating failure', Entrepreneurship: The Practice & Mindset, Thousand Oaks, CA: Sage, pp.256-78.
-Neck, H., C. Neck and E. Murray (2020c), 'Practicing entrepreneurship', Entrepreneurship: The Practice & Mindset, Thousand Oaks, CA: Sage, pp.2-29.
Rejection Therapy with Jia Jiang, see www.rejectiontherapy.com (accessed 11 July 2020).
-Jiang, J. (2017), 'What I learned from 100 days of rejection', https://www.youtube.com/watch?v=-vZXgApsPCQ.

· 教材リスト ·

なし

· 受講者に求められる事前作業 ·

なし

· タイムプラン ·

マインドシフトはクラス外で行われる課題です。私は3つのマインドシフト活動を課していますが、もっと多くの活動を行うことも可能です。私がマインドシフトを使っているのは、7週間にわたるMBAのアントレプレナーシップ入門コースです。「説明」で述べた通り、マインドシフト1はコースの最初に課されます（期限は2週目）。マインドシフト2はコースの中盤に課されます（期限は4週目）。マインドシフト3はコースの終盤に課され

ます（期限は6週目）。

受講者向けに提供されている課題ページには、次のものを含め、マインドシフトに関する全ての指示が記載されています。

- ○ このコースでは、アントレプレナーシップを「新たな機会を発見または創造する能力と、その機会に基づいて行動する勇気を兼ね備えた思考方法、行動様式、在り方」と定義しています（Neck et al., 2020c、p.3）。

- ○ マインドシフトとは、勇気を養うための小さな活動です。このコースでは、3つのマインドシフトを行います。マインドシフトを経るごとに、必要な勇気と創造性のレベルは上がっていきます。

私は一度に1つのマインドシフトしか課しません。つまり、マインドシフト1の期限が過ぎるまで、受講者はマインドシフト2を見ることはありません。次に、それぞれの課題について説明します。

マインドシフト1：何かアントレプレナー的なことを行う。

何かアントレプレナー的なことを行って、その内容をマインドシフト1の掲示板に投稿してください。自分が投稿するまで、他の受講者が投稿した内容を見ることはできません。自分の行動を、クラスで議論したEntrepreneurial Thought & Action®の要素と結び付けてみて、自分の行動が真にアントレプレナー的なものか確認しましょう。「アントレプレナー的」という言葉はあえて定義していませんが、以前のアントレプレナーシップの定義（上記参照）が参考になるかもしれません。投稿したら、必ずクラスメートの投稿のいくつかに返信してください。楽しんでアントレプレナー的になりましょう。

マインドシフト2：今までやったことのないことをやってみる。

マインドシフト1では、アントレプレナー的になることを求められました。それには何か新しいことをすることが含まれていたかもしれませんし、そ

うでなかったかもしれません。このマインドセットでは、今までやったことのないことをやってみることが必要です。何をやって、何を学び、どのように感じたかを、マインドシフト2の掲示板に投稿してください。マインド1と同じく、自分が投稿するまで他の受講者が投稿した内容を見ることはできません。投稿したら、必ずクラスメートの投稿のいくつかに返信してください。大胆になりましょう。楽しんでアントレプレナー的になりましょう。

マインドシフト3：拒絶されると分かっていることをする。

拒絶されると分かっていることをしてください。このマインドシフトを完了する前に、TEDトーク「What I learned from 100 Days of Rejection」（15分、参考文献リストを参照）を視聴することが大切です。何をやって、何を学び、どのように感じたかを、マインドシフト3の掲示板に投稿してください。ここでも自分が投稿するまで、他の受講者が投稿した内容を見ることはできません。投稿したら、必ずクラスメートの投稿のいくつかに返信してください。不確実性や恐怖を受け入れましょう。

・ 受講者に求められる演習後の作業 ・

それぞれのマインドシフトが完了したら、受講者は自分が行ったことをコース管理システムの掲示板に投稿しなければなりません。可能であれば、受講者が最初に投稿するまでは他の受講者の投稿を見ることができないように掲示板を設定します。掲示板の質問は、コースの内容に関連したものでもよいですし、受講者がそれぞれの活動を通じて何をしたか、どう感じたか、自分自身について何を学んだかを投稿するよう提案してもよいでしょう。

・ 指導のヒント ・

この課題を使用するコースは7週間のコースです。1学期全体を使う場合

には、最大6つのマインドシフトを使用することをお勧めします。私の
コースの各マインドシフトは5点満点です（採点をしないと、活動に全力で参加
してもらえないことが分かりました）。5点のうち3点は創造性と努力に基づいて
与えられ、残りの2点はクラスメートの投稿にコメントするなど、掲示板
への積極的な参加に基づいて与えられます。

最初のマインドシフトにおける講師からのフィードバックが非常に重要で
す。そのフィードバックが、その後に続くより困難なマインドシフトへの
期待を設定するからです。それぞれのマインドシフトが完了したら、私は
本当に興味深いことをした数名の受講者を認定して称賛します。そうすれ
ば、他の受講者、おそらくはあまり努力していない受講者ももっと頑張ろ
うという気になり、少なくとも5点満点を獲得できなかった理由を理解す
ることができます。

6-4 サプライチェーンのイノベーションに よって生態系への影響を軽減する

> 執筆者：ヴィッキ・L・ロジャーズ
> 実践へのつながり：✦◉

・アントレプレナーシップの主要テーマ・

デザイン思考、検証、リソース獲得、規模拡大と成長管理

・説明・

本演習では、受講者が開発しているか開発する可能性のある新製品が生態
系に与える影響について学習します。ビジネスの持続可能性における実践
的なシステムアプローチを用いて、受講者は自分で選んだ（または作成した）

製品を対象に、サプライチェーンが生態系に与える影響を評価します。次に、グループと協力し、個々の調査をシステムマップにまとめなければなりません。授業では、ビジネスの在り方をより生態系に配慮したものに変えていく方法として、サプライサイクル、循環型経済、産業共生の概念を紹介します。その後、受講者は廃棄物を有用な資源に変えるために他社とのパートナーシップを提案することで、自分たちの製品の産業共生を設計する力を身に付けることができます。

・ 利用例 ・

学部または大学院の一般的なアントレプレナーシップ・コース。クラス人数の制限はありません。少人数のコースにも多人数のコースにも対応できます。

・ 実施方法 ・

対面、オンライン

・ 学習目標 ・

- 製品のサプライチェーンによる生態系への影響を推定する。
- パートナーシップの道筋を明らかにすることで、製品の産業共生を設計する。
- 変更案がもたらす生態系への恩恵を評価する。

・ 理論的基礎と参考文献 ・

-Benyus, J.（1997）,'How will we conduct business? Closing the loops in commerce: running a business like a redwood forest', in J. Benyus, Biomimicry: Innovation Inspired by Nature, New York: Morrow, pp.238-84.

-Biomimcry Institute（2020）,'What is biomimicry?', https://biomimicry.org/what-is-biomimicry/

-Braungart, M. and W. McDonough (2002), Cradle to Cradle: Remaking the Way We Make Things, New York: North Point Press.

-Chertow, M.R. (2007), '"Uncovering" industrial symbiosis', Journal of Industrial Ecology, 11 (1), 11-30.

-Childress, L. (2017), 'Lessons from China's industrial symbiosis leader ship', GreenBiz, 8 December, https://www.greenbiz.com/article/lessons-chinas-industrial-symbiosis-leadership

-Ellen MacArthur Foundation (2017), 'Effective industrial symbiosis', Case Studies, https://sustainabilityguide.eu/?guide=kalundborg-symbiosis

Herczeg, G., R. Akkerman and M.Z. Hauschild (2018), 'Supply chain collaboration in industrial symbiosis networks', Journal of Cleaner Production, 171 (10), 1058-67.

-Lombardi, D.R. and P. Laybourn (2012), 'Redefining industrial symbiosis: crossing academic-practitioner boundaries', Journal of Industrial Ecology, 16 (1), 28-37.

-New, S. (2010), 'The transparent supply chain', Harvard Business Review, October, https://hbr.org/2010/10/the-transparent-supply-chain.

・ 教材リスト ・

- o 受講者はノートパソコンを持参してください。スマートフォンも使用できますが、ノートパソコンの方が簡単です。
- o 製品企業を調査するためのインターネットアクセス
- o 製品サプライチェーン影響ワークシート (341ページ)。講師用に完成例が提供されています。
- o クラス内のマッピング作業に使用するポスター用紙とマーカー、またはホワイトボードのスペース

・ 受講者に求められる事前作業 ・

受講者を2～4人のグループに分け、各グループに興味のある比較的単純な製品を1つ選んでもらいます (あるいは、新製品のアイデアに取り組むアントレプレナーシップ・コースの場合、各チームは自分たちのアイデアを使うことができます)。製品は、パッケージや副産物として排出される限定的な有害物質を含め、5～20種類の原材料または素材から作られているものでなければなりませ

ん。受講者グループには、製品のブランドやサイズを厳密に選ぶよう促してください。商品のカテゴリーとしては、おもちゃ、食品、美容製品、衣類、オフィス用品、家庭用品などが挙げられます。生態系への影響、サプライチェーン、ライフサイクル分析に関する背景情報を説明するため、受講者に次の記事を読んでもらいましょう。

Bové, A. and S. Swartz (2016). 'Starting at the source: sustainability in supply chains', McKinsey & Company[3]

受講者は、自分たちの製品のサプライチェーンについて「個別に」調査し、生態系への影響をできるだけ具体的に推定し始めた上で、授業に臨んでください。企業は通常、サプライチェーン全体で発生する汚染や廃棄物を明確に公表していないため、受講者はこれを推定するために合理的かつ正当な仮定を置く必要があることを明確にしておきましょう。サプライチェーンの透明性を高めたいという顧客の要望に留意しなければなりません。調査のガイドラインはワークシートに記載されています。グループは、次の活動のクラス内で行うパートまで一緒に作業してはいけません。

・ タイムプラン（1クラス90分、ただし必要に応じてより多くのクラス外作業に代えるか、2つのクラスに分けることも可能）**・**

0:00 - 0:20

受講者はグループで協力し、自分たちの製品のサプライチェーン全体における生態系への影響を総合し、結果に合意します。共同で個々の調査結果をワークシートにまとめ、サプライチェーン影響マップを作成してください（ガイドラインは342ページに記載されています）。汚染、副産物、廃棄物の種類をできるだけ具体的に特定するよう、チームに促します。

---

3 https://www.mckinsey.com/business-functions/sustainability/our-insights/starting-at-the-source-sustainability-in-supply-chains.

受講者が選ぶ製品のほとんどはおそらく直線的なサプライチェーンを持っ
ているため、直線的なサプライチェーン、その「採取・製造・廃棄」の問
題、および廃棄物ゼロの循環型経済への移行を目指した直線的なサプライ
チェーンからサプライサイクルへの転換について議論します。このウェブ
サイト[4]に掲載されている画像は、直線的な経済と循環型経済の違いを説
明するのに役立ちます。

直線的なサプライチェーンからサプライサイクルへの転換を果たした企業
／製品の3つの例は、このサイト[5]で紹介されています。

廃棄物を最小限に抑えたサプライサイクルに移行する方法として、産業共
生の概念を紹介します。産業共生の目的は、他の企業と提携して、ある工
程から排出される廃棄物を、自然界と同じように、他の何かの原材料に変
えることだと説明します。そのためには、様々な業種の企業との提携が必
要です。

また、デンマークのカロンボーで初めて本格的に実現した産業共生など、
具体的な事例を紹介しましょう。カロンボーは、地域の企業や自治体が協
力して廃棄物、エネルギー、水、情報を交換し、それによって廃棄物を最
小限に抑えるエコ・インダストリアルパークです。

受講者にグループに戻ってもらい、サプライチェーン影響マップを使っ
て、少なくとも3つの「廃棄物」を資源として他の企業と交換するような、
自分たちの製品のための産業共生を設計するよう指示します。そのために

4　https://www.government.nl/topics/circular-economy/from-a-linear-to-a-circular-economy
5　https://igps.net/blog/2019/10/31/three-real-world-examples-of-a-circular-supply-chain/

は、自分たちの製品が排出する廃棄物を利用できる適切なパートナー企業を探すための調査が必要です。このような他の企業は全く異なる業界である可能性があり、調査が単なる製品のリサイクル方法だけにとどまってはならないことを強調してください。各グループは、別々の色のマーカーを使用してこれらのパートナーシップをマップ上に直接示し、クラスで発表する必要があります。

`1:10 - 1:25`

各グループにクラスへの報告をさせ、産業共生のために提案するパートナーシップを示してもらいます。

`1:25 - 1:30`

各グループが考えついた全体的なパターンに言及し、産業共生を実現するための企業パートナーシップの価値と障害について議論を開始します。

・ 受講者に求められる演習後の作業 ・

受講者は、提案する産業共生によって生態系への影響がどれだけ緩和されるかを評価しなければなりません。また、産業共生を実現するための企業パートナーシップの価値と障害について検討し、それがうまく機能するには何が必要かを明らかにするために事例評価を行う必要もあります。これは書面による分析でも、オンライン・ディスカッションでも可能です。

・ 指導のヒント ・

適切な製品の選択：受講者が製品を選択する際には、必ずフィードバックを与えるようにしてください。製品は原材料が比較的単純で、副産物として排出される有害物質が限定的なものでなければなりません。有害物質の多い廃棄物は他の企業で利用できないためです。また、製品のパッケージ

が忘れられがちであるため、パッケージも含めるよう受講者に注意を促します。本演習に適した製品の例としては、特定のブランドのリップクリーム、ポテトチップス、バービー人形、アイライナーペンシル、革表紙の手帳、サンダル、バンドエイド、バックパック、シリアル、ジーンズなどが挙げられます。よりシンプルにしたい場合には、受講者グループのために製品を特定することを検討してもよいでしょう。

生態系への影響の推定：これは受講者にとって困難で、時にいら立ちを覚えるものですが、完全に透明なサプライチェーンを持っている企業はほとんどないことを認識することが重要です（そのような一例として議論できるのは、Everlane[6]です）。生態系への影響を推定するために、正当な仮定を置くことができます。例えば、鉄鋼の製造に使われる平均的な水の量を調べ、企業がその平均的な量の水を用いて鉄鋼を製造していると仮定すると、生態系に与える影響を推定することができます。

産業共生の創造：受講者に異業種の企業との提携を考える上で創造的になるよう促しますが、パートナーシップの提案では廃棄物から原材料への変換が実現可能である必要もあります。

---

6 https://www.everlane.com/about

・ 製品サプライチェーン影響ワークシート ・

選んだ製品（具体的なブランドやサイズを含む）

必要に応じて合理的かつ正当な仮定を用いて、できる限り次の表に記入してください。この調査を行う際には、様々な地域から影響を受ける人々の多様なコミュニティを考慮するために、材料がどこから来てどこで製造される可能性が高いのかという地理的条件を考慮してください。

原材料調査

主な原材料／素材とパッケージのリスト	原材料の産地の詳細	原材料の採取／製造時に発生する汚染物質（大気、水、固体廃棄物）の推定

製造調査

製造時に使用されるが、原材料として記載されていない追加的な資源（水やエネルギーなど）	製造工程での副産物

サプライチェーン影響マップのガイドライン（クラスのグループとして製品用に作成）

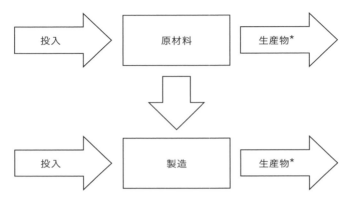

注：＊副産物または廃棄物。

・ 製品サプライチェーンの例（講師用）・

選んだ製品（具体的なブランドやサイズを含む）：リーバイス 501 ジーンズ（女性用）

原材料調査

主な原材料／素材とパッケージのリスト	原材料の産地の詳細	原材料の採取／製造時に発生する汚染物質（大気、水、固体廃棄物）の推定
綿	テキサス州（米国一の産地）	栽培のための投入物：肥料、水、農薬排出物：窒素とリン（N&P）の流出、二酸化炭素
ポリエステル	天然ガスの精製	水、二酸化炭素、二酸化硫黄、二酸化窒素
合成インディゴ染料	不明だが、発展途上国の場合が多い	水熱、重金属、硫黄
プラスチック製の値札	天然ガスの精製	水、二酸化炭素、二酸化硫黄、二酸化窒素
紙製の値札	米国南東部	木材、水、インク

製造調査

製造時に使用されるが、原材料として記載されていない追加的な資源（水やエネルギーなど）	製造工程での副産物
ジーンズの洗浄（水）	染料水（汚染水）
縫い目（糸とエネルギー）	二酸化炭素
仕上げ部品（金属ボタンとジッパー）の追加	二酸化炭素
箱への梱包（木材、水、エネルギー）	二酸化炭素

サプライチェーン影響マップのガイドライン（クラスのグループとして製品用に作成）

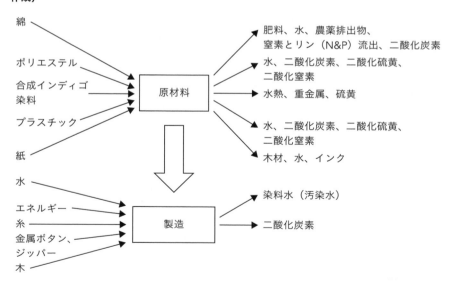

6-5 ピボットの重要性と価値——どの会社に投資するか

[
執筆者：山川恭弘
実践へのつながり：✴◉
]

・ アントレプレナーシップにおける主要テーマ ・

失敗、検証

・ 説明 ・

本演習は、受講者が失敗への恐怖を克服する助けとなるように、ピボットの価値と重要性を認識する機会を提供します。簡単な活動を通じて、アントレプレナーとそのスタートアップ企業がいかにして効果的なピボットを行い、成功を収めたかを学びます。

議論には、失敗に対する考え方やリスク許容度には個人差があること、コーゼーションやエフェクチュエーションといった様々なアントレプレナー的ロジックやアプローチの長所と短所、それぞれのピボットの事例を掘り下げることで得られる教訓、ビジネスの評価などが含まれます。失敗への恐怖に関連して、そのインプリケーション（類似点や相違点など）は国、地域、社会レベルにまで及ぶ可能性があります。

本演習によって、さらに適切で重要な目標を、効果的かつタイムリーに達成するためのピボットの重要性を理解することができます。振り返りセッションは、ピボットが定義上、失敗とどのように関係しているかについての議論を促し、失敗への恐怖を克服する一助となります。

・ 利用例 ・

あらゆる参加者（学部生、大学院生、実務家）向けに使用できます。この経験

は、全てのアントレプレナーシップ・コース、特に新規ベンチャー設立や
アントレプレナーシップ・マインドセット（失敗への耐性など）に適切かつ適
用可能です。このセッションは、学期のはじめ、または受講者がこれから
アントレプレナー活動を開始しようとする時期に最適です。クラス人数の
制限はありません。少人数のコースにも多人数のコースにも対応できます。

・ 実施方法 ・
対面、オンライン

・ 学習目標 ・
○ 成功したスタートアップ企業の実例から、ピボットの重要性について
  議論する。
○ アントレプレナーシップに対する様々なアプローチの長所と短所を比
  較する（コーゼーションとエフェクチュエーションなど）。
○ 失敗への恐怖を評価し、管理する（リスク許容度など）。

・ 理論的基礎と参考文献 ・

-Lee, S.-H., Y. Yamakawa, Y., M.W. Peng and J.B. Barney (2010), 'How do bankruptcy laws affect entrepreneurship development around the world?', Journal of Business Venturing, 26 (5), 505-20.

-McGregor, H.A. and A.J. Elliot (2005), 'The shame of failure: examining the link between fear of failure and shame', Personality and Social Psychology Bulletin, 31 (2), 218-31.

-Sarasvathy, S.D. (2001)、'Causation and effectuation: toward a theoretical shift from economic inevitability to entrepreneurial contingency', Academy of Management Review, 26 (2), 243-63.

-Schlesinger, L.A. and C.F. Kiefer (2012), Just Start: Take action, Embrace Uncertainty, Create the Future, Cambridge, MA: Harvard Business Review Press.

なし

なし

`0:00 - 0:10`

まずは、ビジネスには失敗がつきものであるという統計を紹介します。これには、破産宣告した企業の数（アメリカ破産協会[7]を参照）や、設立後も事業を継続している企業の数（米商務省センサス局のデータ[8]を参照）が含まれます。全てのアントレプレナーが成功に関心を持っている一方で、スタートアップ企業の大半は残念ながら失敗に終わるという共通認識を構築します。

`0:10 - 0:20`

スライドを見せて、アントレプレナーシップの文脈における失敗の多さに焦点を移します。

スライドには、企業のリスト、事業内容、ある時点でのビジネスの状況を記載してください。次に例を示します。

ここでは比較的似たような段階にある企業4社を紹介します。あなたならどこに投資しますか。その理由は何ですか。

企業1. 流行のデザインのシリアルボックス。売上高3万ドル。

企業2. 動画出会い系サイト。数百万ドルの資金を調達。

企業3. ゲームと写真アプリ。多くの機能を搭載。

7　http://www.abi.org/newsroom/bankruptcy-statistics
8　https://www.statisticbrain.com/

企業4.　教育用ソーシャルネットワーク・アプリ。数百万ドルの資金を調達。
参加者に、それぞれどの企業への投資に関心があるかを尋ねてみましょう。

0:20 - 0:30
それぞれの会社に何が起きたかを明らかにします。各社がユニコーン企業
（民間または公的投資によって時価総額10億ドルを達成したスタートアップ企業）として
成功を収めるまでの道筋を説明してください。先述の例に基づいて説明し
ます。

次に、各社に何が起きて、どのような企業として知られるようになったの
かを示します。
企業1.　Airbnb － 310億ドル相当の価値、売上高17億ドル。
企業2.　YouTube － 2006年にGoogleが16億5,000万ドルで買収。
企業3.　Instagram － 2012年にFacebookが10億ドルで買収。
企業4.　Musically － 2017年にToutiaoが8億ドルで買収。

ストーリーの詳細については、以下のウェブサイト／参考文献を参照して
ください。

- https://getpaidforyourpad.com/blog/the-airbnb-founder-story/
- http://www.nbcnews.com/id/15196982/ns/business-us_business/t/
  google-buys-youtube-billion/#.XmQA9JNKjBl.
- https://dealbook.nytimes.com/2012/04/09/facebook-buys-
  instagram-for-1-billion/.
- https://www.billboard.com/articles/business/8031183/musically-
  acquired-chinese-startup-800-million-report.

ディスカッションを開始します。ディスカッションでは、それぞれの事例、企業の評価、そして最も重要なこととして、ピボットによって各社がいかにして成功を収めることができたかを掘り下げます。

演習のまとめとして、アントレプレナーシップに対する様々なアプローチについて説明します。例えば、将来が分かっているか、過去から確実に推定できる場合には、数学的ツールやその他の分析手法を用いて潜在的なリスクと見返りを正確に推定する方が効果的でしょう。教育現場や大きな組織では、これがコアロジックであることがほとんどです。

一方、将来が未知数で、過去から予測できない場合、つまり極端な不確実性の中では、唯一の論理的な選択肢は自分から行動を起こすことです。このアプローチでは、予測や仮定よりも、何が現実で確認可能かに焦点を当てます。「賢い行動は過度な分析に勝る」とは、シリアルアントレプレナーが好む言葉です。要約すると、どちらのアプローチも重要ですが、異なる文脈でより効果的に使用されるということです。キーポイントは、未知の世界に踏み込もうとするとき、最善の選択肢は行動を起こすことであることかもしれません。これは行動を起こすことの重要性を裏付けるのに役立ちます。

最も大切なこととして、議論は行動から学ぶ能力と結び付けることができ、計画と結び付けることはできません。それぞれの企業が初期の失敗から学び、ピボットを行い、新しい方向へ進んでいなければ、どれ1つ生き残っていなかったかもしれません。

インプリケーション（教訓・示唆）について議論します。個々の企業におけ

る不作為の原因は何ですか。失敗への恐怖でしょうか。失敗への恐怖はアントレプレナーシップにどのような影響を与えるのでしょうか。個人、グループ、国*によって違いはあるものの、失敗への恐怖は誰もが過ちを恐れるという点で普遍的なものであり、それがアントレプレナーの行動に影響を及ぼす、という認識を要約し、演習を締めくくります。しかし、全てとは言わないまでも、ほとんどのユニコーン企業はピボットを行い、過ちから学び、成功を収めています。

*追加演習のオプション

参加者のデモグラフィック属性によっては、受講者を国籍に基づいてチームに分け、地域／文化／社会の違いによるインプリケーションについて議論することもできます。あなたの国のリスク許容度はどの程度でしょうか。例えば、失敗への恐怖に関する議論については、グローバル・アントレプレナーシップ・モニター（GEM）レポート[9]を参照してください。GEMレポートでは、失敗への恐怖に関する国別統計がしばしば公表されているので、最新のグローバルレポートについては、ウェブサイトを参照してください。

・ 受講者に求められる演習後の作業 ・

本演習を、失敗から学ぶためのあらゆるタイプの議論につなげましょう。振り返り論文や掲示板への投稿が適している場合もあります。あるいは、受講者に自分自身のピボットの例を特定して投稿してもらえば、講師として事例集を構築するのに役立つでしょう。

・ 指導のヒント ・

受講者は、ユニコーン企業にまつわるストーリーを詳しく聞きたがるた

9　https://www.gemconsortium.org/

め、事例をよく知っておくことを強くお勧めします。例えば、シリアル
ボックスでビジネスを浮き上がらせようとする前のAirbnbのアイデアは
どうだったかなど、すでに知見を持っている受講者もいるかもしれませ
ん。それでも、ピボットはアントレプレナー的な生き方として時に必要な
ものであり、より効果的かつタイムリーに成功を収めるためのブレークス
ルーをもたらすのに役立ちます。これはシンプルですが力強いメッセージ
であり、伝えられ、学ばれるべきものです。

主なポイント

- 多くのスタートアップ企業は旅の途中で失敗を経験しながらも、成功
  するためにピボットを行うことを学びました。ピボットの価値と失敗
  から学ぶことを受け入れましょう。失敗を恐れず、行動を起こしま
  しょう。
- 重要ですが異なる文脈で効果的なアントレプレナーシップ的ロジック
  (コーゼーションとエフェクチュエーション) やアプローチを理解しましょう。
- 失敗への恐怖は個人 (や国) によって様々ですが、誰もが失敗を恐れる
  のは普遍的なことであり、これはアントレプレナーシップの涵養にも
  影響を及ぼします。

6-6　小さなことから試し、大きく発展させる

[執筆者：アンドリュー・ザッカラキス
  実践へのつながり：❇☀◉◉]

・ アントレプレナーシップにおける主要テーマ ・

アイディエーション、機会評価、失敗、検証

・ 説明 ・

本演習の目的は、実験を行い、その結果に基づいてビジネスを再構築し、ビジネスの実行可能性を高めることにあります。受講者は、ビジネスチャンスを評価して、ビジネスモデルがどのように機能するかについて仮説を立てます（顧客は誰か、なぜこの製品／サービスを購入するのか、いくらなら支払うのかなど）。いくつかの主要な仮説を立てた後、受講者はその仮説を検証するために低コスト（多くの場合は無料）の実験を準備します。ベンチャーの開発段階が進むにつれて、実験は発展していきます。つまり、シードアイデアの実験は低コスト（0〜50ドル）で行われ、製品開発、顧客獲得、成長へと進むにつれて、実験もそれに合わせて発展していくということです。実験を通じたアントレプレナーシップとは、基本的に小さく始めて大きく発展させることです。

・ 利用例 ・

この基本概念は、学部生、MBA、エグゼクティブ教育など、あらゆるレベルの参加者にとって役立ちます。一般的に、本演習は1クラス全体をカバーし、コア・アントレプレナーシップ・コースの初期に行われます。また、どのような人数にも容易に適用できますが、通常はクラスを3〜4人の少人数のグループに分けます。

・ 実施方法 ・

対面、オンライン

・ 学習目標 ・

- できる限り低コストで、機会の各側面をテストする。
- テスト結果を測定するための指標を設定し、結果（ポジティブまたはネガティブのいずれか）と指標と差異を浮き彫りにする。

○ 各実験から学んだことに基づいて機会とビジネスモデルを再構築し、次のテストを計画する（市場テストを発展させる）。このプロセスを通じて、アントレプレナーは全体的なリスクを軽減する方法を学びます。

・ 理論的基礎と参考文献 ・

Hall, D. (2008), Jump Start Your Brain, 2.0, Cincinnati, OH: Clerisy Press. Zacharakis, A., A. Corbett and W. Bygrave (2020), Entrepreneurship, 5th edn, Hoboken, NJ: Wiley, ch. 3. この本の無料試読版は、https://www.wiley.com/en-us/Entrepreneurship%2C+5th+Edition-p-9781119563099で入手可能です。

本演習の最後に、演習に必要なミニケースがあります。ケースの全文は、Zacharakis et al. (2020) に「Feed Resource Recovery」として掲載されています。あるいは、Harvard Business School Publishingで注文することもできます(https://hbsp.harvard.edu/product/BAB156-PDF-ENG?itemFindingMethod=Other)。

・ 教材リスト ・

○ クラス内のショートケース（例として、355ページ「廃棄物からエネルギーへ」のケースを参照）
○ 「市場テスト計画ワークシート」（359ページ）

・ 受講者に求められる事前作業 ・

なし

・ タイムプラン（60分）・

`0:00 - 0:15` **ステップ1：機会**

受講者に、「廃棄物からエネルギーへ」のケースにおける機会を評価してもらいます。あらゆる機会と同じように、アントレプレナーはいくつかの重要な仮定を置きます。それが間違っていることが判明すれば、会社の存続が危ぶまれたり、修正するのに多大な費用と時間がかかったりします。

受講者が仮定[10]を導き出す際に考慮すべき重要な点は2つあります。

1. 製品に関する仮定 － 想定通りに作成し、機能させることができるか。

2. 顧客に関する仮定 －顧客はどのように製品を使用するか。習慣を変えなければならないか。

5〜10個の主要な仮定を含むリストを作成したら（各カテゴリーにはおそらく複数の仮定があることに注意）、それぞれの仮定を仮説に変えるよう受講者に指示します。例えば（「廃棄物からエネルギーへ」のケースでは）、「食料品店の店員は、廃棄物を捨てる際に有機ゴミと非有機ゴミをすでに分別している」という仮説が考えられます。また、「嫌気性消化は有機物を完全にバイオガスと堆肥に変えるのに3日かかる」という仮説も考えられます。

`0:15 - 0:45` **ステップ2：市場テスト計画ワークシート** （演習の最後を参照）

受講者が二次調査から学べることは限られています。目的を持った一次調査からは、貴重な知見を得ることができます。受講者に最初に行う3つの実験を考案してもらいます。1回の実験につき使えるのは50ドルまでです。重要なのは、低コストでできる最初のテストを考案することです。

1. 本演習はグループ別のブレイクアウトに適しています。

2. 戻ってきたら、各グループは最初に行う最低コストの市場テストを詳細に説明し、講師はそれをボードに書き出します。テストの順番や、さらにコストを削減する方法について、実りある議論を促します。最も創造的で低コストのテストには特別な評価を与えましょう。

例えば、食料品店の店員が有機ゴミと非有機ゴミを分別しているかどうかを検証するには、それぞれ50ドル以下の費用で済む2つのテストが有効

---

10 競争や政府規制など、他にも重要な仮定領域が数多くありますが、最初期段階では通常、製品と顧客に関する仮定を検証することが最も重要であることに留意してください。

かもしれません。

1. 店舗の裏で廃棄物を処理している店員を観察する。

2. 店の裏に適切なラベル（「有機ゴミ」および「非有機ゴミ」）を貼った別のコンテナを設置し、廃棄物がきちんと処理されているかどうかを確認する。

`0:45 - 0:60` **ステップ3：コンセプトの統合**

受講者に、コンセプトを自分たちのベンチャーに結び付けるよう指示します。具体的には、重要な仮定と最初に行う3つの実験の特定です。いくつかの実験を共有し、議論します。

・ 受講者に求められる演習後の作業 ・

受講者は、学んだことを実践する必要があります。本演習では、自分たちのビジネスチャンスにおける主要な仮定を特定し、それをテスト可能な仮説に変換し、最も重要な仮説について現場で実験を行う必要があります（1回のテストにつき50ドル以上を費やすことはできません）。実施した各テストについて、「市場テスト計画ワークシート」を提出させ、報告してもらいましょう。プロジェクトが（実際にビジネスを立ち上げるのではなく）学術的な目的のみである場合には、現場で1回の製品テストと1回の顧客テストを行ってもらいます。

・ 指導のヒント ・

ケース分析で、受講者は疑問のある仮定を置くことがよくあります。例えば、「廃棄物からエネルギーへ」のケースでは、嫌気性消化装置のプロトタイプがすでに存在すると仮定することがあります（実際には存在しません）。そこで、私は受講者に対し、お金を使う前にそのコンセプトがうまく機能することを証明するためのテストを考案するよう求めます。例えば、完全に機能するプロトタイプを作るには10万ドル以上かかることが多いでしょうが、代わりに、非常に低コストのテスト（無料）を行うことができ

ます。例えば、嫌気性消化装置で有機廃棄物が分解されるまでの時間を調べるには、靴箱に牛糞を入れ（牛糞に含まれるバクテリアは嫌気性消化装置で使われるものと同じです）、そこに有機廃棄物を投入して24時間ごとに経過をチェックします。「廃棄物からエネルギーへ」のケース（嫌気性消化）が受講者にとって専門的すぎると思うのであれば、別のケースを選んだり、受講者に自分で選んだアイデアに取り組ませたりしてもよいでしょう。

・ 配布資料 ・

クラス内のショートケース：廃棄物からエネルギーへ[11]

大量の有機廃棄物が最終的に埋め立てに回されています（10～25%）[12]。これを何か有用なものに変えることができたらどうでしょう。多くの家庭が有機廃棄物を堆肥化している一方、そうでない家庭も多くあります。家庭から出る有機廃棄物のうち、堆肥化されているのは34.5%に過ぎません。残りは埋め立てに回されます[13]。家庭からは大量の有機廃棄物が出ますが（1日1人あたり1.8キロ以上）[14]、レストランやスーパーマーケットからはさらに多くの有機廃棄物が発生します。考えられる解決策はたくさんありますが（次の参考資料を参照）、それらは効果的なのでしょうか。バブソン大学の学生であるシェーンは、有機廃棄物の処理を改善する機会に興味をそそられています。

11　このケースはReuben Zacharakis-JutzとAndrew Zacharakisによって作成されたものです。
12　ケンタッキー大学調べ、http://www.ehow.com/facts_7427808_much-waste-can-save-composting_.html
13　http://www.epa.gov/epawaste/nonhaz/municipal/index.html
14　http://www.epa.gov/epawaste/nonhaz/municipal/index.html

参考資料：有機廃棄物の堆肥化方法

> ガス化（gasification）とは、高温と酸素供給量の減少を組み合わせて、有機物やバイオマスをガスや液体燃料に変換するプロセスです（Bauen, A., 2004, 'Biomass gasification', in C.J. Cleveland (ed.), Encyclopedia of Energy, Edinburgh: Elsevier, pp. 213-21）。
>
> プラズマアークガス化（Plasma arc gasification）とは、固形廃棄物を細かく砕いて炉に投入し、極端な電荷を与えて3000度以上の高温にするプロセスです。1時間ほどすると廃棄物は分子構成要素に分解され、蒸気や電気に変換できる可燃性の合成ガス、再販して再び溶かすことができる金属インゴット、床タイルや砂利の材料に加工できるガラス状の固体、という市場性のある3つの副産物が残ります（Durst, S., 5 March 2007. 'Problem no. 3:Waste disposal', Fortune, vol. 155, issue 4, p. B-4）。
>
> 好気性コンポスト（Aerobic composting）とは、微生物と好気性環境または酸素化環境を利用して有機廃棄物を分解するプロセスです（Pace, M., B. Miller and K. Farrell-Poe, 1 October 1995, 'The composting process', Utah State University Extension, AG-WM 01.）。
>
> 嫌気性消化（Anaerobic digestion）とは、特定の種類のバクテリアが無酸素環境でバイオマスを消化する生化学的プロセスです。
> 数種類のバクテリアが協力して複雑な有機廃棄物を段階的に分解し、「バイオガス」を生成します。
> （http://www.oregon.gov/ENERGY/RENEW/Biomass/biogas.shtml#Anaerobic_Digestion）

廃棄物管理はホットな分野になりつつあります。クリーンテック・セクターの中でも、廃棄物変換技術として知られる小さなニッチ市場が注目され始めています。その一例が、ボストンを拠点とするConverted Organics社です。同社は、食品廃棄物をリサイクルして貴重な天然有機土壌添加剤を生産することに特化した開発段階の企業です。2003年に設立されたConverted Organics社は従業員5名の企業で、最近上場して新規株式公開（IPO）で990万ドルを調達し、時価総額は1,430万ドルとなっています[15]。

15　Van der Pool, L. (2007),'Spumed by VCs, waste conversion startup goes public', Boston Journal Online, http://www.bizjoumals.com/boston/stories/2007/03/19/story8.html

シェーンは堆肥化産業の調査を開始し、廃棄物変換技術に興味を持ちました。ガス化、プラズマアーク、好気性堆肥化、そして最後に嫌気性消化を調べたところ、嫌気性消化に目が留まりました。嫌気性消化は比較的実績のある安価な技術であり、最も実行可能な選択肢であるように見えました。

次に、シェーンは廃棄物市場に目を向け始めました。最も廃棄物を出しているのは誰なのか、どのような廃棄物が排出されているのか、その業界ではどのような競争が行われているのかなどを知りたかったのです。家庭や小さなレストランを調べたところ、ほとんどの場合、現場に消化装置を設置して見合うほどのゴミは出ず、ゴミを中央処理場まで運ぶ費用も非常に高いことが分かりました。さらに調査を進めると、加工工場やスーパーマーケットから出る食品廃棄物が最も有望であることが分かりました。どちらも食品廃棄物が大量に発生し、その量が1カ所に集中していたためです（図6.10参照）。シェーンは、スーパーマーケットの裏側に、大きなゴミ収集箱1つ分のスペースで設置できる分散型システムを構築したいと考えました（食料品店には一般的に複数のゴミ収集箱があります）。

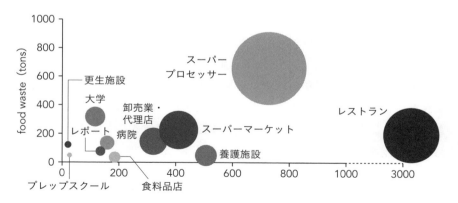

図6.10　マサチューセッツ州の事業所数
出典：フィード・ビジネスプラン

R2として知られるフィードシステムは、クリーンで安全な実証済みの技術である嫌気性消化（AD）を利用して、生分解性廃棄物を分散型発電装置用[16]の燃料（バイオガス）に変えるものです。ADとは、酸素がない状態で微生物が有機物を分解することです。このプロセスは埋立地では自然に発生しますが、ADは通常、有機廃棄物を処理してバイオガスと安定した固形残渣を生成する、人工的に加速された作業を指します。人々は何百年も前から廃棄物をバイオガスに変換しており、多くの発展途上国では小規模なADシステムに頼って調理をしています。

欧州では、先進的な技術を用いた大規模な集中型プラントを中心に、ADが急速に成長しています。R2は、インドや中国の安価でコンパクトなシステムと、欧州の大規模で高価かつ技術的に高度なシステムを組み合わせたもので、顧客が現在の廃棄物処理行動を変えることなく、現場で廃棄物処理とエネルギー生成を行うことができる完全自動化されたシステムです。

シェーンは、食料品店がこのシステムを使うことにはメリットがあると考えました。廃棄物処理費とエネルギー消費量を削減できるだけでなく、環境にも配慮することができるのです（シェーンは、顧客がこれを評価すると考えました）。シェーンは、このシステムの仕組みをスケッチに描きました（図6.11）。有機廃棄物はR2に堆積されます（多くの州の食料品店は、州の規制によってすでに廃棄物を分別しています）。有機廃棄物はバクテリアによって分解され、バイオガスと残渣肥料が生成されます。そのバイオガスでタービンを回して発電し、その電気をお店の送電網に接続すれば、電気代を相殺することができます。肥料は地元の農家に提供または販売することができ、これもお店の信用を生み出します。

16　分散型電源（Distributed generation）複数の小規模発電施設で発電した電力を、その地域内で利用する仕組みのことで、「分散型電力網」とも呼ばれます。エネルギー供給源として主に再生可能エネルギーが利用され、発電施設には蓄電池が設置されます。　https://pps-net.org/glossary/109536

市場テストからの主な学び：

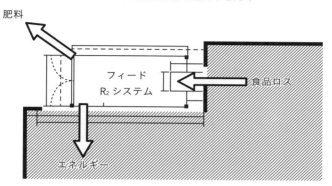

図 6.11　環境に配慮した仕組み

課題：シェーンは嫌気性消化について、1台の機械で処理できる有機廃棄物の量、有機廃棄物をバイオガスと堆肥に変換するのにかかる時間、人は廃棄物を機械に入れる際に有機廃棄物と非有機廃棄物を分別するかどうかなど、多くの仮定を置いています。シェーンが行っているその他の重要な仮定を特定してください。

その仮定をもとに、いくつかの仮説を構築してください。

それぞれの仮説を検証するために、低コスト（50ドル以下）のテストを作成してください（「市場テスト計画ワークシート」を使用）。

・ 配布資料：市場テスト計画ワークシート ・

市場テストの説明

市場テストについて簡単に説明してください。できるだけ低コストに抑えることを忘れないように。テストする仮説を列挙します。また、テストから何を学びたいかも記述してください。

主な作業（市場テストを実行するために必要な主な作業をリストアップしてください）：	責任者：	期限：
必要なリソース（金銭的なリソースと非金銭的なリソースの両方をリストアップしてください。用途別に分けてください）：	使用方法：	
期待される成果（あなたが期待する主な学習内容）：	指標（テストの相対的な成功をどのように測定しますか。サービスを受けた顧客の数、顧客の反応など）：	実績との差異（成果が予想を上回ったか下回ったかを追跡します。その理由を説明してください）：

テストからの重要な学び：

どのようにビジネスを再構築し、次のテストに移りますか？

出典：Zacharakis, A., A. Corbett and W. Bygrave（2020）, Entrepreneurship, 5th edn, Hoboken, NJ: Wiley.

6-7　機会評価チェックリスト

［ 執筆者：アンドリュー・ザッカラキス
　実践へのつながり：✳️☕ ］

・ アントレプレナーシップにおける主要テーマ ・
機会評価、検証、市場または競合分析

・ 説明 ・
「機会チェックリスト」（366ページ配布資料を参照）は、アイデアの魅力度を評価するためのツールです。投資家がアントレプレナーと会いたいかどうかを判断し、そのベンチャーへの投資を検討する際に使うツールがベースになっています。この分析は一般的に短時間（5〜15分）で行われ、アイデアが各種基準をどの程度満たしているかというユーザーの仮定が前提となっています。受講者は、ケーススタディで機会チェックリストの使い方を練習できますが、その後は自分自身のアイデアに機会チェックリストを適用しなければなりません。一般的に、チェックリストの中央の欄の丸印の数が右側の欄の丸印の数より多ければ、そのアイデアは有望であると言えます（368ページにあるチェックリストの完成例を参照）。チェックリストを完成させると、（1）どのアイデアが最も有望なのかについてより確かな感触を得ることができ、（2）チェックリストを記入する際に行った多くの仮定を検証するために必要な情報をより正確に把握することができるはずです。したがって、機会チェックリストはデューデリジェンスの手順の1つと考えてください。これにより様々な基準についていくつかの重要な問題が提起され、受講者がビジネスの開発と実行を開始する際の一次調査と二次調査の指針として役立つはずです。

この概念は、学部生、MBA、エグゼクティブ教育など、あらゆるレベルの参加者にとって役立ちます。本演習は1クラス全体をカバーし、コア・アントレプレナーシップ・コースの初期に行われます。また、どのような人数にも容易に適用できます。クラスを3〜4人の少人数のグループに分けてください。

・ 実施方法 ・

対面、オンライン

・ 学習目標 ・

- 特定のアイデアの潜在的な長所と短所となり得る評価基準を特定する。
- 複数のアイデアを評価し、最も魅力的な機会を提供するものを見極める。
- アイデアが特定の指標に照らしてどのように評価されるかをより詳細に理解するために、さらに調査すべき領域を特定する。

・ 理論的基礎と参考文献 ・

Zacharakis, A., A. Corbett and W. Bygrave (2020), Entrepreneurship, 5th edn, Hoboken, NJ: Wiley, ch.3. この本の無料試読版は、https://www.wiley.com/en-us/Entrepreneurship%2C+5th+Edition-p-9781119563099で入手可能です。

・ 教材リスト ・

- クラス内のショートケース (6-6「小さなことから試し、大きく発展させる」の配布資料「廃棄物からエネルギーへ」、355ページを参照)
- 機会チェックリスト (364ページ)

○ チェックリストの完成例（368ページ）

クラス内の短いケースについては事前作業なしで行えます。

・タイムプラン（90分）・

`0:00 - 0:15` **機会チェックシートの紹介と説明**

受講者は多くのビジネスアイデアを持っていますが、全てのアイデアがビジネスとして成功する可能性を持っているわけではありません。チェックリストは、アントレプレナーが自分のアイデアのうちどれが最も有望かを理解し、チェックリストを記入する際に行った仮定を裏付ける証拠を収集するときの指針となるツールです。ほとんどの基準は自明ですが、一部の基準についてさらに説明が必要かどうかを受講者に尋ねてみましょう。例えば、受講者からは「ステルスコンペティターとはどういう意味か」という質問がよく出ます。これは、アーリーステージのベンチャーであるためまだ広く知られていない競合他社のことです。そのため、受講者は、他のアントレプレナーも自分のコンセプトと似たようなビジネスソリューションを追究している可能性がどの程度あるかを検討しなければなりません。

`0:15 - 0:45` **グループに分かれての作業**

受講者に、ケースに関する機会チェックリストを記入してもらいます。この例では、前の演習「小さなことから試し、大きく発展させる」のミニケース「廃棄物からエネルギーへ」を使用しています。受講者には、グループに分かれての作業の後、記入したチェックリストの内容に基づいて、その機会が魅力的かどうかについて投票することを伝えておきましょう。私は通常、受講者に単独でチェックリストを記入させ（最初の20分間）、残りの10分間で近くに座っている人たちとグループになって各自の分析

を共有し、議論してもらっています。

1. 受講者は、その機会がそれぞれの基準に照らして「よりよい（中央の欄）」と「より弱い（右側の欄）」のどちらに当てはまるかを検討し、該当する欄に丸印を付けていきます。

2. 全ての基準に照らして強い機会はないということを、受講者に思い起こさせることが大切です。重要なのは、弱い分野を評価し、その基準を「よりよい」に変えられるようなビジネスモデルを考案できるかどうか、あるいは強い分野を利用しながら弱い分野のエクスポージャーを最小限に抑える戦略があるかどうかを見極めることです。

3. アイデアを評価する際に、中央の欄（「よりよい」）に付いている丸印の方が多ければ、さらに深く探求する価値があると言えます。右側の欄（「より弱い」）の丸印の方が多ければ、そのアイデアは捨てた方がよいでしょう。私は受講者に、最も貴重な資産は時間であり、よくないアイデアをすぐに取り除くことができれば、より有望なアイデアに集中するための時間を確保できると言い聞かせています。

0:45 - 1:30 それぞれの評価についてのディスカッション

クラスで投票を行い、その機会を魅力的または魅力的でないと考えている受講者がそれぞれ何人いるかを確認します。次に、クラスとして、そのアイデアはよい機会かどうかを判断します。

議論を喚起してください。同じ基準でも、受講者によって機会の評価は異なる可能性が高いでしょう。例えば、ある受講者は「ゴミを減らす」トレンドを脅威と見なすかもしれません。これは顧客から出る有機廃棄物が減ることを意味するからです。別の受講者は、有機廃棄物を埋立地に送るべきではないことを人々が自覚するため、それを機会と捉えるかもしれません。認識がどのように意思決定や行動を促すかについて議論します。人によってアイデアの評価が正反対になることもあり、その結果、そのアイデ

アを捨てたり、追究したりすることになる可能性もあります。

最後に、私が「廃棄物からエネルギーへ」の機会をどのように評価したかをクラスに示します（368ページの「完成した機会チェックリスト」を参照）。私の分析は「正解」ではなく、あくまでこの機会に対する私の認識に過ぎないことを強調しておきます。私がチームで作業しているとすれば、これを出発点としてそれぞれがこの機会をどう捉えているかを話し合い、重要な仮定を検証するためにさらに調査を進めることになるでしょう。

・ 受講者に求められる演習後の作業 ・

ほとんどの受講者は複数のアイデアを検討しています。私は、受講者に全てのアイデアを並べて評価させ、どれが最良の機会を提供するかを判断してもらっています。これは時間短縮のための仕組みです。5つのアイデアがあった場合、その全てについて詳細な調査を行うと何百時間もかかってしまいます。機会チェックリストは、受講者が最も有望なアイデアに集中するのに役立ちますし、受講者が1つのアイデアに取り組んでいる場合、チェックリストはさらに調査を進めるための指針として利用できます。

・ 指導のヒント ・

まず、受講者がチェックリストを使って自分のアイデアを評価する際には、個人的なバイアスに注意してください。アントレプレナーは自分のアイデアに惚れ込んでおり、自らの先入観を裏付けるような偏った評価をすることがよくあります。その自然なバイアスを克服する1つの方法は、受講者やグループにチェックリストを使ってお互いのアイデアを評価させることです。2つのグループ間での違いは、ビジネスモデルに関するさらなる研究開発の出発点となるはずです。

次に、チームで作業するときは、各メンバーに個別にアイデアを評価させ、その後、集まって各基準について評価した理由を話し合ってもらいま

す。そうすることで、そのアイデアとそれがどのように実行可能なビジネスモデルに変換されるかを、より深く理解することができるでしょう。

・ 配布資料 : 機会チェックリスト ・

	よりよい機会	より弱い機会
顧客		
特定可能性	定義されたコア顧客	定義されていない顧客
デモグラフィック属性	明確に定義され、焦点が定まっている	定義が曖昧で、焦点が定まっていない
サイコグラフィック属性	明確に定義され、焦点が定まっている	定義が曖昧で、焦点が定まっていない
トレンド		
マクロ市場	多数あって収束している	少数で共通点がない
ターゲット市場	多数あって収束している	少数で共通点がない
機会の窓	開いている	閉じている
市場構造	新興／分裂	成熟／衰退
市場規模		
大きさ	大規模なコア顧客グループ	小規模で不明確な顧客グループ
需要	供給よりも多い	供給よりも少ない
市場の成長		
ペース	20%以上	20%未満
価格／頻度／価値		
価格	粗利益率 > 40%	粗利益率 < 40%
頻度	頻繁かつ反復的	単発的
価値	価格に完全に反映	浸透価格
営業費用	少額かつ変動的	多額かつ固定的
純利益率	> 10%	< 10%
量	非常に多い	そこそこ

	よりよい機会	より弱い機会
流通		
バリューチェーンにおける位置	高い利益率、大きな力	低い利益率、小さな力
競争		
市場構造	新興	成熟
直接競合他社の数	少ない	多い
間接競合他社の数	少ない	多い
代替品の数	少ない	多い
ステルスコンペティター	見込まれない	見込まれる
競合他社の強さ	弱い	強い
主な成功要因		
相対的な立場	強い	弱い
ベンダー		
相対的な力	弱い	強い
バリューチェーンでベンダーがコントロールしている粗利益	少ない	多い
政府		
規制	緩い	厳しい
税金	安い	高い
グローバル環境		
顧客	関心がありアクセス可能	無関心またはアクセス不可能
競争	存在しないか弱い	存在し激しい
ベンダー	取引したがっている	利用不可能

出典：Zacharakis et al.（2020）.

完成した機会チェックリスト（「廃棄物からエネルギーへ」のケースに基づく）

	よりよい機会	より弱い機会
顧客		
特定可能性	定義されたコア顧客	定義されていない顧客
デモグラフィック属性	明確に定義され、焦点が定まっている	定義が曖昧で、焦点が定まっていない
サイコグラフィック属性	明確に定義され、焦点が定まっている	定義が曖昧で、焦点が定まっていない
トレンド		
マクロ市場	多数あって収束している	少数で共通点がない
ターゲット市場	多数あって収束している	少数で共通点がない
機会の窓	開いている	閉じている
市場構造	新興／分裂	成熟／衰退
市場規模		
大きさ	大規模なコア顧客グループ	小規模で不明確な顧客グループ
需要	供給よりも多い	供給よりも少ない
市場の成長		
ペース	20％以上	20％未満
価格／頻度／価値		
価格	粗利益率 ＞ 40％	粗利益率 ＜ 40％
頻度	頻繁かつ反復的	単発的
価値	価格に完全に反映	浸透価格
営業費用	少額かつ変動的	多額かつ固定的
純利益率	＞ 10％	＜ 10％
量	非常に多い	そこそこ

（続き）

	よりよい機会	より弱い機会
流通		
バリューチェーンにおける位置	高い利益率、大きな力	低い利益率、小さな力
競争		
市場構造	新興	成熟
直接競合他社の数	少ない	多い
間接競合他社の数	少ない	多い
代替品の数	少ない	多い
ステルスコンペティター	見込まれない	見込まれる
競合他社の強さ	弱い	強い
主な成功要因		
相対的な立場	強い	弱い
ベンダー		
相対的な力	弱い	強い
バリューチェーンでベンダーがコントロールしている粗利益	少ない	多い
政府		
規制	緩い	厳しい
税金	安い	高い
グローバル環境		
顧客	関心がありアクセス可能	無関心またはアクセス不可能
競争	存在しないか弱い	存在し激しい
ベンダー	取引したがっている	利用不可能

6-8　小さなことに汗をかく

[執筆者：アリサ・ジュノ＝チャールズ
  実践へのつながり：✳️🌑]

・アントレプレナーシップにおける主要テーマ・

失敗、アントレプレナー・チーム、オペレーション

・説明・

受講者にとって、ベンチャーの経営に伴うオペレーションの難しさは理解しにくいものです。本演習では、ビジネスのオペレーションをシミュレートすることで、ビジネスにおける複数の継続的な機能を同時に管理しなければならないフラストレーションを受講者に体験してもらいます。それにより、多忙なスタートアップ環境では不品行やうっかりミスが最初は見過ごされても重大な結果をもたらすことを浮き彫りにし、新規ベンチャー・チームにおいてもチェックアンドバランスが重要なことを明らかにします。演習で、受講者は顧客に製品を販売し、在庫を管理し、現金の引き出しと預け入れを行い、財務実績を追跡し、取締役会への報告を試みます。一方で、ビジネスの様々な部分で何が起きているかについて互いにコミュニケーションを取る方法を考え、社内泥棒を防止または捕まえ、広報の悪夢に対処し、何も買う気がない顧客のために時間を費やすでしょう。本演習では、社内のどこであっても、1つの小さな問題がいかにして完全なメルトダウンに発展するのか、そしてそのようなメルトダウンの発生を適切なオペレーション／統制システムによってどのように防止するのかをシミュレートします。

・ 利用例 ・

学部または大学院の一般的なアントレプレナーシップ・コース。クラス人数の制限はありません。本演習は、少人数のコースにも多人数のコースにも対応できます。クラスの構成に応じて、各シミュレーション・チームは6〜14人で編成することができます。会計の基礎に詳しい受講者を各チームに分散させるとよいでしょう。

・ 実施方法 ・

対面、オンライン

・ 学習目標 ・

- シンプルな単一製品ビジネスの経営に必要な、オペレーションの複雑さを体験する。
- オペレーション設計の選択、オペレーション上のうっかりミス、意図的な不正行為の原因と影響を評価する。
- プロセスやチームの観点から、効果的で効率的なベンチャー・オペレーションを設計する。

・ 理論的基礎と参考文献 ・

Wu, S.J., S.A. Melnyk and B.B. Flynn (2010), 'Operational capabilities: the secret ingredient', Decision Sciences, 41 (4), 721-54.

・ 教材リスト ・

- バンカーとサプライヤーの役割を果たす、演習に参加していない指導助手または受講者2名
- 週次実績報告書（381ページ）のコピーを各チームに3部ずつ（各週に行うオペレーションのシミュレーションごとに1部）

○ 参加チームごとに、指導助手または助手役の受講者の1人が担当する
バッグを用意し、次のものを入れておきます。

- 個包装のキャンディ（スターバーストやトッツィロールなど）のような「商
品」250個
- おもちゃのお金650ドル
- 「銀行」宛の600ドルの小切手
- 顧客用の模造クレジットカード（薄板や厚紙で作ったもの）4枚
- 購入する個数、価格、決済方法（現金またはクレジット）について、各
チームの顧客役に与える特別な指示。各チームの残りのメンバーが
準備している間、販売前の週に顧客役全員に電話してこの指示を
こっそりと伝え、他の誰にも教えないように言います。指示は具体
的にしますが、受講者には、厳しい交渉をしたり大幅な値引きを要
求したりしてチームの販売員を試すための創造的な力を与えてくだ
さい。指示の例をいくつか示します。

■ 販売1週目
  ✓ 顧客1：現金で10個購入する。
  ✓ 顧客2：現金で15個購入する。
  ✓ 顧客3：現金で25個購入する。
  ✓ 顧客4：現金で5個購入する。

■ 販売2週目
  ✓ 顧客1：クレジットカードで20個購入する。
  ✓ 顧客2：現金で10個購入する。
  ✓ 顧客3：1つ4ドルでクレジットカードで40個購入する。
  ✓ 顧客4：1つ2ドルで50個購入するために長時間の交渉を行う
    が、言い訳を続けて交渉を引き延ばし、取引を成立させない。

■ シミュレーションで与えられた役割の名札を付けます（378ページ
の受講者用指示書を参照）。

演習当日までに、受講者を6〜14人のチームに編成しておかなければなりません（受講者たち自身で決めさせるか、講師が指定します）。全てのチームは、受講者用指示書をよく読んで、（そこで指定されている通りに）役割を割り当て、シミュレーション前にその役割を講師に報告し、（受講者用指示書に指定されている通りに）プロセスと文書を計画し、シミュレーション当日に必要な資料をクラスに持参してください。

・ タイムプラン（60〜90分）・

> 開始前

他のメンバーに聞こえないように、指導助手2名または受講者2名に次の指示を与えます。これは授業が始まる前にやっておくのがよいでしょう。

- **銀行員** － 銀行員には、（1）シミュレーションの準備中に各チームの銀行から600ドルの小切手（特定のチーム宛になるように記入）と50ドルの小口現金を振り出して各チームに届け、（2）各パッケージから600ドルの現金を各チーム用に用意するよう指示します。チームは、最初の金額を引き出すために600ドルの小切手を持参しなければなりません。銀行員にはさらに、（3）受講者がお金の預け入れや引き出しを行うこと、およびチームごとの台帳を維持管理するのは銀行員の仕事であるため、継続的に記録を取る準備をするよう指示します（378ページの銀行員の台帳を参照）。各「週」の終わりに、銀行員は各チームに「明細書」（期末残高が書かれた1枚の紙）を発行します。

  - 銀行員はタイムキーパーも兼任し、次に示す通り、あるラウンドから次のラウンドへ、またはチーム内のスピーカーから次のスピーカーへと速やかに進行していきます。

  - ■ 販売前の週 － 5分
  - ■ オブザーバーによるアップデート － 各チーム1分

- ■　1週目：全て現金販売 － 10分
- ■　実績台帳の作成 － 3分
- ■　オブザーバーによるアップデートと実績台帳 －各チーム1分
- ■　2週目：現金販売とクレジット販売 － 10分
- ■　実績台帳の作成 － 3分
- ■　オブザーバーによるアップデートと実績台帳 －各チーム1分
- ○　**サプライヤー** － サプライヤーに、受講者が在庫を「購入」しに来ることと、購入する商品1つにつき4ドルを支払わなければならないことを伝えます。ただし、サプライヤーは次のことも行います。
  - ・チームが発注する最初の注文（通常は最大の注文）について、納品数が過小になるようにします。例えば、100個の注文であれば、97個だけ納品してください。これは、商品受領時に在庫を数えるチームがいくつあるかのテストになります。指摘された場合は、不足分を補填する必要があります。
  - ・販売前の週以降にチームが行う購入については、チームが注文した後、4分間待たせて、配送時間をシミュレートしてください。

0:00 - 0:10

受講者用指示書に記載されている詳細と、シミュレーションの進め方を改めて確認します。

- ○　シミュレーションは販売前の週から始まり、ここで各チームは体制を整え、講師から全ての出発材料を調達し、製品を予約注文し、自分たちのプロセス戦略を議論することができます。
- ○　各ラウンドのタイミングを再確認してください。
- ○　各ラウンドの最後に、各チームのオブザーバーはその週に観察したオペレーションの課題や成功、チームが改善すべき点について、1～2つの所見をクラスに報告する必要があることを説明します。オブザー

バーが発表している間に、各チームは週次実績報告書（381ページ）を作成し、講師に提出します。この台帳を見れば、どのチームがオペレーションを把握しており、どのチームがそうでないかが分かります。

0:10 - 1:00

指定されたタイミングとルールに基づいて、シミュレーションを行います。ただし、2週目には次のような複雑な内容を追加します。

○ 講師は、各チームから経理担当者役の受講者を呼び寄せ、誰も見ていない隙を狙ってチームの保管庫から現金を盗むように指示します。この目的は、違反者を捕まえられるだけのチェックアンドバランスを備えたプロセスを持つチームがどれだけあるかを確認することです。

○ 各チームからオペレーション・メンバー役の受講者を1人呼び寄せ、誰も見ていない隙を狙って在庫を盗むように指示します。この目的は、違反者を捕まえられるだけのチェックアンドバランスを備えたプロセスを持つチームがどれだけあるかを確認することです。

○ 1つのチーム（各チームではない）から顧客役の受講者を1人呼び寄せ、悪評を（ボードに大きく書くことで）「SNSにポストする」ように指示します。チームが気付かない場合は、「広報に問題があるから何とかしてくれ」と大声を上げてください。この目的は、営業チームが他の営業活動に集中できないようにすることです。

○ もう1つのチーム（各チームではない）から顧客役の受講者を1人呼び寄せ、できるだけ大きな声で分かりやすく、キャンディを喉に詰まらせたり、キャンディに毒が入っていたりしたふりをするように指示します。チームが気付かない場合は、「広報に問題があるから何とかしてくれ」と大声を上げてください。この目的は、営業チームが他の営業活動に集中できないようにすることです。

シミュレーションを議論します。議論を喚起するのに役立つ質問として
は、次のようなものが挙げられます。

- あなたのオペレーションはどれくらい効果的・効率的ですか。その要
  因は何ですか。
- シミュレーションをもう一度やり直さなければならないとしたら、や
  り方をどのように変えますか。
- 直面した問題のうち、予期していなかったものは何ですか。
  - これは盗難や広報の問題についての誘導質問です。受講者が盗難に言
    及しない場合は、何か不正を発見したか尋ねましょう。彼らはその悪
    評にどう対処しましたか。
  - プロセスや人員配置の観点から、これはオペレーションの編成方法に
    ついてどのような意味を持ちますか。
  - フォローアップに適したトピックとして、職務の分離やチェックアン
    ドバランスについて簡単に紹介するのもよいでしょう。

・ 受講者に求められる演習後の作業 ・

学習成果を確認する方法の1つは、この活動のフォローアップとして、
サービス業など異なるタイプのオペレーションについて、オペレーショ
ン・プロセス・マップや職務分担を作成する課題を出すことです。

・ 指導のヒント ・

各チームに少なくとも数名、会計の基礎を学んだことがある受講者がいる
と助けになります。そうでない場合は、経理部から売上や在庫記録の基礎
に関する入門書を借りてきて、予習用として提供してください。
販売を行う週には、授業中に明るく気が散らない音楽を流して、クラスの
活気を高めるとよいでしょう。

販売前の週は、受講者が準備を整えるための期間です。この期間を使って各チームを見回り、用意はできているか、オペレーションや在庫の準備は万端か、自分たちがしていることを全員が理解しているかを確認するとよいでしょう。これは、静かなチームが互いに話し始めるきっかけにもなるかもしれません。この週は、オペレーション・チームが在庫を発注し、経理担当者が小切手を預け入れ、営業担当者が戦略について話し合う期間でもあります。

販売1週目は比較的単純で、顧客は比較的小口の注文を現金で購入します。このラウンドは「ビジネス・オペレーションの管理は比較的容易である」という誤った自信をチームに与えがちです。全ての動きを伝えるのに少し苦労するかもしれませんが、最初の販売ラウンドは、通常比較的スムーズにいくものです。この週はチームにとって、特にオブザーバーからのフィードバックを受けて自分たちのプロセスの問題点を解決するよい機会です。

販売2週目は、コミュニケーション、権限、統制など、様々な問題が発生し始める時期です。顧客や講師の介入によって複雑さが増し、ビジネスが同時に管理しなければならない問題の組み合わせを現実的にシミュレートすることで、これまで合意していたチームのプロセスや規範が崩れ、往々にしてチームはサバイバルモードに追い込まれてしまいます。オペレーション上の統制が優れているチームや、各部門に複数の人員がいるチームなど、一部のチームはチームメイトの中に盗みを働いている人間がいることに気付き、その違反者を職務から「解雇」するかもしれません。これは予想されることですが、しばしば人手不足につながります。教室は混沌として騒々しく感じるかもしれませんが、これは複数の問題に同時に対処する時間や人的資源を持たないベンチャーで、物事がどのように感じられるかを非常によく表しています。何が起きているかにかかわらず時間を守ることにより、混乱を収めることができ、学びを定着させるために極めて重

要な振り返りの時間も十分に確保することができます。

本演習では、受講者の行動について過度に具体的な指示を与えないように注意してください。受講者の多くは、講師に「XやYをやってもいいのか」と聞く傾向があります。受講者の創造性を最大限に引き出すために、必要以上のガイダンスやルールを与えることは差し控えましょう。

・ 帰属 ・

オリジナルの演習は、バブソン大学のジェニファー・エリスによって作成されました。

銀行員の台帳

ビジネス名	
期首現金	600ドル
在庫の取り崩し	
期末現金：販売前の週	
1週目ー預け入れ	
1週目ー引き出し	
期末現金：1週目	
2週目ー預け入れ	
2週目ー引き出し	
期末現金：2週目	

・ ビジネスオペレーション・ウォークスルー受講者用指示書・

これは「典型的な」ビジネスの短いシミュレーションです。あなたのチームは、1つの製品を販売する中小企業を表します。

ウォークスルーを行う前に、各チームは次のものを用意してください。

○ チームの名簿を用意してください。各チームは積極的な参加者と、場合によっては数名のオブザーバーで構成され、それぞれ次の役割を担います。

・経理担当者：1〜2名
・販売員：2〜4名
・オペレーション担当者：1〜2名
・「顧客」：2〜4名
・「ビジネス」のパルスレポートの作成を担当するコミュニケーション・ディレクター：1名
・「オブザーバー」（役割のない人）

○ 各ビジネスは、売上高、現金、在庫を追跡するためのプロセスを準備する必要があります。このようなプロセスの例を次に示します。

・在庫管理を維持するためのプロセス、および誰がどのような役割を果たすか。発注、受領、配布、販売した在庫を追跡・管理する方法を決定します。
・財務取引を記録し、オペレーション・サイクル終了時に財務諸表（損益計算書や貸借対照表など）を作成するシンプルな会計システム。
・シミュレーション中の時間ロスを防ぐため、オンラインツールやスプレッドシートは事前に準備を整え、アクセスが必要なチームメンバー全員で共有しておく必要があります。

・ウォークスルー（概要）・

クラスに到着すると、各チームにシミュレーション開始時の初期在庫100個が配られます。この商品は10ドルで販売されており、（講師または担当の受講者が演じる）サプライヤーからの購入には6ドルかかります。全ての商品は販売時に納品され、現金顧客の支払いも販売時に回収され、「顧客」にはそれぞれ現金250ドルが渡されます（もちろんおもちゃのお金です）。各チー

ムには650ドル（在庫購入用の小切手600ドルと現金50ドル、小口現金）が貸与されます。予想販売数量は週に30個です。商品の入荷には2週間かかり、最低注文数量は10個です。全てのクレジットカード取引には2%の手数料がかかります。オンライン注文は全て、注文時にクレジットカードで決済されます。クレジットカード会社からの振り込みは、商品の発送または納品時に行われます。

授業のはじめに、オペレーション部門のメンバーがサプライヤーから自分のチームの初期在庫注文を購入します。オペレーション部門は、チームが選択した在庫管理システムに応じて、販売員に在庫を前もって配布することも、必要に応じて配布することもできます。その後、各チームは発注、販売、在庫管理、現金管理に関連するビジネスプロセスを「ウォークスルー（体験）」していきます。ウォークスルーは「週」単位で行われます（具体的な週数は講師が決定します）。毎週末に、コミュニケーション・ディレクターは手持ち在庫（個数および金額）と財務諸表を報告する準備をしなければなりません。再注文が必要な場合は、各チームが追加注文の支払いと回収を管理する必要があります。ウォークスルーを開始する前に、チームメイトがチームのプロセスを十分に理解していることを確認してください。指名されたオブザーバーは、ウォークスルー全体を通じて自分のチームを観察します。毎週末に、オブザーバーはチームのオペレーションについてうまくいっている点と改善すべき点を報告し、フィードバックを与えることが期待されています。

このウォークスルーをスムーズに行えるように、全ての関連情報（コスト、価格、クレジットカード取引、リードタイム、最低注文数量、オンライン注文）をよく理解し、（システムやプロセスの）準備を整えておきましょう。

注意：各チームの様々な役割の人物は、シミュレーションの直前や実施中に追加の指示を受けることがあります。

週次実績報告書

チーム名： _____ 販売週： _____

当週の取引台帳 （オプション）

（これを入力すると、損益計算書や貸借対照表の作成が容易になるかもしれません）

	資産		負債	資本		
勘定／活動	現金	在庫	借入金	売上高	売上原価	費用

要約損益計算書

	週
販売数量	
売上高	
売上原価	
粗利益	
クレジットカード手数料	
その他の費用	
純利益	

貸借対照表

	週
現金	
在庫	
資産合計	
借入金	
負債合計	
期首資本	
新規利益剰余金	
資本合計	

	会計記録の数値	負債合計＋資本 実地棚卸の数値	
現金残高			

会計記録と実地棚卸の数値が違う理由について説明してください：

在庫照合

	会計記録の数値	倉庫における 実地棚卸の数値	従業員による 実地棚卸の数値
手持ち数量			

会計記録と実地棚卸の数値が違う理由について説明してください：

ハイライト

うまくいったことと、もっとうまくできたことは何ですか。

1) _____

2) _____

3) _____

6-9　アイデアズ・イン・モーション

[
執筆者：シェリル・カイザー
実践へのつながり：❉ ☀ ◉
]

・アントレプレナーシップにおける主要テーマ・

アイディエーション、ネットワーキング、検証、リソース獲得

・説明・

本演習は、「世界中の全ての人々のニーズは、寛容で生産的なコミュニティの方が満たされやすい」という考え方に対応した、実証済みの実践に根ざしています。集団的寛容と「ギフティング」の概念は、個人的に可能性に取り組み、個人のリソースベースを拡大する方法です。

3〜4名を指名して、アントレプレナーの課題を発表してもらいます。これはクラスの受講者でも、外部の人でも構いません。アントレプレナーをクラスに招いて課題を紹介してもらうことは受講者にとってありがたいことであり、アントレプレナーも受講者からのアドバイスにしばしば感謝します。いずれにせよ、1人5分で自分が直面している課題について発表してもらいます。課題が提示された後、グループは実行可能な次のステップのために迅速なアイディエーションを行います。少人数のグループに分かれ、参加者は自分が持っているもの、自分が知っている人、自分が知っていることだけを使って、質の高い次のステップをできるだけ素早く考え出します。次のステップをその日のうちに考え出せない場合は、「実行可能な次のステップ」とは見なされないことに注意してください。

この活動では、積極的に耳を傾け、手持ちのリソースを利用し、課題を抱えている人にアイデアを贈ることが必要です。私はこれを「ギフティン

グ」と呼んでいます。なぜなら、これを行うには「ギフター」が自分の個人的な経験や人間関係に由来する何かをする必要があるからです。ギフティングは、他者に対して単純な価値を証明すること以外に、深く考えずに行う最も純粋な寛容の形です。バブソン大学では、「アントレプレナー活動のあらゆる分野におけるギフティング・コミュニティ」を構築しています。これはしばしば、グループ内でお互いのアイデアを出し合うところから始まります。

アントレプレナー・リーダーシップにはマインドセットの転換が必要です。また、現在起きていることだけでなく、さらに重要なこととして、次に何をするかにも焦点を当てる必要があります。本演習では、バブソン大学の「アイデアズ・イン・モーション」というプロセスを用いて、アントレプレナー、ビジネスリーダー、個人が直面している現在の課題について、アイデアを発展させたり、それに対処したりします。このプロセスは速いペースで進み、参加者は問題の解決、アイデアの前進、個人または組織が現在直面している主な課題への対処に役立つEntrepreneurial Thought & Action®手法の要素を試すことができます。受講者には、自分のアイデアを必要としている人の役に立つために、好奇心と生産的志向を持って授業に来てもらいます。グループ全体で課題に対応し、プレゼンターがすぐに次のステップに進んでアイデアを実現したり、目の前の課題に対処したりするのに役立つアイデアを提供します。目標は、それぞれのプレゼンターが実行可能な次のステップとともに帰途につくことです。

本演習は、アイデアやリソースを共有するために、多様な人々をまとめる力も養います。プレゼンターがいつもの仲間やパートナーに尋ねるだけではできなかったかもしれない、思いがけないコネクションや関係がたくさん生まれるのです。

・ 利用例 ・

本演習は、あらゆるタイプのグループに対応することができます。私はこれを学部生、大学院生、アントレプレナー、エグゼクティブに使用して成功を収めています。クラス人数の制限はありません。本演習は、少人数にも多人数にも対応することができます。最大で100人、最小で10人のグループで行われたことがあります。

・ 実施方法 ・

対面、オンライン

・ 学習目標 ・

- アントレプレナー／個人が前進するために解決したいアイデア／問題／課題／欲求を表現し、共有するための機会に参加する。
- 「ギフティング」という概念を実験し、誰かのアイデアをさらに発展させるために洞察や知識を共有する。
- アイデアから行動へ、あるいは課題から機会へと物事を動かすために、あらゆる状況で使える新たなテクニックを実践する。

・ 理論的基礎と参考文献 ・

-Parker, P. (2018), The Art of Gathering: How We Meet and Why It Matters, New York: Riverhead Books.
-Sanford, C. (2020), The Regenerative Life: Transform Any Organization, Our Society, and Your Destiny, Boston, MA: Nicholas Brealey.

・ 教材リスト ・

- 参加者がET&Aとは何かを理解するための、ハイディ・ネックによるEntrepreneurial Thought & Action® の構成要素に関する1ページの配布資料（配布資料は入手可能 [17]）

○ 付箋、1グループにつき1パッド

・ 受講者に求められる事前作業 ・

クラスやセッションの前に、前進させたいことについて全員に考えてもらいます。アイデア、ビジネス、プロジェクトなど、具体的で分かりやすいものであれば何でも構いません。欲求を具体的に表現することが、最も質の高い価値ある回答を得るための鍵であることを忘れないでください。参加者はそのアイデアを持ってセッションに参加します。アイデアをピッチする機会の有無は分かりませんが、時間があればその準備をしておくとよいでしょう。

本演習は、食品アントレプレナーシップなどの特定のクラスでも有効です。私たちは、外部の食品アントレプレナー6名に課題を持って来てもらい、クラスでアイデアズ・イン・モーションを使ってビジネス上の課題解決を手助けしたことがあります。これは、受講者が現実世界の問題にアクセスし、かなり具体的な方法で食品ビジネスを発展させるための方法論を用いるために、非常に効果的です。

・ タイムプラン （60分。ただし90分まで延長可能） ・

0:00 - 0:15

ファシリテーターは、本演習はどのようなもので、どのようなものではないか、概要を説明します。アイデアズ・イン・モーションは、バブソン大学の Entrepreneurial Thought & Action® という方法論から生まれました。あなたは、あなた自身、あなたが知っていること、あなたが知っている人、あなたが持っているリソースを使って、発展させたい課題やアイデア

17　https://www.babson.edu/media/babson/site-assets/content-assets/about/academics/centres-and
　　-institutes/the-lewis-institute/fund-for-global-entrepreneurship/Entrepreneurial-Thought-and-Action-(ETA).
　　pdf

をピッチしている人に「ギフト」と呼ばれる洞察やアイデアを提供します。これは自由気ままな絵空事のブレインストーミングではありません。詳細に基づいており、「実行可能な」次のステップを提示することができます。一般論から離れてください。小さくても大きくても、実行可能であることです。ある人にアイデア、コネクション、リソースを贈った人は誰でも、セッションを終える前にその人にそれらを与えなければなりません。付箋紙を配るのは、「ギフター」が「ギフト」とメールアドレスを付箋紙に書いて、相手が「ギフト」をフォローアップできるようにするためです。それは個人的なものであり、常に生産的なものです。

「ギフトとは何でしょうか」。それは、その人を助けることができる人の名前やウェブサイトかもしれません。その人が次のステップに進むのを助けてくれる人の紹介やコネクションである場合もあります。つまり、その人が何かを作りたい、何かを変えたい、何かを解決したいという欲求に従って次の行動を起こすことを可能にする行為や行動のことです。

0:15 - 0:25

グループを5～10人の管理しやすいグループに分けます。彼らが事前作業を終えていることが望ましいですが、何らかの理由で事前作業を行っていない場合には、全員に前進させたいことを考えてもらいます。アイデア、ビジネス、プロジェクトなど、具体的で分かりやすいものであれば何でも構いません。欲求を具体的に表現することが、最も質の高い価値ある「ギフト」を得るための鍵であることを忘れないでください。

0:25 - 0:27

ファシリテーターは受講者の中から3人を選び、アイデアを発表してもらいます。全員がプロセスを理解した後、ファシリテーターは各プレゼンターに自発的に発表するよう求めます。3人分の時間があれば、誰が最初

に発表するかを選ばせます。準備ができていない場合は、ボランティアを募ります。遊び心を持って、やりたいことなら何でも構わないと伝えましょう。仕事や家庭、あるいは個人的なことで、何らかの形で実現したいと願ったちょっとしたことでいいのです。

0:27 - 0:30

最初の人が自分の欲求をピッチし、グループ全体が積極的かつ共感的にプレゼンターの話に耳を傾けます。

0:30 - 0:35

各グループは素早くアイデアを出し合い、実行可能な次のステップを3つ考えます。グループは、全てのアイデアを書き留めるための書記を指名しなければなりません。

0:35 - 0:40

各グループが3つの実行可能なアイデアをプレゼンターに「ギフト」し、それぞれのギフトの詳しい使い方を書いた付箋紙を渡します。

0:40 - 1:10

残り2人のプレゼンターについても、アイデアズ・イン・モーションとギフティングのプロセスを繰り返します（各15分）。時間が許せば、より多くの人に課題を発表してもらいましょう。

1:10 - 1:20

まとめです。最後に、最も重要なポイントの1つとして、新たな行動を喚起するために新たな言葉を使うことを参加者と共有します。言葉は全てを意味します。「ギフティング」という言葉を使うことで、誰かのニーズや

欲求に応えるための加速されたプロセスに、個人・グループの心や頭、人生経験を提供してもらうのです。ギフティングとブレインストーミングは根本的に異なるもので、異なる反応を引き起こします。まとめとして、自分たちがこのプロセスをチーム間や自分のチームで使っている姿を思い浮かべられるかどうか、参加者に尋ねてみましょう。この経験をどのように活用すれば、創造的で実行可能なアイデアやソリューションを加速させることができるでしょうか。楽しく、遊び心にあふれ、アイデアを出し合い、ギフトを贈る雰囲気を作り出すことは、まさに寛容さを体現しています。このように新たなアイデアの創造を志向することで、非常に低いコストで実験する習慣が身に付き始めます。

・ 受講者に求められる演習後の作業 ・

本演習を、チーム内やアントレプレナー、エグゼクティブ、家族、友人などとのブレインストーミングやアイディエーションのセッションと結び付けましょう。受講者は、受け取ったギフトをきっかけとして起こした行動を投稿することができます。

・ 指導のヒント ・

本演習は、10年以上にわたって何百人ものアントレプレナーや個人を対象に実践されてきたものです。最も重要なポイントの1つは、新たな行動を喚起するために新たな言葉を使うことです。言葉は全てを意味します。「ギフティング」という言葉を使うことで、誰かのニーズや欲求に応えるための加速されたプロセスに、個人やグループの心や頭悩、人生経験を提供してもらうのです。ギフティングとブレインストーミングは根本的に異なるもので、異なる反応を引き起こします。

個人のビジネスや課題について多くを知る必要はないことを強調することが大切です。私たちは「ギフター」として自分の視点を提供するととも

に、他者のアイデアや「ギフト」に頼っていることを受講者に思い起こさせましょう。これは、他者にとって価値があることの実現に弾みをつけることを目的とした、生産的で自由なプラットフォームであることを強調するのを忘れないでください。

例えば、食品アントレプレナーがフードビジネスに関するアイデア（または課題）をピッチするとき、私たちは食品の種類やビジネスについて多くを知っている必要はありません。私たちは誰もが食べる人であり、個人的な経験を通じてフードシステムの何らかの側面を体験しています。知的／認知的モードから個人的／実験的モードへの移行を促しましょう。

参加者に、ギフトは具体的で実行可能なものにすることを思い起こさせます。それは、相手が直ちに行動できるようなコネクション、ウェブサイト、申し出を提供したり、相手の方向性を後押しするような洞察を提供したりといった、シンプルなもので構いません。小さなことでいいのです。

・帰属・

本演習はバブソン大学のルイス・インスティテュート・フォー・ソーシャル・イノベーションが作成し、様々な形で使用されています。

第 7 章

「省察」の実践演習

7 ╱「省察」の実践演習

省察（リフレクション）の実践にはメタ認知が必要です。つまり、学びの内容を体系化するための思考について思考する演習です。これまでの全ての実践において行動志向であったことを踏まえると、省察は、ここでは単なる活動としてだけでなく、遊び、共感、創造と実験の実践で必要なその他全ての活動を理解させるものとして用いられています。さらに、アントレプレナーシップ教育における省察には、自分で内省することと、気付き、自己理解が必要です。本章では、省察の実践にとても役立つ8つの指導演習を扱います。

7-1　　未来を思い描く

```
執筆者：カンディダ・G・ブラッシュ
実践へのつながり：👥☀
```

・アントレプレナーシップにおける主要テーマ・

アイデアの創出規模と成長管理、マインドセット

・説明・

本演習では、受講生は未来像を思い描き、新規ベンチャーや、プロジェクト、その他のイノベーション立ち上げを含め、行動に基づいた実験のその先を考えることが求められます。受講生は、ビジョンの演習に愛着を持ち、前に進むためのステップを生み出し、自身のビジョンに基づいて動き始めます。

ベンチャーの設立以降、イノベーションやプロジェクトの成長は、戦術的な行動と実験、その他の立ち上げに関する活動に焦点が置かれることが多

く、そのベンチャーやプロジェクトが何であるのかに関するビジョンやイメージには、あまり関心が払われません。心を動かすようなビジョンを創造し、説明し、伝える方法を学ぶことは、他者が参加したいという動機をかきたて、ベンチャーの方向を決め、行動とベンチャーの目的とをつなげる上で不可欠です。

・ 利用例 ・

どのような参加者に対しても利用することができます。ビジョンの創造はプロジェクト、新規ベンチャー、イニシアチブ、イノベーションのどれにも応用できるため、あらゆるアントレプレナーシップのコースに適しています。一般的に、コースの後半、すなわち受講生が基本的なフレームワークを習得し、アイデアの持続可能性、実現可能性、そして魅力を検証するための様々な行動と実験に取り組んだ後の振り返りの際に設定してください。本演習は「様々な物事をまとめる」上で役に立ち、前進のための内なる指針となります。また、現在のビジネス活動に直接応用することができるので、ブートキャンプやワークショップに参加する、スタートアップ段階を終えた事業主に特に効果的です。

・ 実施方法 ・

対面、オンライン

・ 学習目標 ・

- ○ 新規ベンチャー（新規イニシアチブまたはイノベーション）の将来像を思い描き、それに基づいてビジョンを描く。
- ○ ビジョンを伝える練習をする。
- ○ ビジョンを実現する最初のステップを特定する。

・理論的基礎と参考文献・

-Decker, K. and B. Decker (2015), 'Communicating a corporate vision to your team', *Harvard Business Review*, 10 July, https://hbr.org/2015/07/communicating-a-corporate-vision-to-your-team.

-Jick, T. (1989), 'The vision thing', Teaching Note 9-490-019, Cambridge, MA: Harvard Business School.

-Kouzes, J. and B. Posner (1988), *The Leadership Challenge*, San Francisco, CA: Jossey-Bass.

-Nutt, P. and D. Backoff (1997), 'Crafting vision', *Journal of Management Inquiry*, 6 (4), 308–29.

Smith, M. (2015), 'Vision statement examples and inspiration' (2015), 17 February, https://businessingmag.com/1746/strategy/vision-statement-examples-and-inspiration/.

・教材リスト・

- ○ 配布資料1：ビジョンに関する事前課題（399ページ）
- ○ 配布資料2：未来を思い描く（401ページ）
- ○ 配布資料3：続けること・やめること・新しく始めること（402ページ）
- ○ 22センチ×28センチ大の様々な色紙
- ○ 複数色のマーカー。1グループにつき1セット

・受講者に求められる事前作業・

学生に、本演習の最後に掲載されている「配布資料1：ビジョンに関する事前課題」を記入させてください。

・タイムプラン（90分）・

90分間のセッションとして設計されていますが、フィードバックを1回省略することで、75分または60分に変更することができます。

導入

授業のはじめに、事前課題を参照してください。受講生は、授業のインプット用ワークシートに記入するよう求められています。本授業の目的は新規ベンチャー（イニシアチブまたはプロジェクト）を生み出す練習をし、このビジョンを伝える練習をし、このビジョンを実現するためのアクションステップを考え出すことにあることを覚えておいてください。

はじめにビジョンを定義する

どのようにビジョンを定義しますか？　実用的定義（399ページ）に記載されているビジョンに関する事前課題を参照するか、Jick（1989）の論文を参照してください。

ビジョンとは、将来の「心像」あるいはイメージのことです。強力なビジョンは、新規ベンチャーが将来的に成功する上で役に立ちます。ビジョンには明確で人を引きつけるイメージが伴っており、改善するための革新的な方法を提供します。

どのように戦略を定義しますか？　戦略とビジョンの違いをおさらいしてください。戦略とは行動と決定を定義し、ビジョンを実現するための計画です。あなたの目標と目的は何ですか？　目標と目的は、戦略を実施するためのセットであり、時間が定まっており計測可能です。

ではミッションとは何か、その定義をおさらいしましょう。ミッションは、組織が何を誰のためになぜ行うのかという具体的な目的のことです。

要約すると、ビジョンとは組織の将来像です。ビジョンは以下のような特徴を備えています。

- ○　未来志向である
- ○　簡潔で明瞭である
- ○　価値観に基づいている

- ○ 心を動かす
- ○ あなた自身の組織（またはあなた自身）に特有なものである

なぜ組織にはビジョンが必要なのでしょうか。ビジョンは野心的な将来像を提供し、組織を前進させるために人々が参加したくなる動機となります。ビジョンがなければ、組織は短期的思考に陥ることが多くなります。

`0:08 - 0:15` ディスカッション

授業前に記入したビジョン・ワークシートを参照しましょう。課題に取り組む上で、ビジョンを描くことは簡単でしたか、難しかったですか。どんなことに苦労しましたか。

`0:15 - 0:25` 演習

クラスを各テーブル4人か6人（偶数人）に分け、1分間で宿題の一環として作成した、それぞれの事前課題とビジョン・ステートメントを話し合うように指示してください。配布資料2、22センチ×28センチ大の紙、油性マーカーとペンを配布してください。このワークシートでは、参加者はビジョンを1つの絵として*描く*よう求められます。

`0:25 - 0:35` 受講生をペアにする

1人目がビジョン・ステートメントを読み上げ、2人目に絵を見せます。2人目は、次の質問に基づいて、フィードバックをしてください。その後、2人目は自身のビジョン・ステートメントと絵を1人目に見せて、1人目はフィードバックをしてください。

- ○ ステートメントは明瞭かつ簡潔でしたか。
- ○ 未来志向ですか。

- 意欲を引き出し、刺激的ですか。
- ステートメントは、ベンチャーの将来の本質を捉えていますか。
- 絵はイメージを伝えていますか。

0:35 - 0:40 個人作業

受講生は、フィードバックに基づいて、数分間でビジョン・ステートメントと絵を修正します。

0:40 - 1:00 テーブル別グループに戻る

学生に、テーブル別グループの全員に対してビジョン・ステートメントを共有させてください。1人につき1.5～2分使ってよいこととします。各々の発表の後、テーブル別グループは以下の質問に基づいてフィードバックをしてください。
- 聞き手は、ビジョンの「特色」を理解できますか。
- ステートメントはイメージを喚起しますか。
- 聞き手は、ビジョンの「特色」を理解しましたか。
- 改善のために提案するとしたら、どんなことでしょうか。

全ての発表が終わったら、テーブル別グループは、クラス全体に発表するために今回の演習から何を学んだか要約し、説明してください。

1:00 - 1:10 テーブル別グループによる報告

各テーブル別グループから1人を指名し、ビジョンメイキングのプロセス全体に関するポイントを共有するよう指示してください。通常、絵は記載されたステートメントと一致していないか、明瞭ではありません。クラス全体に絵とビジョンを共有してくれる受講生を複数人募ってください。

配布資料3、ワークシート

次のステップは、実現に取りかかることです。ワークシートを配布し、自分が取り組んでいるビジネスについてどのような活動を行っているか、またその活動が新たなビジョンと一致しているか否か考えるよう、そのクラスに指示してください。一致しているものについてはさらに進め、一致していないものについては打ち切らなければなりません。そうすることで、創造すべき新たなものが生まれる可能性があります。

まとめと質問

次のステップについて共有してくれる受講生を募ってください。何を続けますか。何を打ち切りますか。何を新しく始めますか。なぜビジョンを伝えることがそれほど重要なのですか。なぜ自身のチームがビジョンを伝え、自分の言葉で伝えることがそれほど重要なのですか。

・ このプロセスにおける本演習に対する省察 ・

ビジョンがなければ、組織は野心的な道を進む可能性が低くなり、従業員のやる気が下がり、決定に関する明確な指針がなくなります。組織の誰もが同じビジョンを同じ言葉で伝えることができれば、野心的な道は文化の一部となり、同じマインドで目標を達成するため全員がより協力的に働けるようになります。

・ 受講者に求められる演習後の作業 ・

セッション後、受講生に対し、時間をかけてビジョン・ステートメントを修正し、必要であればビジョンの絵も修正するよう指示してください。追加の課題として、修正版のステートメントと絵を次回の授業に持参させ、再度発表するか、評価用の課題として提出させてもよいでしょう。

本演習は、ハードサイエンスの訓練を受けた一部の受講生、例えばエンジニアや、タスク志向が強い受講生にとっては困難となる可能性があります。この場合、実際の、または現実的にありそうなビジョンについて、視覚的・文章による例を挙げることが有用です。Google画像検索で「将来のビジョン」を検索すると、多くの例が見つかります。複数のウェブサイトやブログにも、「優れたビジョン・ステートメント」が掲載されています。ビジョンがなければどうなるか受講生に考えさせることも有益です。学部生については、戦略、ミッションとビジョンの定義を混同する可能性に備えてください。強調すべき重要な点は、ビジョンが刺激的かつ価値観志向であるということです。本演習を企業ベンチャー、プロジェクト、新規のイニシアチブまたは社会イノベーションに活用する場合、事前課題と全ての配布資料において、新規ベンチャーから適切な文脈へと文言を変更してください。

・ 配布資料1：ビジョンに関する事前課題 ・

これまで本コースで扱ってきた文献、テーマとフレームワークを振り返ってください。新規ベンチャーの実現可能性、持続可能性と魅力を証明するために行ってきた活動を棚卸ししてください。あなたがしてきた取り組みは、おそらく解決策を想定し、ニーズがあるか否か、ベンチャーにより問題が解決するか、そしてソリューションが役に立つか否かを検証するために行動を起こし、実験を行うことだと思われます。しかし、必要不可欠なのは新規ベンチャーの将来のビジョンを検討することです。すなわち、それはどのようになり得るのでしょうか？　自身の新規ベンチャーの将来に関する全体「像」または夢は何ですか。

ビジョンとは、将来の「心像」あるいはイメージのことです。強力なビジョンは、新規ベンチャーが将来的に成功する上で役に立ちます。ビジョ

ンには明確で人を引きつけるイメージが伴っており、革新的な改善法をもたらします。ビジョンは伝統を評価し、変化を実現するために人々が実行し得る行動へとつなげます。ビジョンは人々の感情、エネルギーを刺激し、そして適切に構築し明確に示せば熱意を生み出します。ビジョンは時間に規定されており計測可能な目標や目的とは異なります。長期的な行動と決定の指針となる戦略とも異なりますし、評価や利用が可能な機会とも異なります。ビジョンとは、個人、集団、コミュニティ、組織、アントレプレナー的企業、確立した企業が持つことができるものです。

ビジョンには、主に4つの主要な側面があります。

- ○ **価値観**：ビジョンは、あなたの現在と将来において中心的な要素となるものとそうでないものの中に根ざしています。
- ○ **未来志向**：ビジョンは将来に向けたパターンを形作ります。すなわち、範囲と時間が組み込まれています。将来は、好みに応じて年単位（3年、5年）、出来事単位（退職など）、その他の側面で計測することができます。
- ○ **イメージ**：ビジョンには、図式的、3次元的で「どうなり得るのかという像」となる要素が含まれています。
- ○ **目的**：ビジョンは、行動の理由と、目標と戦略を設定する基盤を与えてくれます。

自身のベンチャーのビジョンについて検討を始めるためには、目標とする地点についてある程度の省察を検討する必要があります。10〜15分で次の質問について考えてください。

- ○ 自身のベンチャーを表す3〜5個の核心的な価値観は何ですか。
- ○ 自身のベンチャーの社員が最も熱意を傾けていることは何ですか。
- ○ 一緒に働く人々について、最も重視していることは何ですか。
- ○ 今後3年間の間に自身のベンチャーに期待することは何ですか。

- 自身のベンチャーの中核的な能力は何ですか。
- リソースが無限にある場合に自身のベンチャーで何か2つ行うとしたら、何をしますか。
- 自身のベンチャーにはできて、競合相手にはまねできないことを2つ挙げるとしたら何ですか。

これらの質問に答えた後、目を閉じて、今後5年間で自身のベンチャーがどうなるか、「像」を思い描いてください。オフィスはどのようになっていますか。誰がそこで働いていますか。彼らは何をしていますか。あなたは何をしていますか。どのような活動が行われていますか。コンピュータを起動したときに画面に映るものは何ですか。顧客が入って来るとすれば、それは誰ですか。目を開けて、自身のベンチャーについて、ビジョン・ステートメントを（3行程度で）書いてください。

・ 配布資料2：未来を思い描く ・

1. 1分間で、事前課題で作成した自身のベンチャーのビジョンを見直してください。
2. A4大の紙を1枚取り、ビジョンを絵にしてください。
3. 各参加者はペアになって、ビジョン・ステートメントと絵を相手に見せます。お互いにフィードバックをしてください。
a. ステートメントは明瞭かつ簡潔でしたか。
b. 未来志向ですか。
c. 意欲を引き出し、刺激されますか。
d. ステートメントは、ベンチャーの将来の本質を捉えていますか。
e. 絵はイメージを伝えていますか。

4. 必要に応じてビジョン・ステートメントと絵を修正してください。

5. 各参加者は、グループ内で自分の絵とビジョン・ステートメントを発表してください。グループメンバーは、参加者にフィードバックしてください。発表の制限時間は2分間です。

a. 聞き手は、ビジョンの「特色」を理解できますか。

b. ステートメントはイメージを喚起しますか。

c. 聞き手は、ビジョンの「特色」を理解しましたか。

d. 改善のための提案は何ですか。

e. 自身のグループから得られた学びを1点に要約するとすれば何ですか。

・ 配布資料3：続けること・やめること・新しく始めること ・

ビジョン（ステートメントを記入してください）

_____

続けること

自身の活動の中で、ビジョンを支え、うまくいっているものは何ですか。

_____

やめること

自身の活動の中で、ビジョンを支えていないものは何ですか。

_____

新しく始めること

ビジョンを支えるものとしてすべきことは何ですか。

_____

7-2 なぜあなたに投資する 必要があるのか

作成者：レス・チャームとハイディ・M・ネック
実践へのつながり：😀👁️💡

・ アントレプレナーシップにおける主要テーマ ・

アントレプレナーの資金調達、ネットワーキング、リソース獲得、ピッチング

・ 説明 ・

あらゆるアントレプレナーは、セールスパーソンでなくてはならず、最初に売り込む商品の多くは、事業ではなく自分自身です。その上、ベンチャーの初期の段階においては、アントレプレナーとベンチャーを分けることは実質的に不可能です。受講生は、ある基本的な質問、すなわち「なぜあなたに投資する必要があるのか」という質問に答え慣れる必要があります。自身の価値や実績について、うそのない形で話すことに慣れ、自信を持たなければなりません。

この短い演習で、受講生は1分以内に「なぜあなたに投資する必要があるのか」という質問に対し、クラスの前で答えることが求められます。ここでは本演習のバリエーションを説明し、受講生がフィードバックを受け、より効果的にその質問に答えるための様々な方法を提示しています。

・ 利用例 ・

本演習は、大学院生や実務家など、より経験のある参加者に向いています。

・ 実施方法 ・

対面、オンライン

・ 学習目標 ・

- 自分自身に関する手短なセールストークを作成する。自分自身を差別化でき、具体的なものでなければなりません。
- 受講生にとって最も快適な方法で自己宣伝を実践する。
- 受講生が述べた内容と、聞き手が聞いた内容を比較する。

・ 理論的基礎と参考文献 ・

-Gibori, R. (2019), 'The most well-kept secret on how to attract investors', *Crunchbase*, 15 March, https://about.crunchbase.com/blog/how-to-attract-investors/.

-Marcus, B. (2012), 'Mastering the art of authentic confident self-promotion', *Forbes*, 22 February, https://www.forbes.com/sites/bonniemarcus/2012/02/22/mastering-the-art-of-authentic-confident-self-promotion/.

-Wax, D. (n.d.), 'Building relationships: 11 rules for self-promotion', *Lifehack*, https://www.lifehack.org/articles/communication/building-relationships-11-rules-for-self-promotion.html.

-Witty, A. (2018), '5 tips for practicing self-promotion without being totally annoying', *Entrepreneur*, 6 February, https://www.entrepreneur.com/article/308559.

・ 教材リスト ・

- 白紙（受講生1人につき1枚）
- インデックスカード（受講生1人につき2枚）
- タイマー

・ 受講者に求められる事前作業 ・

上記の参考文献一覧にある文献を、事前あるいは事後の課題としてもよい

でしょう。受講生に対し、事前に、次の授業では受講生の一部（または全員）が、1分以内のプレゼンテーション（スライドなし、口頭のみ）を行い、「なぜあなたに投資する必要があるのか」という質問に答えてもらうことになると知らせてください。その他の詳細については伝えてはなりませんが、前述の参考文献が推奨されます。熟練の実務家を対象とする場合は、事前の通告や準備なしに行う「ぶっつけ本番」の演習としてもよいでしょう。

・ タイムプラン（15-60分）・

0:00 - 0:05

投資家は何よりも先に「人」に投資する、ということがとてもよく知られていることを受講生と話し合ってください。そのため、あらゆるアントレプレナーは、自身の価値、実績と専門知識について話すことに慣れ、自信を持つ必要があります。自己宣伝は、多くの人にとって難しいですが、自己ブランドを築くには、自信と信憑性のバランスを取ることが必要です。

0:05 - 0:10

演習が3つのフェーズから構成されることを説明してください。

フェーズ1（発表）：3人の受講生が、「なぜあなたに投資する必要があるのか」という質問に回答します。3人による発表が全て終わったら、うまくいった、あるいはうまくいかなかったと感じた内容について、クラス全体から発表者に対しフィードバックします。このフェーズを少なくとも2回、計6回の発表が行われるまで繰り返してください。

フェーズ2（ペアで共有）：受講生をペアにして、お互いに発表を行わせてください（詳細は以下に記載されています）。

フェーズ3（省察と書き直し）：受講生全員に対し、「なぜあなたに投資する必要があるのか」という質問に対する「最適な回答」を記入させてください。

フェーズ1

発表を行う受講生を3人（最大5人）募り、各受講生に対し、1分以内に発表を収めるように伝えてください（タイマーを使用してください）。受講生による発表が終わったら、クラスにフィードバックを求めてください。フィードバック開始時の質問としては、次の案が挙げられます。

- それぞれの発表に共通するパターンは何でしたか。
- 非常に際立っていたのはどんなことでしたか。
- 発表者によってどのような違いがありましたか。
- 最も効果が高かったこと、最も効果が低かったことは何ですか。
- 人によって自己宣伝が難しいのはなぜですか。

フィードバックの際には、発表が具体的だったとき（例：私はX社の設立チームの一員で、会社はその後2019年にY社に売却されました）と曖昧だったとき（例：私は生まれてこの方アントレプレナーであり続けてきました）を対比させたり、自身の価値について難なく話していた受講生と、より苦労していた受講生を例に出したりしてもよいでしょう。

受講生をさらに3人募って、上記を繰り返してください。次のグループの受講生が、最初のグループに与えられたフィードバックの一部を取り入れているのが理想的です。上記と同じ省察用の質問の一部に加え、「今回と前回ではどちらがよかったですか」という質問をしても構いません。

`0:25 - 0:35` **フェーズ2・パート1**

フェーズ2は、2つのパートからなり、いずれのパートにおいても、受講生はペアになることが求められます（グループごとに2ペア）。パート1では、各受講生は相手に対して発表（1分）し、相手はフィードバック（2〜3分）をします。相手に対して、意味のある、場合によっては批判的なフィードバックをするよう促してください。「聞き手」は、フィードバックの指針

として、次の質問を利用できます。

- ○ 発表者自身の価値について具体的な発表でしたか、それとも曖昧でしたか。
- ○ あなたが投資家だとしたら、この人物に投資しますか。その理由は何ですか。
- ○ 発表者が改善できることは何ですか。
- ○ 発表者から学んだことの中で、あなた自身の発表に生かせる内容は何ですか。

次に、役割を交代し、発表者は聞き手になります。

0:35 - 0:45 フェーズ2・パート2

パート2では、各受講生にインデックスカード2枚を配布し、1枚のインデックスカードに、聞き手に聞いてほしい内容を3点記入させてください。次に、受講生に対し、新たな相手を見つけるよう指示してください。このパートでは、再び1分で発表を行い、「なぜあなたに投資する必要があるのか」という同じ質問に回答します。1分間の発表の後、聞き手に発表者から聞いた3つの主なポイントを記録させて、役割を交代してください。この時点では、両受講生がお互いに発表をするまで、カードを共有してはなりません。

両受講生がお互いに発表を行った後、「聞き手」としてのカードを発表者に渡してください。受講生が議論すべき質問は次の通りです。

- ○ インデックスカードの内容は一致しましたか。すなわち、発表者が聞き手に聞いてほしい内容を、聞き手は聞いていましたか。
- ○ 聞き手にとって、発表は引きつけるものでしたか。あなたならこの人物に投資しますか。その理由は何ですか。
- ○ 全体的に、自己ブランドについて話し合ってください。自己ブランド

はありますか。またはどのような自己ブランドを持ちたいと思っていますか。

`0:45 - 0:50` **フェーズ3**

フェーズ3は短い省察部分です。全てのフィードバックを踏まえ、各受講生に、白紙の紙に（手書きで）「なぜ私に投資すべきか」という質問に対する「ベストの」回答を記入させてください。5分後、次の課題を説明してください。受講生に対し、オンライン掲示板に最適な回答を投稿あるいは紙で提出するよう指示してください。この掲示板（Canvas、Blackboardなど）は、クラスの全員が閲覧できるようにしても、講師のみが閲覧できるようにしても構いません。

`0:50 - 1:00` **最終ディスカッション**

本演習から得られた主な学びを要約してください。次の内容を含めてもよいですし、これらに限定しなくても構いません。

- 投資家、特に初期の投資家は、事業ではなくアントレプレナー自身に投資すること。
- 全てのアントレプレナーは、セールスパーソンであること。
- 自己宣伝と信憑性のバランスを取るには、自信が必要であること。コンフォートゾーンを見つけてください。
- 3つのポイントを書き留めることが重要であること。紙に書くことで、これらの3つのポイントにより多くの意味が与えられるからです。
- これら全てには練習が必要であること。練習はリハーサルではありません。（1）それを信じ、（2）投資家の前だけでなく、聴衆全員の前で自身の価値を示す勇気を発揮できるようにするための練習です。

授業の演習後、宿題として、自分自身のベストな回答をオンラインで投稿あるいは紙で提出するよう指示してください。

・ 指導のヒント ・

本演習を進めるにあたっては、タイミングが重要です。クラスには、ジェンダーあるいは文化的相違がある可能性があることを認識してください。例えば、女性は男性よりもセルフプロモーションに苦労することが研究によって裏付けられています。状況によっては、授業で取り上げるのに興味深いトピックかもしれません。また、必修のアントレプレナーシップ・コースを指導しており、受講生が必ずしも事業の立ち上げを望んでいない場合は、就職に際し「なぜあなたを採用すべきなのか」という質問に回答するためにも、本演習を活用できることを伝えてください。

7-3 不確実性とコーポレート・アントレプレナーシップ —— TMRO（Tomorrow）フレームワーク

> 執筆者：アンドリュー・C・コーベット
> 実践へのつながり：⬤

・ アントレプレナーシップにおける主要テーマ ・

規模と成長管理、アントレプレナー的チーム、アントレプレナー的マインドセット

・ 説明 ・

本演習で強烈な省察の経験をすることで、受講生は、なぜ現在の企業、過去の企業および／または企業一般が、アントレプレナー的になることが難

しいのか、深く考えることができます。受講生は、アントレプレナー的活動を押しとどめている深い問題を明らかにし、将来、アントレプレナー的活動を花開かせる行動に焦点を当てることができます。本演習は、シンプルですが極めて強烈な演習です。最低限必要なものは、付箋、丸シール、フリップチャート1〜2枚だけですが、省察とディスカッションで得られるものは深く有意義なものとなることが多いでしょう。

受講生と実務家は、自身の組織が官僚的であり、大きな既存の組織でアントレプレナー的スキルを実践するのに苦労すると不満を漏らすことがよくあります。研究によると、組織が全く新しい商品やサービスを発見し、育て、実現することを妨げるはっきりしない形態があります。組織が大きければ大きいほど、アントレプレナー的解決策を発見しようと苦労するかもしれませんが、単に規模や構造、優秀な人材がいないことだけが理由ではありません。コダック、ポラロイド、ネットスケープ、マイスペース、ブラックベリー、より最近では多くの小売業者（トイザらス、ボーダーズ、シアーズ、ピア・ワン・インポーツ、メイシーズなど）などの組織が倒産、あるいは業績不振に陥っているのは、もっと根本的な理由があります。すなわち、組織内で技術的な（Technical）、市場の（Market）、資源面での（Resource）、そして組織的な（Organizational）不確実性を適切に管理していなかったからです。本演習は、大学院生と経営者レベルの受講生に対しTMRO（Tomorrow）フレームワークを紹介し、コーポレート・アントレプレナーシップ・イニシアチブを管理し、構築し、実施する方法を理解することに役立ちます。

・利用例・

本演習は、コーポレート・アントレプレナーシップに特化した大学院または経営者教育コースに最適ですが、一部の一般的なアントレプレナーシップ・コースにも適しています。実際の企業経験や実務経験がない学部生にとってはあまり役立ちません。本演習は、12人の少人数のクラスから、

60人までのクラスで開催できます。

・ 実施方法 ・

対面、オンライン

・ 学習目標 ・

○ 企業による画期的なイノベーションと全く新しい商品やサービスの開発を妨げている4つの主要な不確実性の種類を特定する。

○ シンプルながら強烈な演習を経験し、各人が企業のアントレプレナー的能力をよりよく理解するための一助とする。

○ 組織内・組織間の相違のうち、アントレプレナー的取り組みの制約となるものと、成功につながるものについて議論する。

・ 理論的基礎と参考文献 ・

-Corbett, A.C. (2018), 'The myth of the intrapreneur', *Harvard Business Review*, 26 June, https://hbr.org/2018/06/the-myth-of-the-intrapreneur.

-O'Connor, G. and A. Griffin (2002), 'Special issue on teaching and learning new product development', *Journal of Product Innovation Management*, 19 (1).

-O'Connor, G., A.C. Corbett and L. Peters (2018), *Beyond the Champion: Institutionalizing Innovation through People*, Redwood City, CA: Stanford University Press.

-O'Connor, G., R. Leifer, A. Paulson and L. Peters (2008), *Grabbing Lightening: Building a Capability for Breakthrough Innovation*, San Francisco, CA: Jossey-Bass.

-Rice, M.P., G. O'Connor and R. Pierantozzi (2008), 'Implementing a learning plan to counter project uncertainty', *Sloan Management Review*, 49 (2), 54–62.

-Thangavelu, P. (2018), 'Companies that went bankrupt from innovation lag' https://www.investopedia.com/articles/investing/072115/companies-went-bankrupt-innovation-lag.asp

-Valuer (2018), '50 examples of corporations that failed to innovate' https://valuer.ai/blog/50-examples-of-corporations-that-failed-to-innovate-and-missed-their-chance/

○ **従来の対面型教室**

この様式で必要なものは、各受講生につき小さな（7.5センチ四方）付箋１枚と、教室の前方に大きな紙をかけたイーゼル１台、あるいは白板または黒板だけです。受講生は付箋に記入した後、付箋を貼り付けます。パート２では、フリップチャートをさらに１枚、419ページ表7.3の配布資料と、１人につき丸シール２枚（筆者は各受講生用に赤色１枚、緑色１枚を使用しています）、そして受講生全員にペンか鉛筆が必要です。

○ **オンライン**

この配信様式では、全てをオンラインで実施します。最も簡単なのは「Googleスライド」を利用して、大きな白いスライドを作成し、対面様式におけるイーゼルにかける紙を再現することです。大きな白いスライドの脇には、様々な色の「電子」版の付箋を作成することができます。Googleスライドのページを全受講生に共有し、受講生がページにアクセスし、付箋を電子的に記入し、「イーゼル」の適切な位置に貼るよう指示するだけです。

・ 受講者に求められる事前作業 ・

受講生が事前に読むべき課題を課す必要はありませんが、適切なマインドセットを備えてほしいのであれば、以下の基礎的文献の一部または全部を読むよう指示してもよいでしょう。

-Corbett, A.C. (2018), 'The myth of the intrapreneur', *Harvard Business Review*, 26 June, https://hbr.org/2018/06/the-myth-of-the-intrapreneur.
-Thangavelu, P. (2018), 'Companies that went bankrupt from innovation lag' https://www.investopedia.com/articles/investing/072115/companies-went-bankrupt-innovation-lag.asp
-Valuer (2018), '50 examples of corporations that failed to innovate' https://valuer.ai/blog/50-examples-of-corporations-that-failed-to-innovate-and-missed-their-chance/

・タイムプラン（90分）・

授業前の準備

授業が始まる前に、受講生が回答を貼り付けるフリップチャートを2枚準備してください。1枚目には、2本の線を引いて4等分し、技術的（Technical）、市場（Market）、資源面（Resource）、そして組織的（Organizational）（図7.1）、という4つのラベルを付してください。2枚目には、大規模な組織においてアントレプレナー的になるために企業がうまく機能しなければならないと研究で証明された8つの活動を記載してください。各行を線で区切り、演習のパート2において受講生が赤い丸シール1枚と緑の丸シール1枚を貼り付けられるようにスペースを空けておいてください（表7.1）。これらのイーゼルは、使用するときまで隠してください。イーゼルの表紙を白紙にし、その下にこれらの紙を準備しておくだけでよいのです。

技術的	市場
資源面	組織的

図7.1　不確実性の種類

表7.1　大規模な組織におけるアントレプレナー活動

イノベーションとアントレプレナー的活動のための特定可能な組織構造	
社内外の協力者を結び付ける豊富な接点	
業界内・市場分野内における強力なネットワーク	
画期的なイノベーションとアントレプレナーシップに特有の才能とスキル	
画期的なイノベーションとアントレプレナーシップに特有のツールとプロセス	
プロジェクト、プロジェクトのポートフォリオ、システム全体におけるガバナンス	
社内のスタートアップ・プロジェクトと、社内企業を育成する適切な基準	
画期的なイノベーションとアントレプレナーシップを重視する文化とリーダーシップ	

パート1

セッションのはじめに、失敗した製品、倒産した企業について受講生に質問をし、ウォーミングアップをしてください。学生に対し、現在は存在しない、あるいは製品で大失敗を犯した、過去または最近の企業の例を挙げるよう尋ねてください。なぜ失敗が生じたのかを尋ねてはいけません。演習のバイアスとなる可能性があるからです（この点については、後で取り上げます）。そのすぐ後に、本演習全体を取り巻く次のシンプルな質問を尋ねてもよいでしょう。「大組織がアントレプレナー的・革新的になるのに苦労する主要な理由は何ですか」。私は、この質問を視覚資料としてPowerPointのスライド上に表示しています。

受講生に対し、最初に思いついた内容を付箋に書き、その記入済みの付箋を取っておくように指示するとともに、改めて1〜2分後に使用することを伝えておいてください。

私は次に、主としてアントレプレナー的活動や、イノベーション能力がないために倒産した企業のロゴを掲載したスライドを見せています。これも受講生向けの視覚的手掛かりに過ぎません。このような企業の「典型」例のロゴには、コダック、モトローラ、ポラロイド、ブラックベリー、そして、より最近ではシアーズ、Kマート、ブロックバスターなどの小売業者が挙げられます。

次のスライドには現存する企業のロゴを表示し、その企業が現在業績不振に陥っている理由を説明します。好例としては、従来型の小売企業（JCペニー、メイシーズなど）が挙げられますが、直近の例を素早くインターネットで検索することもできます。これにより、さらなるディスカッションの機会となるとともに、受講生が把握している業績不振の企業に関するイン

プットを受講生から得られる機会となります。私は受講生を参加させ、ディスカッションモードにするために、受講生に例を挙げさせています。最後に、視覚的手掛かりとして、製品、市場または企業のライフサイクル（実質的にはいずれも同じです）の画像を表示します。ライフサイクルには、導入期、成長期、成熟期、衰退期（またはそのバリエーション）が含まれています。学生に対し、既存の企業にとってのアントレプレナーシップが重要なのは、企業内に新たな企業を育て、少なくとも全く新しい事業を生み出すことで、衰退期を防ぐために有用であるからだと伝えてください。また、受講生がこれまでに特定した企業は、衰退期から復帰することができなかったと繰り返し強調してください。

0:20 - 0:30

コーポレート・アントレプレナーシップにおける不確実性のコンセプトを説明するにあたり、受講生に対し、付箋に記入した内容を見直すよう指示してください。研究によると、企業の妨げとなっているのは、アントレプレナー的に行動し、既存の製品に段階的・小規模な更新を行う以上のイノベーションを起こそうとするときに、企業が直面する**主に4種類**の不確実性を適切に管理できていないことです。筆者が同僚と実施した研究（*Beyond the Champion* - O'Connor et al., 2018およびその他の基本的文献を参照のこと）によると、人的問題と組織的な不確実性が、アントレプレナー的取り組みにおいて企業を麻痺させる要因となっています。20年間にわたる研究によると、懸念すべき点は4つのグループ（技術的、市場、リソースおよび組織的）に区分することができますが、人的問題、官僚主義とその他の関連する問題が主要な要因となっています。クラスと議論する際に、表7.2を配布資料にしたり、それぞれの不確実性をPowerPointのスライドに表示したりすることもできます。

表7.2 技術的、市場、リソースと組織的不確実性の定義

不確実性の種類	定義
技術的	基礎となる科学的知見の正確性と完全性、製品の技術仕様、製造プロセスの信頼性などをどの程度実装できるかに関する不確実性。
市場	顧客のニーズと要望がどの程度明確で十分に理解されているか、顧客と製品間の従来の交流形態をどの程度利用できるか、従来の販売／流通手段の適切性、競合相手の製品との関係などに関する不確実性。
リソース	資金だけでなく、適切なチームの構成、パートナーシップなどの手段を通じた外部の能力へのアクセスなど重要な問題が含まれます。コーポレート・アントレプレナーシップには何年も要するため、関心とリソースは時間とともに増減し得ます。継続的にリソースを追求する用意がなければなりません。
組織的	組織的抵抗、継続性・持続性の不足、期待と基準の不一致、内外のパートナーの変化、戦略的コミットメントの変化。これは主流の組織部署とイノベーション担当部署との間の根本的な対立、および／またはこれらの部署間の移行問題が原因です。

クラスの参加者を引き付けるため、各種類の定義を説明しないようにしてください。各種類の不確実性の意味は何だと思うか受講生に尋ねてください。「教科書的」な定義を明らかにする前に、各種類の不確実性が何であるか、自分の言葉で伝えるよう指示してください。筆者ははじめに技術的不確実性を取り上げ、市場、リソースに進み、最後に組織的不確実性を取り上げます。

各種類の不確実性の意味を要約、再確認してください。次に、全員に対し、席を立って、付箋を取り、参加者が何を書いたのかを再度確認し、あなたが作成した最初のフリップチャート（414ページ）の中の当てはまるボックスに貼り付けるよう指示してください。イーゼルの紙の上部にある技術的・市場の空間に1、2枚の付箋が貼られる可能性がありますが、通常は何も貼られません。左下のリソースの空間にも数枚貼られるでしょうが、通常は大多数の90％以上が右下の組織的不確実性の空間に貼られる

ことになります。

私は、大学院生、経営者教育受講生、同じ企業の従業員、複数の企業から
なる混合グループを対象に、数十回にわたり本演習を実施しましたが、常
に同じ結果でした。また、過去10年、4大陸で本演習を実施しましたが、
常に同じ結果でした。このことから分かるのは、企業が投資し、資金など
のリソースで支援し、新製品にふさわしい市場を見つける能力よりも、人
的・組織的問題の方が、はるかにコーポレート・アントレプレナーシップ
に関連しているということです。コーポレート・アントレプレナーシップ
とは、基本的に、人的・組織的な問題なのです（O'Connor et al., 2018を再度
参照のこと）。

0:30 - 0:55

さあ、お楽しみの始まり、ここから深い振り返りをします。受講生がイー
ゼルに付箋を貼り付け始めるにつれ、ほぼ全員の付箋が組織的の項に貼ら
れていくのを見て、発言があったり笑いが漏れたりし始めます。全員が席
に戻ったら、手始めに「どうですか」と尋ねても構いません。最初に受講
生からいくつか反応があった後、以下のような直接的な質問をしてもよい
でしょう。

- もし人的・組織的な問題であれば、なぜ企業（と大衆紙）は最新技術と
  新市場に焦点を当てているように思われるのでしょうか。
- 勤務した企業には、他の懸念事項がありますか。
- よりアントレプレナー的になるために、企業はどのように人材を育成
  すべきですか。
- 企業は、具体的なアントレプレナーシップやイノベーションの役割を
  設置するべきですか。

本演習を経営者教育プログラムで実施する場合、特に同じ組織の従業員と

実施する場合は、本演習は深い企業セラピーセッションとなる可能性があります。希望に応じて延長しても構いません。

パート2

0:55 - 1:05

パート2に進むと、受講生には、パート1で明らかになった問題にどのように対処し始めるかが明らかにされます。ここで、研究で明らかになった、企業がもっとアントレプレナー的になる環境を作るため必要な活動について伝えてください。この段階で、筆者は受講生に対し、表7.3の配布資料を配り、これらの活動それぞれについて説明しています。スライドで個別に説明しても構いませんが、受講生が丸シールを2つ目のイーゼルに貼り付けるときに、参考資料として何らかの配布資料が必要になるため、ここでは配布資料が勧められます。

表7.3 パート2用配布資料

大規模な組織におけるアントレプレナー活動の定義	
1. イノベーションとアントレプレナー的活動のための特定可能な組織構造	・アントレプレナーシップと画期的なイノベーションのための明確な組織的マンデートと支えるインフラ ・段階的なイノベーションとの相違点の認識および／または研究開発とそれを支える構造
2. 社内外の協力者を結び付ける豊富な接点	官僚主義を回避し、組織内と組織外の協力者や潜在的パートナーとの間でアイデアと機会とを結び付け、実験し、共創することを可能にする組織設計
3. 業界内・市場分野内における強力なネットワーク	社内外で強力なネットワークと政治力を備えた経営幹部陣。産業内に十分なコネクションがあり、組織内外で支援を得るため、他者を巻き込むことができるイノベーションのプロフェッショナル
4. 画期的なイノベーションとアントレプレナーシップに特有の才能とスキル	アントレプレナーシップと画期的なイノベーション専門人材の育成―画期的な機会を発見し育てる上で必要な人材とスキル、彼らを独立した運用部署にしようと加速させる能力

5. 画期的なイノベーションとアントレプレナーシップに特有のツールとプロセス	内外の機会を精緻化するために導入されているプロセスとツール。私たちには、アイデアのオープンソース化、構想の社会化、プロジェクト育成と、アントレプレナー的コンセプトをコーチングする能力がある。高成長新規事業の規模を拡大し、管理するために導入されているプロセス
6. プロジェクト、プロジェクトのポートフォリオ、システム全体におけるガバナンス	アントレプレナーシップと画期的なイノベーションに関する私たちの計画は、企業の戦略的意図と明確なつながりがある。プロジェクトを監視するための諮問委員会と監督が導入され、決定を管理し、決定を下すために「ふさわしいプレーヤー」が配置されている
7. 社内のスタートアップ・プロジェクトと、社内企業を育成する適切な基準	アントレプレナー的活動に必要な、既存の成熟した事業とは異なる、財務やその他の基準。リスク回避のために、機会のポートフォリオ全体にROIを分散させることができる。構想の質、構想の豊かさ／頑健さ、学びに基づくマイルストーン、これらの機会の多くにとってのより長期的な対象期間
8. 画期的なイノベーションとアントレプレナーシップを重視する文化とリーダーシップ	想像に焦点を当てた学習指向型の文化。失敗については微妙に異なる見解があるが、私たちは学ぶために実験をする。各人は、リスクのあるプロジェクトに取り組むからといって、自身のキャリアが危うくなるわけではないことを知っている。アントレプレナー的行動について、心理的・組織的な安心感がある

1:05 - 1:10

各受講生に対し、部屋の前に出て、414ページの表7.1の2つ目のイーゼルに緑シール1枚と赤シール1枚を貼り付けるように指示してください。受講生が勤務し、あるいは直近まで勤務していた企業が成果を挙げていると考える要素には緑シールを貼るよう説明してください。「あなたの会社では、どの要素が最大の強みとなっていますか。そこに緑シールを貼ってください」と尋ねてください。そして、受講生の企業で最も改善が必要な要素に赤シールを貼るようにさせてください。

受講生に、少人数のグループのどこかを選んで入り、8〜10分間で、赤と緑のシールが貼られたイーゼルの表について議論させてください。残りの時間を使ってクラス全体のディスカッションとまとめも行ってください。本演習を実施すると、緑シール（長所）と赤シール（取り組む必要のある箇所）について似たパターンを見てとれることもあるでしょう。大半の受講生は、自社には豊富な接点（表7.3の項目2）、強力なネットワーク（項目3）と適切なスキル（項目4）があることを突き止めます。短所としては、構造がない（項目1）という受講生が多く、適切な基準がある（項目7）という受講生はほとんどいません。受講生は、自社にはふさわしい文化があり、経営陣はアントレプレナーシップを重視している（項目8）が、次の瞬間には、「口先だけ」なのか、本当にそうなのかについて疑問を持っていると言うでしょう。

少人数のグループに「シールが貼られた表」について議論させることで、なぜ表がそのようになっているのかについて意見を共有させることができます。これにより、多人数のグループ・ディスカッションのきっかけとなります。ディスカッション後に、私は教室での経験全体をまとめます。受講生に対しては、コーポレート・アントレプレナーシップと画期的なイノベーションの課題について伝えますが、（TMROフレームワークへの理解を深めることにより）それは管理可能であり、受講生の企業が継続的に発展し、競争力を維持するために必要であることも伝えます。

・ 指導のヒント ・

本演習を初めて実施する際に役立つヒントをいくつか紹介します。

○ セッションのはじめに **「大きな組織がアントレプレナー的・革新的になるのに苦労する主要な理由は何ですか」** という質問を投げかける

と、一般的な組織について回答すべきか、過去に勤務した、あるいは現在勤務している企業について回答すべきかという反応が返ってくることがよくあります。自分事化することは、常によりよいディスカッション、事例、学びにつながるため、参加者自身の経験から回答するようにさせてください。

○ 小規模で歴史が浅く機敏な企業と、大規模で歴史があり動きが遅い企業の賛否についてディスカッションを行う準備をしてください。アントレプレナーシップは必ずしも企業の規模と関連していないことは分かっていますが、このことが演習中に話題となることが多いからです。受講生と協力して賛否両面、そして規模と歴史が問題になりやすい潜在的理由をリストアップをする準備をし、検討してください。

○ 受講生たちのほとんどは、最初の結果を見たとき、コーポレート・アントレプレナーシップと画期的なイノベーションに関する組織的問題に対し、適切に対処する方法は誰にも分からないと考えています。この考えには一理ありますが、私は受講生たちに、大半の企業はテクノロジー、市場と、程度は低いものの、リソースの問題についてもよく理解しているということを伝えて安心させています。

7-4 自省 —— 新たなベンチャーの立ち上げにおける創設者のアイデンティティー

[作成者：エリアナ・クロシナ
実践へのつながり： 🔈]

・ アントレプレナーシップにおける主要テーマ ・
マインドセット、概念化、アントレプレナー的チーム、アントレプレナー

のアイデンティティー

・ 説明 ・

アントレプレナーが「自分は何者か」という質問にどのように答えるか
は、アントレプレナー的プロセスにおいて重要な役割を果たします。アン
トレプレナーは、組織を立ち上げ構築するときに、抱えるべきアイデン
ティティーを持ち出し、その中で、自身のベンチャーに「自らが何者であ
るか」を刻みつけます。立ち上げ以降、創業者が時間をかけて採用（ある
いは抑圧）するアイデンティティーは、事業の軌道に影響を与えます。学習
者が「自分は何者か」を明らかにして伝えることができるようにすること
で、本演習は、学習者が新規事業を立ち上げ成長させる中で、自己認識を
高めます。研究によると、この自己認識は少なくとも次の2点において非
常に重要です。第1に、アントレプレナーが、自身のアイデンティティー
（価値観とそれを支える願望を含む）と一致度の高いベンチャー関連の選択を行
うことができることで、自身の意欲と努力を高めます。第2に、それはア
ントレプレナー希望者が失敗に直面したとしてもやり抜く傾向を高めま
す。

・ 利用例 ・

学部または大学院の一般的なアントレプレナーシップ・コース。本演習
は、少人数の学習者グループにも多人数の学習者グループにも対応できま
す。クラス人数の制限はありません。

・ 実施方法 ・

対面

・ 学習目標 ・

- 「自分は何者か」を含む複数のアイデンティティーを明らかにする。
- 複数のアイデンティティーを、他者、最初は教室内の他の受講生と共有し、一部のアイデンティティーが他のアイデンティティーよりも相対的に重要である理由を説明する言葉を生み出す。
- 「自分は何者か」という中核的で重要なアイデンティティーに基づいて、潜在的な新たなジョイントベンチャーについて「机上の」構想を明確に語る。

・ 理論的基礎と参考文献 ・

-Crosina, E. (2018), 'On becoming an entrepreneur: unpacking entrepreneurial identity', in P. Greene and C. Brush (eds), *Elgar Research Agenda for Women and Entrepreneurship. The Construction of Social Identity: The Case of Women Entrepreneurs*, Cheltenham, UK and Northampton, MA, USA: Edward Elgar, pp. 93–113.

-Gruber, M. and I. MacMillan (2017), 'Entrepreneurial behavior: a reconceptualization and extension based on identity theory', *Strategic Entrepreneurship Journal*, 11 (3), 271–86.

-Hoang, H. and J. Gimeno (2010), 'Becoming a founder: how founder role identity affects entrepreneurial transitions and persistence in founding', *Journal of Business Venturing*, 25 (1), 41–53.

Hogg, M., D. Terry and K. White (1995), 'A tale of two theories: a critical comparison of identity theory with social identity theory', *Social Psychology Quarterly*, 58 (4), 255–69.

-Murnieks, C., E. Mosakowski and M. Cardon (2014), 'Pathways of passion: identity centrality, passion, and behavior among entrepreneurs', *Journal of Management*, 40 (6), 1583–606.

・ 教材リスト ・

- 両面テープ
- 付箋

- ○ 付箋またはフリップチャートポスター
- ○ マーカー

・受講者に求められる事前作業・

受講生に6枚の写真を授業に持参させてください。うち3枚は自分自身が果たしている中心的な役割（例：配偶者、保護者、職業人）の一部を示すもの、もう3枚は自身が所属する重要な集団（例：宗教団体、家族、スポーツチーム）の一部を示すものとしてください。写真は印刷したものでなければなりません（ソフトコピーは認められません）。個人的な写真や雑誌など、写真は様々なソースが出典となる可能性があります。受講生が授業に持ち込める限り、大きさは問いません。

・タイムプラン（90分、ただし120分まで延長可能）・

0:00 - 0:05

受講生に写真を取り出すよう促してください。「自分が何者か」を最もよく反映している写真を選び、次に、それぞれの写真が持つ他者との関係の強さに基づいて、写真を順位付けさせてください。他者との結び付きが多く強い役割や社会集団は、結び付きがごく少数で表面的なものよりも順位が高くなります。例えば教授であることで、多くの他者（例：同僚、学生）と結び付いており、これらの他者との関係性を重視している場合、教授であることは重要な役割であり、順位が高くなる可能性があります。しかし、教授であっても、多くの価値ある他者との結び付きが得られない可能性もあります。その場合、教授という役割は自己定義の中で相対的に重要性が低く、他の役割と比べて順位が下がります。

0:05 - 0:10

受講生に対し、順位が最も高い写真2枚を選び、教室の壁のどこかに隣り

合う形で貼るように指示し、簡単に壁に貼れるよう両面テープを配布してください。次に、小さな付箋2枚に記名し、それぞれの写真に1枚ずつ貼り付けるよう指示してください。

0:10 - 0:15

受講生に対し、教室を歩き回り、他の受講生の写真を見て、自分自身の写真に似た写真を持っているかもしれない他の受講生の名前を書き留めるよう促してください。

0:15 - 0:20

受講生に対し、写真の類似性に基づいて、少人数（6～8人）のグループを作るよう指示してください。

0:20 - 0:40

受講生自身が選んだグループに入ったら、他のグループメンバーに写真が示しているものと、それを選択した理由を説明するよう促してください（1人につき約3分間）。

- グループ・ディスカッションを開始する前に、グループ内で「書記」を選出し、グループメンバーがその写真を選んだときの共通するテーマを記録するようにさせてください。

0:40 - 0:50

書記に対し、観察とメモから得られた知見を報告するよう指示することで、グループ間の共有を促してください。また、特定の写真を選んだ共通の動機など、重要なテーマをボードに書いてください。このディスカッションで浮上する可能性のあるテーマの例としては、息子／娘であることの重要性や、それに関連して高齢の両親を気にかけることが挙げられま

す。この文脈において、役割や社会的アイデンティティーの概念と、アントレプレナーシップに対するその重要性（取り組みを継続し、動機付け、熱意を高めるなど）を説明してください。概念に関する考えについては「理論的基礎と参考文献」を、これらの概念の図式的・視覚的描写は図7.2をそれぞれ参照してください。

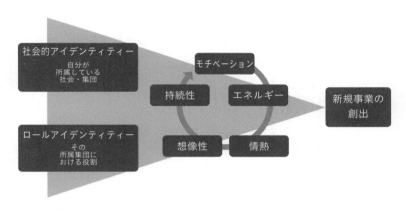

図7.2　アイデンティティーの図式

0:50 - 1:20

各グループに対し、自身の主要な役割と社会的アイデンティティーを支える共通の動機に基づいて、グループ全員が取り組みたいと思うような「机上の」事業アイデアを考案するよう指示してください。受講生がこの課題に苦労している場合は、グループメンバーと共通する動機について振り返るよう促してください。この段階で、講師は、的を絞った質問を差し込んで、学習者がより具体的になり、自身の動機を「実行可能な項目」に変換するのを助ける必要があるかもしれません。

例えば、前述の息子／娘であることや、高齢の両親を気にかけることといったテーマに基づいて、講師は、「なぜ息子／娘であることがそれほど

重要なのですか」「その心配は具体的に、どんなことと関係していますか」と尋ねてもよいでしょう。返答の中で、成長する中で両親から愛情と支援を受けてきたことを含め両親との間で確立した強い結び付きと息子／娘であることの重要性が関連していることに気付くかもしれません。また、両親から受けた愛情に対してお返ししたい、高齢の両親が地域の中で生きることを手助けしたいという願いを知ることになるかもしれません。この具体的な情報を基に、講師は受講生に対し、両親が地域の中で老後を過ごせるようにする創造的なソリューション－例えばサービスや製品－を思いつくよう推奨すべきです。

- ○ 各グループに対し、アイデアをポスターで視覚的に表現するよう促してください。このポスターには、チームメンバーごとに写真1枚（理想的には、「最も自己を定義する」と評価した写真）を盛り込んでください。このプロセスを楽しめるようにするために、各グループにフリップチャート、テープとマーカーを配布してください。

1:20 - 1:30

複数のチームに対し、アイデアとプロセスをクラスに共有するよう、多人数でのグループ・ディスカッションを促してください。ディスカッションの質問には、次の内容が含まれます（が、それに限られるものではありません）。

- ○ ポスターが表しているものは何ですか。自身のアイデアをクラスに説明してもらえますか。
- ○ このアイデアを考案したプロセスについて詳しく説明してもらえますか。
- ○ その中で、障壁にぶつかることはありましたか。もしそうなら、それは何でしたか。
- ○ アイデアを考案し、ポスターを作成するプロセスにおいて、特に一貫していると感じた瞬間はありましたか。その瞬間を説明してもらえま

すか。

- ○ 本演習から得られた学びは何ですか。
- ○ 本演習を繰り返し行うとしたら、どのように変化させますか。

授業後、受講者に対し、本演習から得られた学びは何か、将来事業アイデアを考案するときにどのようにこの学びを生かすかについて、短い省察用のレポート（3～5ページ）を書くよう促してください。

- ○ 教室内の受講生数によって、グループワーク（すなわち、受講生が自ら選んだ7～8人のグループ）に対応できるだけの十分なスペースを確保することが、本演習を混乱なく実施する上で必須です。
- ○ 最終的に、自身について打ち明けることをためらう受講生がいるかもしれません。このプロセスを容易にするために、講師は自分自身の写真を持参して、共有の見本となってもよいでしょう。また、授業のはじめに、「正解」も「不正解」もないことを説明し、いくつかのプロセスは受講生にとって不快感を覚える可能性があることをほのめかすこともできます。受講生たちには、「共有の透明性が高く、豊かであればあるほど、より本演習が有用になるから」と、不快感を受け入れるよう促してください。

7-5　バブソン行動分析

[
作成者：ブラッドリー・A・ジョージ
実践へのつながり：🍳❄️
]

・アントレプレナーシップにおける主要テーマ・

規模と成長管理

・説明・

アントレプレナーは、自身の事業を成長させるのが困難だと感じることが多くあります。日々の業務に追われるため、マーケティングや事業の成長に向けた活動を見過ごしており、成長戦略にはほとんど時間を使っていません。より多くのリソースを必要としているにもかかわらず、資金も時間も足りないというジレンマに置かれています。事業を成長させるには、対応している日々の業務以外のことをしなければならず、残念ながら、それには時間とリソースが必要です。本演習の目的は、アントレプレナーが、事業を成長させるための新たな活動のために時間を確保する方法を考え始められるようにするため、何に時間を割いているのかをよりよく理解することを支援することです。

・利用例・

本演習は、成長させようとしている既存の事業を抱えている実務家を対象にしています。特に、リソースに制約がある小企業に役立ちます。アントレプレナーシップ・ブートキャンプ、ワークショップ、ベンチャー・アクセラレーターにも活用できます。

・ 実施方法 ・

対面

・ 学習目標 ・

- ○ 事業の様々な側面に使っている時間を把握する。
- ○ アントレプレナーが自ら実施する必要がある重要な活動を特定する。
- ○ 事業を成長させる活動を行うための時間を確保するための代替案を生み出す。

・ 理論的基礎と参考文献 ・

-Cooper, A., M. Ramachandran and D. Schoorman (1997), 'Time allocation patterns of craftsmen and administrative entrepreneurs: implications for financial performance', *Entrepreneurship: Theory and Practice*, 22 (2), 123–36.

-Lucky, E.O. and M.M.S. Minai (2011), 'The conceptual framework of entrepreneur and self-management', *International Journal of Business and Social Science*, 2 (20), 180–85.

・ 教材リスト ・

各参加者に対し、事前に次の教材を配布してください。

- ○ 7.6センチ×12.7センチ程度のインデックスカード（黄色25枚、緑色15枚、ピンク色10枚）
- ○ 438ページに掲載されている「配布資料：最も時間のかかっている活動の特定」（1人につき1部）
- ○ 予備の黄色、緑色、ピンク色の7.6センチ×12.7センチのインデックスカード

・ 受講者に求められる事前作業 ・

演習の少なくとも1週間前に、受講者に黄色、緑色、ピンク色の7.6セン

チ×12.7センチ程度のインデックスカードを約25枚ずつ（計75枚）配布
し、色付きのインデックスカードに自身の事業で取り組んでいる全ての活
動を以下の要領で記録するよう指示してください。

- ○ 各カードに1つの活動を記入し、演習に持参してください（カードが足
  りなくなった場合は、残りの活動を紙1枚に記録してください）。予備のカードも
  用意してください。
  - ・黄色のカード：自身の事業において**毎日**行っている活動
  - ・緑色のカード：自身の事業において**毎週**行っている活動
  - ・ピンク色のカード：自身の事業において**毎月**行っている活動
    各活動に使っている時間を推定し、各カードにも記入してください。

・ タイムプラン（計90分。ただし、ブートキャンプなどの場合であれば、セッションの延長が可能）・

0:00 - 0:05

セッションと目的を説明してください。主な目標は、アントレプレナーに
自身の時間配分について意識をもっと高めてもらい、時間配分が能力の成
長にどのように影響しているかをよりよく理解してもらうことです。ま
た、事業「内部」で努力するのではなく、事業「について」取り組めるよ
うにするため、改善可能な活動領域を明確にすることです。

0:05 - 0:15

事前課題の一環であった活動カードを自ら行っている活動と、他者が行っ
ている活動の2つのグループに分けるよう受講者に指示してください。

0:15 - 0:25

自ら行っている活動のグループのカードを取り、次の要領により、1日の
活動に使っている平均時間を推定するよう受講者に指示してください。

- ○ **毎月**の活動（ピンク色のカード）に使っている時間を合計し、30で割っ

てください。

- ○ **_毎週_**の活動（緑色のカード）に使っている時間を合計し、7で割ってください。

- ○ **_毎日_**の活動（黄色のカード）に使っている時間を合計してください。

- ○ 3つの答えを合計して、1日の活動に使っている平均時間を算出してください。

0:25 - 0:35

「1日あたりの時間」というラベルが付いた縦軸を持ち、その軸に0〜24の数字が記入されたフリップチャートを作成してください。参加者に、算出した1日の活動に使っている時間数の横に丸シールを貼らせてください。図7.3のようになります。

結果について少し話し合ってください。多くのアントレプレナーにとって、結果は驚くようなものにはならないでしょうが、定量化することは普段からあまり意識されていません。ディスカッションの前提にあるのは、大半のアントレプレナーには「空き」時間がほとんどない、あるいは全くないということです。しかし、事業を成長させようとするならば、現在行っていない活動を行う必要があります（そうでなければ事業は十分に成長しているはずです）。すなわち、時間がないのであれば、現在行っている活動をやめない限り、新たな活動に着手することができないということです。これが次のアクティビティとディスカッションにつながります。

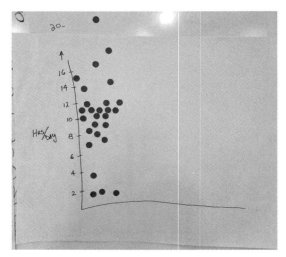

図7.3 記入済みの1日あたりの時間に関するフリップチャートの例

0:35 - 1:00

次に、アントレプレナーが自ら行っている活動を、次のカテゴリーに沿ってさらに分類させてください。

マーケティングおよび顧客関連活動

○ 顧客の研究、開拓、対応に関連するもの（顧客の特定、開拓、製品やサービスの販売・販促・宣伝、価格の決定、顧客からのフィードバックの回収／評価）。

事業オペレーションおよび製品／サービス関連活動

○ 製品／サービスの決定・開発に関するもの。これには、製品／サービスの設計、製品／サービスの開発／製造、物資／原料の発注、製品／サービスの包装、顧客への製品／サービスの出荷／発送、製品の保管、在庫管理などに関連する活動が含まれます。

人事関連活動

○ 人事関連活動は、事業**内**の人々に関する活動です。これには、例え

ば、契約書の作成／見直し、履歴書の確認、面接、採用、解雇、監督、人事評価の実施に関連する活動が含まれます。

資金関連活動

○ 資金関連活動は、代金の支払い、請求書の作成、支払いの受領、決済処理、銀行口座の勘定、資金調達など事業の財務に関連する活動です。

その他の活動

○ その他4つの活動に該当しない活動。

前と同じプロセスを用いて、各活動グループに1日使っている平均時間を計算させてください。縦軸に「1日当たりの時間」のラベルを付け、0〜24を記入し、横軸に「マーケティング」「事業オペレーション／製品」「人事」「資金」「その他」のラベルを付けた2枚目のフリップチャートを作成してください。参加者に、各分野で算出した1日の活動に使っている時間数の横に丸シールを貼らせてください。図7.4のようになります。

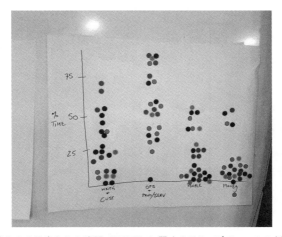

図7.4　記入済みの1日当たりの時間（活動別）に関するフリップチャートの例

結果について話し合ってください。これはアントレプレナーにとって非常に啓発的になることが多いです。ほとんどの場合、時間の大半を事業オペレーションおよび製品関連活動に費やしており、マーケティングにはごくわずかしか割いていないことが明らかになります。大抵の場合、日々の事業オペレーションへの対応で忙殺されているため、時間配分を把握することをしてきませんでした。この段階で、事業「内部」で努力するのではなく、事業「について」より多く取り組むという概念について議論を始めることができます。

セッションの最後に、事業成長に資する活動、すなわち委任、自動化、イノベーション、削減について取り組めるよう、時間の確保をどのように考え始めることができるかについてディスカッションを行ってください。まず、事業主として絶対に自ら行わなければならない活動について考えさせてください。多くのアントレプレナーは、事業にとって重要かもしれませんが、自身の特別な才能や関与を必要としない分野のコントロールを放棄することに躊躇するため、この点について強く押し問答を行うことが望ましいです。残りの業務について、次のことをブレインストーミングさせてください。

- その活動を除外することによる影響
- 所要時間を減らせるように活動を革新／改善する方法
- 業務は自動化することができるか、もしそうなら、何が必要になるか
- 活動を委任できるようにするために必要なスキル

徹底的な分析を行う時間がないため、本演習の最後の部分は、彼らがこれらの可能性について考え始めるのに役立ちます。これは、彼らが将来的に

活用できるフレームワークを提供することに関するものです。そのため、438ページに、2つのワークシートも提供します。

なし

受講者に対し、彼らの産業に関連する例を挙げるのが最適です。例えば、食品産業のアントレプレナー向けのプログラムを実施するときには、様々な活動について考えやすくなるよう、簡単なリスト（ボックス7.1を参照）を配布します。

時間がある場合、あるいはより長いセッションで実施する場合は、事業を成長させるためにしなければならないと感じつつも現在行っていない活動や、そうした活動にかかる時間を考えてもらうのも効果的です。これにより、どれほどの時間を確保する必要があるのかが分かります。これを、活動の革新、委任、自動化、除外に関するアイデアと比較させることができます。こうした活動に現在使っている時間と、新たな活動に必要な時間を比較させることで、何に注力すべきか優先順位の決定に有効です。

本演習は、バブソン大学のブラッドリー・A・ジョージとカンディダ・G・ブラッシュによって作成されました。

> **食品業の小規模アントレプレナー向けプログラムで使用する「活動」の例**
>
> ブラッドのホットドッグ・トラックでは、（多くの活動の中で）次の活動

が行われているかもしれません。

毎日

- オーブンとフライヤーの清掃―25分
- 料理を出す準備―45分
- 黒板に現在のメニューを記入―5分
- ホットドッグの調理―10分（30秒で8個　包装を開封し、グリルに乗せ、グリルから取り出し、1日あたり160個の販売）
- 顧客との会話―60分（1人あたり2分、毎日30人と会話）
- ホットドッグの販売、会計（現金・クレジットカード）―40分（1回の会計あたり30秒、1日あたり80回の会計）

毎週

- ホットドッグとバンズの仕入れ―10分
- トラック用のガソリンまたはプロパンガスの購入―移動時間を含めて20分
- 従業員への給与支給―30分

毎月

- 紙・プラスチック製品の注文―30分
- ブログの執筆―1時間
- トラックの整備―2時間

・ 配布資料：最も時間のかかっている活動の特定 ・

活動	1日当たりの時間 （概算）	当該活動に必要な スキル	革新を行う方法 （効率を改善するための 新しい方法）

（前ページと同じ活動）

活　動	1日当たりの時間 （概算）	自動化する方法	除外する方法

7-6 「自分」という本物の ブランドを設計する

```
作成者：ベス・ゴールドスタイン
実践へのつながり：🖐️👁️❋
```

・ アントレプレナーシップにおける主要テーマ ・

顧客開拓、アントレプレナーのマーケティング、プロトタイピング／制作、ピッチング

・ 説明 ・

本演習では、受講者はロールプレイに参加し、お互いにブランドに関するピッチを行います。各受講者は、2種類の役割を果たします。1つ目はステークホルダー（例：顧客、見込み客、出資者、従業員、パートナー）、2つ目は相手が指定したステークホルダーとロールプレイを行うアントレプレナーです。本演習は、受講者が自身の価値と、その価値をステークホルダーのニーズに結び付ける方法に対する理解を深めることができます。役割を交代させると、受講者は相手のステークホルダーとしてロールプレイを行うことで、ピッチを受けることが体験できます。さらに、顧客ペルソナの設定を通じてステークホルダーのニーズを定義することを学び、ブランド・

メッセージを顧客の関心と一致させることができます。

・ 利用例 ・

本演習のトピックは、ブランディング、パーソナルブランディング、オーセンティックなアントレプレナーリーダーシップ、コミュニケーション、思考リーダーシップ、マーケティングなどを扱っています。本演習は、学部および大学院レベルのマーケティング、リーダーシップ、アントレプレナーシップ、マネジメント、営業、ブランディングのコースで活用することができます。また、実務家向けにも使用できます。10人から200人までの人数で実施することができます。

・ 実施方法 ・

対面、オンライン

・ 学習目標 ・

- 受講者がアントレプレナー的リーダーとして自身が何者なのかについて振り返る。
- 独自のブランド・メッセージを作成し、伝える。
- ステークホルダーのニーズを特定し、その価値と顧客の関心を一致させる。

・ 理論的基礎と参考文献 ・

-Chumpitaz Caceres, R. and N.G. Paparoidamis (2007), 'Service quality, relationship satisfaction, trust, commitment and business-to-business loyalty', *European Journal of Marketing*, 41 (7–8), 836–67.

Coleman, A. (2011), 'Towards a blended model of leadership for school based collaborations', *Educational Management Administration & Leadership*, 39 (3), 296–316.

-Rangarajan, D., B.D. Gelb and A. Vandaveer (2017), 'Strategic personal branding—and how it pays off', *Business Horizons*, 60 (5), 657–66.
-Tonkin, T.H. (2013), 'Authentic versus transformational leadership: assessing their effectiveness on organizational citizen behavior of followers', *International Journal of Business and Public Administration*, 10 (1), 40–61.

・教材リスト・

- 配布資料1：理想的な顧客ペルソナ（450ページ）
- 配布資料2：パーソナルブランドに関するピッチ（451ページ）
- パーソナル・バリュー・ステートメント用の白紙

・受講者に求められる事前作業・

演習前のセッションにおいて、講師は、受講者に対し、30分間で配布資料1を用いて理想的な顧客ペルソナを作成するよう指示してください。マーケティングやビジネスコースの場合は、すでに取り組んでいる事業に関する市場調査を終えているかもしれません。本演習では、アントレプレナー的イニシアチブを推進するためにビジネス関係を築きたい相手という顧客ペルソナに焦点を当て、同じようなリサーチ思考を適用するよう受講者に指示してください。このようなペルソナは事業主である場合もあれば、出資者、従業員、雇用主、パートナー、教授であることもあり得ます。受講者は、その人物のニーズに関して知っていることに基づいてペルソナを作成しなければなりません。例えば、事業を支えるために銀行員との融資面談の準備をしているという場面において、個人の価値と信頼性は事業計画と同じくらい重要です。本演習では、「ペルソナ」がインタビューを受けるため、演習開始前に顧客ペルソナが作成されていることが重要です。

・タイムプラン（75-120分）・

事前に顧客ペルソナが作成されている場合は、90分間のセッションとな

ります。作成されていない場合は、理想的な顧客ペルソナ（450ページの配布資料1）を用いて顧客ペルソナを30分間で作成させてください。75分間のセッションに変更する場合は、受講者にパーソナル・バリュー・ステートメントを事前に完成させてください。

0:00 - 0:15　ブランディングのイントロダクション

セッションのはじめに、ブランドを構築する重要性について議論してください。受講者に対して、お気に入りのブランドを挙げてもらい、なぜそのブランドが好きなのか？　引きつけられた特徴は何なのか？　ブランドからどのような印象を受けているのか？　そのブランドに忠誠心を持っていますか？　そうであれば（大半はお気に入りのブランドに対して忠誠心を持っています）、なぜ忠誠心を持っているのか、いつ忠誠心を持たなくなるのか理由を尋ねてください。

お気に入りのブランドについて話しているとき、受講者の表情や身体表現が変わることを観察してください。通常、笑顔で興奮した様子を見せ、声のトーンも変わるかもしれません。これを見つけたら、クラスにそのことを指摘してください。

ブランドは非常に強力であることを説明してください。イントロダクションの最後に、「評価が最も高いトップ・グローバル・ブランドを2〜3個挙げてください」と指示してもよいでしょう。受講者が予想した後に、世界中のブランドのランキングを掲載しているインターブランドの「Best Global Brands 2020」[1]調査結果を示します。これはブランド価値であり、企業が生み出した収益ではないことに注意してください。

0:15 - 0:25　パーソナルブランディングへのつなぎ

1　https://www.interbrand.com/best-brands/

ここで、人をブランドとして考えることについて話し始めましょう。スティーブ・ジョブズ、ビル・ゲイツ、マララ・ユスフザイなどのリーダーや、ローカルのリーダーの写真を見せてください。これらのリーダーのブランド価値は何であると思うか受講者に尋ねてください。彼らの特徴は何ですか？　なぜ人々は彼らをフォローするのか、あるいはなぜ彼らに忠誠心を持つのですか？

次に、パーソナルブランドを構築する重要性と、それがオーセンティックなアントレプレナー的リーダーになるためにどのように個人の能力を支えているかについて議論してください。受講者にこれまで自身をブランドとして考えたことがあるかどうかを尋ね、なぜ考えたか、あるいはなぜ考えなかったかについて尋ねてください。

0:25 - 0:40 パーソナル・バリュー・ステートメントの作成

この段階で、受講者は自己ブランドをどのように理解し、定義するかについて考える準備ができているはずです。はじめに、パーソナル・バリュー・ステートメントの作成をサポートしてください。また、次の内容を記入するよう指示してください。

- 自身が最も熱心である（と思っている）2つのコア価値観は何ですか。回答には、地球、動物や家族を大事にすることといった価値観が含まれているかもしれません。
- 自身の価値観に基づいて行動をしてきた例となる活動は何ですか。個人的なものでも、学校や仕事に関するものでも構いません。
- 専門知識を持っている2つの分野。例えば、マーケティング、テクノロジー、スポーツ、場合によっては深い知識を持っている産業など。
- では、パーソナル・バリュー・ステートメントを作成してください。これは、上記の内容全てを織り込んだ短い文です。140字のツイートだと考えて、簡潔かつ明確になるようにしてください。

このセクションの終わりに、受講者にパートナーやグループにパーソナル・バリュー・ステートメントを共有してもらいます。あるいは全員のステートメントを共有するためにGoogleドキュメントを使用することもできます。この情報は、授業の後半で使用します。

0:40 - 1:10　顧客ペルソナ

受講者はブランディングの演習を完了するために顧客ペルソナを作成する必要があります。もし事前に作成を終えていない場合は、「自身の知識で感銘を与えたい、場合によってはビジネス関係を築きたいと思う重要なステークホルダーについて考えてください」と指示してください。これが、配布資料1を用いて顧客ペルソナの説明を作成するときに想定するペルソナです。

この人物は潜在顧客、出資者、従業員、雇用主、パートナー、教員、チームメイトなど、様々な人々が含まれ得ることを受講者に伝えてください。これらの人々が抱えるニーズはそれぞれ異なるため、ブランド価値を示す際に、満たせるニーズに基づき、各々の人はブランドの異なる側面を重視するということを強調してください。

450ページの配布資料1を用いて、受講者にその人物について知っている情報を可能な限り多く記録させてください。演習中にペアとこの資料を共有してもらうため、情報を記入するときには、読める字で記入するよう指示しましょう。

- 氏名―実名または偽名
- 肩書／役割
- 企業の説明（該当する場合は、企業の業務内容。明瞭で理解しやすいようにしてください）
- 2つのデモグラフィックデータのポイント（例：女性、30代半ば）
- 2つのニーズと目標（例：他人に感銘を与える、事業を推進する）

- ○ ２つの行動（例：長時間労働をしている、毎日運動をしている）
- ○ この人物が重要な見込み客である理由
- ○ 次のステップはどのようなものになるか、この人物と会った結果、何が起きることを期待するか。

`1:10 - 1:25` ピッチの作成

次に、受講者は、重要なステークホルダーに発表する60秒間のブランドに関するピッチを作成します。これは独自のブランド・メッセージ（ピッチ）であり、アントレプレナー的リーダーになるための取り組みで直面する問題や課題について検討することができます。

受講者は、作成した顧客ペルソナに合わせてピッチを制作します。自身のブランドに関するピッチがこの具体的な「ステークホルダー」のニーズに合うようにするために、ステークホルダーが何を重視しているのかについて熟知している必要があります。ツイートとして作成したパーソナル・バリュー・ステートメントを盛り込みたいと思うかもしれません。

そして、パーソナルブランドに関するピッチ（配布資料2）を用いて、以下の項目への回答を記入するよう指示してください。

1. 冒頭には、**「顧客」にとってのあなたの価値／利益**を説明するための説得力のある文章を書きます。

2. そして、あなたの専門知識や経験について**簡潔**に説明してください。

3. 次に、**信頼性**を裏付け、あるいは独自の価値を説明する**証拠**を提示してください。

4. 最後に、**次のステップ**に進むよう**促してください。これが行動への呼びかけです。**

60秒で発表するため、自身の人生物語の全部を語ろうとはしないように伝えてください。このピッチは、相手を引きつけ、「行動への呼びかけ」

に賛同するためのティーザーとして設計されています。行動への呼びかけとは、別の日にミーティングを設定することや、そのまま会話を続けることを促すことなどが挙げられます。

1:25 - 1:45 ピッチング活動

普段一緒に時間を過ごすことのない相手を教室内で素早く探すよう受講者に指示してください。最も親しい友人に対してピッチすることを避けるのが望ましいです。次に、受講者は見つけた相手に対して自分の「ブランド・メッセージ」を伝えます。相手はステークホルダーを演じ、その後、役割を交代します。ピッチが行われる可能性のある、様々な想定シナリオを受講者に提示してください。新たなペアに移る前に、受講者にお互いにフィードバックを行ってもらい、相手のよかった点と、効果を高めるために改善できる点を共有してもらってください。

次に受講者に対する口頭での指示を示します（PowerPointを使って掲示しても構いません）。

1. これから、ロールプレイ演習を通じて、異なる数人を相手にピッチを試してもらうことになります。

2. ピッチと顧客ペルソナを持参の上、席を立ってください（10秒）。

3. あまりよく知らない相手とお互いにピッチをするため、30秒間でペアを見つけてください。ペアができたら、静かに向かい合って立ってください（30秒）。

4. 顧客ペルソナを交換し、相手のペルソナを読んでください。その人物をロールプレイします（2分）。

5. ペアで最初にピッチを行う受講者は挙手してください（各ペアが決定し、1人が手を挙げるまで待ちます）（10秒）。

6. 最初にピッチを行う場合、60秒間で相手と対話し、相手の関心を引きつけてください。この相手は、あなたの顧客ペルソナをロールプレイして

いることを忘れないでください。シナリオを待ってから始めるようにお願いします。ピッチの間に一時停止がありますので、最初の人だけがピッチを行ってください。相手がピッチを始められるようになったら、お知らせします。

7. 60秒のタイマーが終わったら、私が手を挙げます。手を挙げたら、手をたたいてピッチを終了してください（教室内は静かになるはずですが、この合図を2回以上出す必要があるかもしれません）（30秒）。

　　a. この活動は非常に騒がしくなるため、いったん始まると、再び注意を取り戻すことが困難になります。講師が挙手したら手をたたくよう指示することで、注意を早く集めることができます。

8. 準備はできましたか。シナリオはこちらです。

　　a. ピッチを始める前に、シナリオを提供してください。可能な限り現実に即したシナリオにしてください。例えば、「スターバックス（あるいは地元のコーヒーショップやレストラン）で並んでいて、あなたの顧客ペルソナが目の前に立っており、ちょうど注文したところを想像してみてください。その人と話をしたいと思っており、その人の注文が到着するまでに1分間のピッチの時間があると推測しています」と言うことができます。他のシナリオとしては、バス停や駅で待っているところに、バスや電車がやってきた、という場面が考えられます。

9. タイマーを60秒に設定し、「最初のピッチを始めてください」と指示してください。教室内は非常に騒がしく、活発になります（1分）。

10. ピッチが終わったら、（手を挙げて）停止するよう指示し、教室を静かにさせてください。次に、相手にピッチを行うように促してください（2分）。

11. それぞれ1回ピッチを行ったら、非常によかった点を1つ、ピッチの改善点を1つお互いに伝えるように指示してください（5分）。

12. 教室内の全員に対して以下の質問をして、振り返りを行います（5分）。

a.体験してみてどうでしたか？　思っていたより簡単でしたか？　難
　　しかったですか？

　　b.うまくいったことは何でしたか？　計画通りに進まなかったことは
　　ありましたか？

　　c.ピッチを行って学んだことは何ですか？

　　d.ピッチを聞いて／受けて学んだことは何ですか？

　　e.次回はやり方をどのように変えますか？

13. 振り返りの後に、顧客ペルソナを相手に返し、他のピッチ相手を探し
てください（2分）。

14. シナリオやピッチ時間を変えながら、このピッチング演習を2〜3回
実施してください。例えば、最後のピッチを30秒にしても構いません。
各ペアがピッチを行った後には、振り返りを行い、お互いにフィードバッ
クを行うようにしてください。

`1:45 - 2:00` **振り返り**

この振り返りは、学んだことの価値を省察するために行います。ブランド
に関するピッチを作成、実施するのみならず、ピッチを聞くステークホル
ダーがどのように感じたかも含まれます。振り返りに使用する質問とし
て、次のようなものがあります。

- この活動を通じて、あなた独自のブランド価値についてどのような発
  見がありましたか？

- ブランド・メッセージを伝えたときに、重要なステークホルダーの関
  心やニーズに効果的に対応できましたか？

- ブランド・メッセージを伝えたときにどのような驚きがありました
  か？　予想よりも簡単でしたか？　それとも難しかったですか？

- 期待通りの成果を得ることができましたか？　得られた、あるいは得
  られなかった理由は何ですか？

- あなたと相手がお互いメッセージを伝えたときにどのような点がよかったですか？　より効果的にするために、どのような点を改善すればよいですか？
- あなたのブランド・メッセージがあなたのキャリアをサポートし、自身を夏のアントレプレナー的リーダーとして位置付けるようにするために、どのような取り組みをする予定ですか？

最後に、受講者に自身のブランドに関するピッチを改善するためにすべきことは何かを尋ね、それを書き留めるように指示してください。これには、ピッチの修正や話し方の練習が含まれます。受講者に次の授業の前までにこの作業を完了し、進捗状況を報告するよう指示してください。

・ 受講者に求められる演習後の作業 ・

セッションの後、講師は受講者に、セッションの最後で議論した内容を記入する時間を与えてください。次の授業で、受講者はその進捗状況について報告することが求められます。

・ 指導のヒント ・

本セッションで使用される実践的なアプローチは、受講者を巻き込み、彼らにプレゼンテーション・スキルに関する自信を与えると同時に、自身のブランドが様々なステークホルダーに対して価値を提供することができるオーセンティックアントレプレナー的リーダーとしてどのように考えるかについて学びます。演習を説明する段階では、受講者は「非常に簡単」になるだろうと考える傾向があり、ピッチを1〜2回相手に発表するまで真剣に取り組まない可能性があります。受講者が発表し、フィードバックを受けることで、メッセージが明確でないことやピッチ中につまずいてしまうことに気付き、学びが生まれます。ブランドに関するピッチを改善する

方法についてお互いに正直なフィードバックをすることの価値を強調することが重要です。また、本演習は、事業やプロトタイプのピッチの作成と発表をサポートするために簡単に調整することができます。

次に、ロールプレイ前やロールプレイ中に受講者に共有してもよい追加情報を示します。

- ○ *見込み客 (顧客ペルソナ) の場合*は、数分間かけてプロフィールを読み、あなたが何者かを理解し、気難しい見込み客になるか、おおらかな見込み客になるかを判断してください（相手には伝えないでください）。

- ○ **事業主の場合**は、このような見込み客を見かけたことがあるはずです。これまでに会ったことがなくても、あなたの理想的な顧客ペルソナに合致することは分かっています。この人物と親しくなる方法と、彼（彼女）に伝えられることについて考えてください。そして、会話を始めてください。ただし、会話は自然体であり、真実味のあるものである必要があります。また、単なる暗記した形式的なプレゼンテーションではなく、相手のニーズに焦点を当てた会話にする必要があります。

・ 配布資料１：理想的な顧客ペルソナ ・

(他の受講者が読むため、読める字で書いてください。)

1. ペルソナの氏名（実名または偽名）
2. 肩書／役割
3. 企業名と説明（該当する場合は、企業の業務内容。明瞭で理解しやすいようにしてください）
4. ２つのデモグラフィックデータのポイント（例：女性、30代半ば）
5. この人物が抱えている、あなたが解決する２つのニーズとゴール
（例：他人に感銘を与える欲求や、事業を推進させたいというニーズ）

---

6. この人物が示す2つの行動（例：長時間労働をしている、毎日運動をしている）

7. この人物が重要な見込み客である理由（ピッチ中に言及する必要はありませんが、定義することは重要です）

8. 行動への呼びかけ：次のステップはどのようなものになりますか？この人物と偶然会った結果、何が起きることを期待していますか？

■ 配布資料2：パーソナルブランドに関するピッチ ■

重要なステークホルダーに発表する60秒間のパーソナルブランドに関するピッチを作成します。これは独自のブランド・メッセージであり、理想的な顧客ペルソナに合わせた自身の価値について検討することができます。ピッチはステークホルダーのニーズと、自身のパーソナル・バリュー・ステートメントに合致していなければなりません。ピッチは60秒で発表するため、あなたの人生物語の全部を語ろうとはしないでください。このピッチは、相手が自身への関心を深め、顧客ペルソナの配布資料にある「行動への呼びかけ」に賛同してもらうために、その相手を引きつけるようにするティーザーです。行動への呼びかけとしては、別の日にミーティングを設定することや、そのまま会話を続けることを促すことが挙げられます。

パーソナル・バリュー・ステートメントを記入してください。
次に、次の4点を取り上げ、パーソナルブランドに関するピッチを作成してください。

1. **「顧客ペルソナ」にとってのあなたの価値／利益**を説明する**ための説得力のある文章を書きます。**

> 2. そして、あなたの専門知識や経験について**簡潔**に説明してください。
>
> 3. 次に、**信頼性**を裏付け、あるいは**独自の価値**を説明する**証拠**を提示してください。
>
> 4. 最後に、**次のステップ**に進むよう**促してください。これが行動への呼びかけ**です。

7-7　組織文化デザインゲーム

> 作成者：パトリシア・G・グリーン
> 実践へのつながり： 🍳🍴

・ アントレプレナーシップにおける主要テーマ ・

アントレプレナー的チーム、規模と成長管理

・ 説明 ・

あらゆる組織には文化があり、それは、その組織を形成する価値観を生み出す**基本的仮定**と、このような価値観を象徴する**人工物**（アーティファクト）の集合です。組織文化は事業のリソースであり、スタートアップや事業の成長への支援になりますが、困難さを増すこともあります。文化は常に発展します。問題は、それが意図的かつ計画的なのか、それとも創業者の思考、価値観、実践から自然に形成されたものなのかということです。

本演習は2部からなり、授業内の活動と宿題の両方が含まれます。第1部では、受講者は、授業中にチームで作業を行います。はじめに講師が用意した「カルチャーデザインデッキ」の中から6枚のカードを選択します。それぞれのカードには、基本的な**仮定**、**価値観**または**人工物**が含まれてい

ます。各チームは協力して、選択したカードに説明されている特性を備え
た組織から生まれる組織文化を説明します。第2部では、宿題として、各
受講者は選択した仮定、価値観、人工物について分析的に振り返ることが
求められます。

・ 利用例 ・

本演習は学部生または大学院生に対しては最適です。実務者に対しては、
自身の事業に直接に関連させるため、微修正を行うことで活用できます。

・ 実施方法 ・

対面、オンライン

・ 学習目標 ・

- ○ 組織文化とアントレプレナーシップに関連する重要な学際的定義を特
  定し、適用する。
- ○ 特定の組織文化について評価する。
- ○ 人々と仕事／生活に関する基本的な仮定を評価する。

・ 理論的基礎と参考文献 ・

-Brush, C.G., P.G. Greene and M.M. Hart (2001), 'From initial idea to unique
advantage: the entrepreneurial challenge of constructing a resource base', *Academy
of Management Executive* 15 (1), 64–78.

-Cameron, K.S. and R.R. Quinn (1999), *Diagnosing and Changing Organizational
Culture: Based on the Competing Values Framework*, Reading, MA: Addison-
Wesley, pp. 23–59.

-Greene, P.G. and C.G. Brush (2009), 'The creation of culture in emerging
organizations', paper presented at the USE Conference, Elsinore, Denmark, October.

-Schein, E. (1983), 'The role of the founder in the creation of organizational culture',
Organizational Dynamics, 12 (1): 13–28.

- カルチャーデザインデッキを準備します。デッキにはカード30枚が含まれており、人工物、価値観と基本的仮定についてのトピックが10個ずつあります（各カードの具体的な内容については460ページにある表7.5を参照してください）。デッキ内のカードは、好みに応じて、シンプルに（それぞれの内容をインデックスカードに記載する）、あるいは丁寧に（装飾やラミネート加工を施す）作成します。講師は、価値を高めると考えるものであれば、どのようなカードも自由に追加できます。本演習では、デッキを基本的仮定、価値観、人工物の3つの山に分けます。

- フリップチャート。4〜6人の受講者で構成された各チームに1枚必要です。

- 様々な色のマーカー

· 受講者に求められる事前作業 ·

なし

· タイムプラン（90分）·

本演習は、必要に応じて、2回のセッションにわたって実施することができます。全てのチームが作業を3分間で発表できるよう、クラスの規模に応じてタイミングを調整する必要があります。タイミングを管理するため、チームの人数についても必要に応じて調整することができます。次のタイムプランは、6人からなる6組のチームの場合を想定しています。

0:00 - 0:10

組織文化に関する短いクラス・ディスカッションを進めてください。まず、組織文化とは何か、受講者に定義してもらいます（3つの主要な特徴である人工物、価値観、基本的仮定を発見するように指示します）。本演習がアントレプレ

ナーシップに特化した演習であることを踏まえると、Schein の定義は、他の多くの定義よりも、創造的な要素をよりよく捉えています。「特定の集団が、外部適応と内部統合の問題へ対処するために考案・発見・開発した基本的仮定のパターンであり、それは十分に妥当と考えられる。これらの問題に対して正しいとされる知覚、思考、感じ方を新たな構成員に教えるべきもの」です。

次に、受講者が所属する組織、例えば学校、職場、家庭などの文化を説明させてください。

本セクションでは、受講者の考えを記録する発見ボード法を使用することが特に有益です。発見ボードを作成するために、受講者に、特に現在または過去に所属した組織の組織文化に対する定義、およびそれに含まれるものを聞きます。受講者が学部生の場合、大学を例に挙げてもよいです。回答を白板、フリップチャートやあなたが選択した方法で記録する準備をしてください。そして、ボードに**ラベルなし**の3列を記入してください。各回答について、基本的仮定（列1に配置）、価値観（列2に配置）、人工物（列3に配置）のどれを表しているか素早く判断してください。各列に複数の回答が集まったら、1列目の回答に共通すること、すなわち、何を表しているかについて受講者に尋ねてください。受講者の誰かが「仮定」という言葉やそれに近い言葉を出したら、1列目に「基本的仮定」のラベルを付けてください。2列目に移り、その列のテーマについて尋ねてください。受講者から回答が出た場合、2列目に「価値観」のラベルを付けてください。「人工物」のテーマを引き出し、3列目にラベルを付けて完成してください（表7.4を参照してください）。受講者に単に教えるのではなく、組織文化の3つの主要な特徴を発見させることで、これらの概念がより深く定着します。

表7.4　発見ボードの例（学生による回答の種別）

基本的仮定	価値観	人工物
従業員は常に監視される必要があります。	柔軟性	ビリヤード台
私たちは皆、地球を大切にする必要があります。	革新性	セールの際に鳴るベル
私たちは仕事を成し遂げるために存在しています。	安全性	夕食中の家族を描いた油絵
私の子どもたちはいずれこの事業を引き継ぐことになります。	速度	1日の開始・終了を知らせるタイムクロック

0:10 - 0:15

それぞれ4〜6人からなるチームを割り当ててください。各チームに、彼らのスタートアップの基本的特徴の決定および社名と事業内容を説明する2〜3文の考案をしてもらいます。

0:15 - 0:25

受講者がカードを引く前に、デッキを3つの山、すなわち基本的仮定の山、価値観の山、人工物の山に分けてください。各チームの代表者に、クラスの前に出てもらい、最初のチーム代表者に3つのカテゴリーのそれぞれからカードを2枚選択してもらいます（基本的仮定2枚、価値観2枚、人工物2枚）。そのチームに6枚のカードについてメモを取ってもらってください。その後、全てのカードをデッキに戻してもらい、シャッフルし、次のチームにカードを6枚引いてメモを取ってもらいます。全てのチームが作業に使用するための6つの文化的特性のセットを持つまでこのプロセスを続けてください。

○代替案1

各チームがカードを7枚引けるようにし、うち未使用の1枚を演習中にいつでもデッキに戻せるようにします。

○代替案2

各チームがカードを交換できるようにします。交換により、時間がかかる
ため、この代替案は、チームが課題に費やす時間に余裕（例：45分）があ
るときに限り使用されるべきです。

次の課題を与えてください。

「これらのカードは、新たな組織文化を表しています。可能な限り具体的
な例を用いて、その文化がどのようなものになるかを協力して説明してく
ださい。これには、人々の協力の在り方や、重要視されることの種類など
が含まれます。その文化について理解を深めたら、寸劇やポスター、また
は自分の好きな方法で、クラスのみんなに文化を共有する方法を準備して
ください。各チームには、3分間で発表してもらいます。今から30分間
で分析と発表を準備し、時間を把握するようにしてください」

0:25 - 0:50

課題に基づくチームワークです。講師は教室を回り、必要に応じて質問に
回答し、全員が時間通りに進めるようにサポートしてください。スクリー
ンにオンライン・ストップウォッチを表示することで、全員が時間を管理
することができます。

0:50 - 1:10

各チームに、自ら選んだ方法で、文化について発表してもらいます。3分
が最適な時間であるため、時間をしっかり管理し、またチームの数に合わ
せて調整してください。時間に余裕があれば、他の受講者が発表するチー
ムメンバーに質問する時間を設けることができます。

講師は、発表から共通のテーマやユニークな貢献に関する振り返りを主導
して行ってください。主要な学びは、3つの文化的特性の間の関係です。
すなわち、自身（創業者）が人々と世界に対してどのような信念を持ってい
るか（自身の基本的仮定）が、企業において価値として考えるものと、それら
の価値観が世間からどのように見られるか（人工物）につながるということ
です。講師は、授業の最初に作成した発見ボードを、ディスカッションを
導くための有用なツールとして利用することができます。

事業構築における不可欠な要素として振り返りの実践を説明（あるいは再度
説明）し、各受講者（以降チーム作業はありません）に宿題として次の内容の短
いメモを記入するよう指示してください。基本的仮定・価値観・人工物と
それらの関連性に対する説明と、次の3つの主要な疑問に対する評価を
行ってもらってください。
1. この文化はスタートアップに適していますか？
2. 自分のスタートアップにはどのような文化が望ましいですか？
3. 望ましい文化を実現するためにはどのような行動をとりますか？

・ 受講者に求められる演習後の作業 ・

受講者は、振り返りに関するメモを前述の通り記入するよう求められま
す。このメモは、必要に応じてさらなるクラス・ディスカッションに利用
できます。

・ 指導のヒント ・

○ 非常に多忙なスタートアップの時期においても、組織文化が実際のリ
ソースであるという概念を繰り返して強調するための時間と関心が必

要となります。

○ 振り返りの実践の重要性を強調するとともに、座って考えることも実際に有益な*行為*であることを強調してください。

○ 一部のカードはお互いに矛盾しています。例えば、革新性を重視する価値観が、細心の注意で従業員を監視しなければならないという前提と組み合わせになることがあります。受講者のディスカッションと分析において、この矛盾に対処する方法に関する考え方を指導する準備をしてください。

○ 多人数のクラスでチームが多い場合、各チームに授業外で動画を作成し、学習管理システム（BlackboardやCanvasなど）に投稿してもらうことができます。全ての動画の確認、動画へのコメントを授業の課題とすることができます。

・付録：文化デザインデッキの内容・

デッキには少なくとも30枚のカードが含まれており、各カードの内容の例は表7.5に記載されています。講師の判断で追加のカードを加えることができます。各カードの表面にはカテゴリーの名称（基本的仮定、価値観、人工物）、裏面には文化的特性を記載します（図7.5）。

表7.5 カードの内容

基本的仮定	価値観	人工物
私たち全員がつながれば、世界は最もよくなります。	時間厳守	無料でビールが飲めるバー
人々を最もやる気にさせるのはお金です。	勝利	保育用の遊び場
持続可能性は私たち全員の責任です。	多様性	人間工学に基づく家具
家族の問題は家庭内にとどめるべきです。	学び	売れ行きがよいときに鳴るベル
最も優れた事業は次の世代に継承されます。	誠実さ	受付にある犬用おやつの瓶
人々は基本的に合理的です。	イノベーション	1日の開始・終了用のタイムクロック
勤勉と倹約が成功のもとです。	還元	個別のオフィス
コミュニティを築くことは人生に不可欠な要素です。	美学	全体で利用されている再生紙
あらゆる人のための高等教育が社会の目標です。	粘り強さ	家族で食卓を囲んでいる写真
コラボレーションは、競争と同様に優れた結果をもたらします。	チームワーク	入口の壁に貼られた会社開発の特許に関するポスター

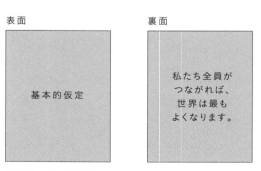

図7.5　カードの例

7-8　5人の見知らぬ人

[作成者：ウィリアム・B・ガートナー
　実践へのつながり：👤💡]

・ アントレプレナーシップにおける主要テーマ ・
ネットワーキング、リソース獲得

・ 説明 ・
本演習では、受講者は1日1人、1週間に5人の「見知らぬ人」に会うことを求められます。「見知らぬ人」とは、授業前には知り合いではなく、かつ演習に参加している受講者ではない人と定義されます（詳しくは後述）。15週間のコースであることを前提とすると、受講者は75人の「見知らぬ人」と出会う機会があり、新規ベンチャーの設立を成功させるために一般的に必要とされる、「魔法の数字」である250人の「見知らぬ人」に会うことに近づくことができます。1日1人の「見知らぬ人」に出会う活動は、「小さな勝利」(Weick, 1984, p. 43) のプロセスということが強調されています。「小さな勝利とは、ある程度の重要性を持ち、具体的で、完全で、実現された成果」であり、（毎週の振り返りを通じて）他者が可能性を実現するために提供するリソースと能力に関する洞察を生み出します。

・ 利用例 ・
学部または大学院の一般的なアントレプレナーシップ・コース。クラス人数の制限はありません。本演習は、少人数のコースにも多人数のコースにも対応できます。

・実施方法・

対面、オンライン

・学習目標・

- ○ 「1日1人見知らぬ人」に会うという「小さな勝利」を通じて、アントレプレナー的ネットワークを築く。
- ○ 支援、リソースとサポートを提供できる特定のグループを作る。
- ○ サポートを求めるときに、他者を成功裏に引きつける知見を生み出す。

・理論的基礎と参考文献・

新規事業の創出におけるネットワークと、その価値に関する理論については、以下を参照してください。

-Burt, R.S. (2004), 'Structural holes and good ideas', *American Journal of Sociology*, 110 (2), 349–99.
-Burt, R.S. (2019), 'Network disadvantaged entrepreneurs: density, hierarchy, and success in China and the west', *Entrepreneurship Theory and Practice*, 43 (1), 19–50.
-Engel, Y., M. Kaandorp and T. Elfring (2017), 'Toward a dynamic process model of entrepreneurial networking under uncertainty', *Journal of Business Venturing*, 32 (1), 35–51.
-Granovetter, M.S. (1977), 'The strength of weak ties', in S. Leinhardt (ed.), *Social Networks*, New York: Academic Press, pp. 347–67.

あらゆる人が、あらゆる他人と、「六次の隔たり」以内でどのように、なぜつながるのかという知見については、以下を参照してください。
-Milgram, S. (1967), 'The small world problem', *Psychology Today*, 1 (1), 61–7.
-The Small-world experiment: https://en.wikipedia.org/wiki/Small-world_experiment?oldid=667294912C

ネットワークの構築方法については、以下を参照してください。

-Baker, W. (2020), *All You Have to Do Is Ask: How to Master the Most Important Skill for Success*, New York: Currency.

-Grant, A.M. (2013), *Give and Take: A Revolutionary Approach to Success*, New York: Penguin.

アダム　グラント(著)，楠木　建(監訳)，GIVE & TAKE「与える人」こそ成功する時代(単行本)

-Kaandorp, M., E. van Burg and T. Karlsson (2020), 'Initial networking processes of student entrepreneurs: the role of action and evaluation', *Entrepreneurship Theory and Practice*, 44 (3), 527–56.

-Weick, K.E. (1984),'Small wins: redefining the scale of social problems', *American Psychologist*, 39 (1), 40–49.

・ 教材リスト ・

なし

・ 受講者に求められる事前作業 ・

受講者がネットワーキングのプロセスの実施に関する参考資料を求めている場合は、参考文献の閲覧を課題とすることができます。

・ タイムプラン（教室外で行われる課題であるため、変動があります）・

ネットワーキングは、アントレプレナーシップの非常に基本的な要素であるため、受講者は毎日この実践を行う必要があります。あらゆるアントレプレナーシップは「ソーシャル・アントレプレナーシップ」です。すなわち、アントレプレナーシップは他者である潜在的顧客、従業員、投資家、支援者などを組織化し、現在進行中の新規事業に関与させる社会的プロセスです。このプロセスでは、アントレプレナーがアントレプレナーとしての旅を始める前には知らなかった新しい人々である、「見知らぬ人」に出会う必要があります。ネットワーキングに関する文献（参考文献を参照）によると、機会は他者との関係、つまりネットワークを通じて開拓、実現さ

れます。アントレプレナーシップは単独での取り組みではありません。他者の支援と関与がなければ、アントレプレナーシップという「船（シップ）」は決して出航できません。

受講者に対し、1日1人見知らぬ人に会うことを義務付けることで、新しい人々に会う不安が減少し、そのプロセスは「小さな勝利」(Weick, 1984) となります。この取り組みは、大したことではないと感じられるようになりますが、受講者が他者と出会うプロセスと価値について省察するとき、新規ベンチャーになるものは、実質的に人脈のおかげだということに気付きます。発想、リソース、支援、知見などは全て、これまでに会った人、関与してもらった人のおかげです。私の受講者の中には、同窓会において、役に立たなかったと述べた者はいませんでした（役に立ったと述べた受講者は多くいました）。

受講者が教室の外に出て、知らない人を見つけて話さなければならないことに抵抗はあるかもしれません。この点において、*All You Have to Do Is Ask* (Baker, 2020) や *Give and Take* (Grant, 2013) といった書籍が他人に支援を求めるプロセスに関する有用な知見を提供してくれます。

私は、各接触相手の連絡先（電話番号またはメールアドレス）を提供するように求めています。一覧にした接触相手に連絡するという脅威は、受講者が本当に「見知らぬ人」と話すことに関して正直であることを促します。私はいつも驚いていますが、実際に他人と話すプロセスに取り組むよりも、一部の受講者は相手を捏造することがあります。そのため、私は実際に無作為に連絡先に電話をかけ、受講者と会ってくれたことに謝意を伝えています。これらの見知らぬ人の一部が、受講者に接触してもらえることを非常に喜び、最終的に本学のコースやプログラムの支援者（例：メンター、顧問、ベンチャー計画の審査員）になることは驚きではありません。

本演習は、教室の外で実施する活動です。しかし、私は通常各授業において、5〜10分間かけて、受講者に対してその週に接触した「見知らぬ人」

について話すよう指示し、この「見知らぬ人」に会うために行ったプロセス、その人物と過ごした時間に起きたこと、話し合い中に何を感じたか、その人物との出会いでどのような価値を見出したかについて振り返りをさせています。本演習のこの側面については、次に詳細に記載しています。

・5人の見知らぬ人　演習指示・

学期中、毎日（月曜日から金曜日）少なくとも1人、1週間に5人の「見知らぬ人」に接触してください。毎週、接触相手について報告書を提出してください。話した相手は誰なのか（検証できるように電話番号かメールアドレスを記載してください）、なぜその人と話そうと思ったのか、その人から何を学べそうか、そして実際に何を学んだか、各接触相手について、少なくとも3～4行程度で記載してください。どの「見知らぬ人」がより多くの「支援」（他の接触相手、知見、リソース、提案など）を提供してくれそうか、そしてその理由をコメントすることを忘れないでください。表7.6は活動報告書のテンプレートです。

表7.6　5人の見知らぬ人　報告テンプレート

接触相手の氏名	連絡先※	紹介・「コールドコール」の別	その人と話そうと思った理由、その人から学べそうなこと	学んだこと、受けた支援（他の接触相手、知見、リソース、提案）
接触相手1				
接触相手2				
接触相手3				
接触相手4				
接触相手5				

※：振り返り一覧の第6週の後にある最初の注を参照してください。

さらに、毎週の課題として、見知らぬ人に接触するプロセスについて振り
返りをしてください。

第1週：**語りによる振り返り**
起きたことを説明すること（接触相手をどのように探しましたか。これらの接触相手
といつ会いましたか。これらの接触相手とどこで会いましたか。どのような質問をしました
か。反応はどうでしたか。話し合いはどのくらい続きましたか）。

第2週：**感情的振り返り**
感じた内容、その理由、そしてどのように感情をコントロールしたのかに
ついて焦点を当てること。

第3週：**知覚的振り返り**
（自身と他者の）認識と自身の経験への影響について思考すること。

第4週：**分析的振り返り**
出来事の過程と重要な要素、それらの結び付きや関連性を説明すること
（過去4週間で他人と接触するプロセスに変化はありましたか？ 尋ねる質問は変わりまし
たか？ 話し合いは長くなりましたか、短くなりましたか？ 時間経過とともに、会ってい
る接触相手は、あなたのベンチャーの成長により有益になっていますか？ それともあまり
有益ではなくなっていますか？）。

第5週：**評価的振り返り**
経験を評価し、評価に用いた基準を特定すること（人脈のネットワークを築く
中で、何が役に立っていると思われますか？ どの接触相手が他の接触相手よりも有益であ
ることが明らかになりましたか、その理由は何ですか？ 携わっている他の活動と比較して、
他人と接触するプロセスのどの側面がより効率的かつ効果的だと思われますか？）。

第6週：**批判的振り返り**
経験とアプローチを検討し、代替案や矛盾を特定するとともに、その過程
で自己について学んだことを振り返ること。

重要な注意事項：

- ○ ***必ず連絡先情報を提供してください。*** 接触相手が匿名を希望している
  と受講者から言われた場合は、その接触相手は本課題の接触相手とし
  ては受け入れられません。毎週5人の見知らぬ人に会うことは、通常、
  アントレプレナーにとっての最小限の人数です。したがって、接触相
  手の中で匿名を希望する人がいても構いませんが、彼らはカウントさ
  れないということを受講者に明確に伝えます。

- ○ ***（製品／サービスの特定な顧客でない限り）他の受講者との話し合いの一覧は***
  受け入れられません。 業界の専門家、競合相手、同じような事業を起
  業する他のアントレプレナー、ベンチャーの支援者（弁護士、投資家、メ
  ンター等）と話したことを示してください。そのため、あなたの顧客全
  員が受講者である可能性がある場合、受講者5人以上を接触相手とし
  ないでください。そうでなければ、この課題は完了していないと見な
  されます。

- ○ ***話すのは1日1人に限定されません。*** より多くの人々と話したければ、
  そのようにしてください。課題で求められているのは、最低でも1日
  1人と話すことです。

学期の残りの期間において、毎週、本課題を提出してください。私たちの
授業では、本演習は、コースの成績の20%を占めます。

・ 受講者に求められる演習後の作業 ・

受講者は毎週、本演習について報告書を提出します。6つの振り返り、す
なわち語り、感情的、知覚的、分析的、評価的、批判的のいずれかについ
て重点を置くための課題に変更を加えても構いません（前述の一覧を参照のこ
と）。

アントレプレナーが新規事業の成長に有益な人々のネットワークを築くためには、2つの方法があります。紹介とコールドコールです。

紹介。ネットワークは、すでに確立した他者とのつながりに基づいて構築され、そのつながりを通じて拡大できるという知見を踏まえて、「スモールワールド問題」(Milgram, 1967) に関する文献を参照することを推奨します。もし、実際に各人が世界中のどの人とも6ステップ以内でつながっているのであれば、ネットワークが広がるにつれて、探していた接触相手に出会うことができるかもしれません。「スモールワールド問題」は、自分のネットワークの中にいるすでに知っている接触相手が知っている連絡先を介して新たな「見知らぬ人」に拡大することができると示唆しています。したがって、私は受講者に対し、すでに知っている人に自身を支援してくれるかもしれない人の連絡先を求めるように依頼し、また、話し合いの一環として、支援してくれる可能性のある人の名前を尋ねることを求めています。そのため、紹介プロセスとは、自身を他者につなげる支援をしてくれる人々とのつながりに基づいたネットワークを構築することです。例えば、「こんにちは。Xさん（知っている人）の紹介で、Yさんについてのアドバイスや知見を伺えると聞いたのですが」といったようなことが挙げられます。この新たなつながりは、両者がXを知っているため効果的である可能性が高いです。これが弱い紐帯の強み、すなわち、弱いつながりの方が、より有益な情報源や新たなつながりになり得るということです (Granovetter, 1977)。

コールドコール。紹介だけでも有用なネットワークを築くことは可能ですが、ほぼ全てのアントレプレナーが、「コールドコール」を通じて支援を探す立場に置かれます。「コールドコール」とは、これまでに相互の知り合いがいない人に接触することです。個人的には、特定のプロジェクトについて役立つ可能性のある人々を見つけ、特定するために「コールドコー

ル」を行うことを楽しんでいます。私は、各人が「コールドコール」が機
能する方法を編み出す必要があることを発見しました。正しい方法で
「コールドコール」を行うことについて助言と知見が必要だと心配してい
る人には、インターネット上には多数の資料があります。「コールドコー
ルをするための最善の方法」と打ち込めば、何十もの動画やウェブサイト
が表示され、様々な有用なヒントが得られるでしょう。実際、受講者がク
ラス・ディスカッションに提供したいと考えられる課題の1つは、コール
ドコールを成功させる法則です。これは、インターネット上で見つけた情
報と自身のコールドコールの経験に基づいて作成されるものです。

他者との出会いには相当なセレンディピティが伴います。すなわち、多く
の場合、飛行機内や、ミーティングや、その他の社交行事で会った人との
成り行きの会話で、その相手と話す必要があった人と一致することが多々
あります。一方で、価値のある接触相手は、通常、役立つと思われる人物
を戦略的な特定で得られることが多くあります。表7.6（465ページ）のテ
ンプレートでは、受講者に対し、接触相手が「紹介」によるものか、「コー
ルドコール」によるものか特定するよう求めており、毎週ネットワークを
築く中で、どのような接触相手がより役に立ったか（そしてそれはなぜか）に
ついて振り返るよう求めてもよいでしょう。

受講者が取り組むネットワーキング・プロセスに関する情報を収集するそ
の他の方法を理解するために、Kaandorp et al.（2020）による論文「Initial
networking processes of student entrepreneurs」を読むことをお勧めし
ます。

最後に、どの単科・総合大学にも、「被験者」や、学生や他者との交流を
どのように管理すべきかに関するポリシーがあります。受講者の他者との
関わりに関する指針を得るためには、必ず組織の審査委員会に連絡するよ
うにしてください。審査と監督が必要な研究と見なされる可能性があるた
めです。

［付録］トピック別演習一覧

テーマ	実践	演習	参照ページ
ビジネスモデル開発	遊び	ワーズ・ウィズ・フレネミーズ	82
	共感	投資家との交渉	210
	創造	ホットシート	292
	実験	ビジネスモデル・キャンバスを活用して アイデアをテストする	319
顧客開拓	共感	ターゲット市場のバイヤーペルソナ	226
	共感	AEIOU法による観察	167
	共感	暗闇の中の手探り	181
	共感	もし、私が自分自身の顧客だったら？	173
	共感	ある日の出来事	130
	創造	お聞かせください ——ニーズ特定のためのインタビュー・ロールプレイ	277
	省察	「自分」という本物のブランドを設計する	439
デザイン思考	遊び	幾何学問題	121
	遊び	コラボレーション・アート	42
	遊び	バブソン航空機会社	50
	共感	AEIOU法による観察	167
	共感	カスタマージャーニーマッピング	157
	共感	暗闇の中の手探り	181
	創造	4Hフレームワークによるピッチ	259
	実験	ビジネスモデル・キャンバスを活用して アイデアをテストする	319
	実験	サプライチェーンのイノベーションによって 生態系への影響を軽減する	334
アントレプレナー・ ファイナンス	共感	投資家との交渉	210
	共感	成功するピッチ手法	149
	省察	なぜあなたに投資する必要があるのか	403
アントレプレナーの マーケティング	共感	ターゲット市場のバイヤーペルソナ	226
	共感	カスタマージャーニーマッピング	157
	共感	もし、私が自分自身の顧客だったら？	173
	共感	ある日の出来事	130
	創造	4Hフレームワークによるピッチ	259
	省察	「自分」という本物のブランドを設計する	439
アントレプレナー的 チーム	遊び	コラボレーション・アート	42
	遊び	パズルと物語	59
	遊び	着席バケツ玉入れ	74
	遊び	ワーズ・ウィズ・フレネミーズ	82

テーマ	実践	演習	参照ページ
アントレプレナー的チーム	創造	アントレプレナーに対する公共政策の在り方	287
	実験	包摂的なアントレプレナーのリーダーシップ能力としてジェンダー感覚を涵養する	304
	実験	小さなことに汗をかく	370
	省察	組織文化デザインゲーム	452
	省察	自省── 新たなベンチャーの立ち上げにおける創設者のアイデンティティー	422
	省察	不確実性とコーポレート・アントレプレナーシップ── TMRO（Tomorrow）フレームワーク	409
失敗	遊び	パン焼き競争的な脚本制作活動	105
	遊び	芸術を通じて恐怖を克服する	114
	実験	小さなことから試し、大きく発展させる	350
	実験	マインドシフト	330
	実験	ピボットの重要性と価値── どの会社に投資するか	344
	実験	小さなことに汗をかく	370
ファミリーアントレプレナーシップ	共感	アイデアの創出── 家庭内の問題	137
	共感	シルビア・ウォーターストンの事例を用いた対話	191
アイディエーション	遊び	幾何学問題	121
	遊び	パズルと物語	59
	遊び	パン焼き競争的な脚本制作活動	105
	遊び	ワーズ・ウィズ・フレネミーズ	82
	遊び	芸術を通じて恐怖を克服する	114
	共感	ターゲット市場のバイヤーペルソナ	226
	共感	AEIOU法による観察	167
	共感	カスタマージャーニーマッピング	157
	共感	アイデアの創出── 家庭内の問題	137
	共感	シルビア・ウォーターストンの事例を用いた対話	191
	創造	国連の持続可能な開発目標を通じて未来を創る	243
	創造	お聞かせください── ニーズ特定のためのインタビュー・ロールプレイ	277
	実験	アイデアズ・イン・モーション	383
	実験	小さなことから試し、大きく発展させる	350
	実験	ビジネスモデル・キャンバスを活用してアイデアをテストする	319
	省察	未来を思い描く	392
	省察	自省── 新たなベンチャーの立ち上げにおける創設者のアイデンティティー	422
市場または競合分析	共感	投資家との交渉	210
	創造	アイデアボード	269
	実験	機会評価チェックリスト	361

テーマ	実践	演習	参照ページ
アントレプレナー的マインドセット	遊び	幾何学問題	121
	遊び	コラボレーション・アート	42
	遊び	パズルと物語	59
	遊び	芸術を通じて恐怖を克服する	114
	実験	マインドシフト	330
	省察	未来を思い描く	392
	省察	自省——新たなベンチャーの立ち上げにおける創設者のアイデンティティー	422
	省察	不確実性とコーポレート・アントレプレナーシップ——TMRO（Tomorrow）フレームワーク	409
ネットワーキング	遊び	ワーズ・ウィズ・フレネミーズ	82
	創造	リソース獲得のためのギブ＆ゲット	250
	実験	アイデアズ・イン・モーション	383
	省察	5人の見知らぬ人	461
	省察	なぜあなたに投資する必要があるのか	403
機会評価	共感	投資家との交渉	210
	創造	国連の持続可能な開発目標を通じて未来を創る	243
	創造	成長のための選択肢を検討する	234
	創造	アイデアボード	269
	実験	小さなことから試し、大きく発展させる	350
	実験	ビジネスモデル・キャンバスを活用してアイデアをテストする	319
	実験	機会評価チェックリスト	361
ピッチング	共感	成功するピッチ手法	149
	創造	アイデアボード	269
	創造	4Hフレームワークによるピッチ	259
	創造	ホットシート	292
	省察	「自分」という本物のブランドを設計する	439
	省察	なぜあなたに投資する必要があるのか	403
リソース獲得	共感	投資家との交渉	210
	共感	成功するピッチ手法	149
	創造	リソース獲得のためのギブ＆ゲット	250
	実験	アイデアズ・イン・モーション	383
	実験	サプライチェーンのイノベーションによって生態系への影響を軽減する	334
	省察	5人の見知らぬ人	461
	省察	なぜあなたに投資する必要があるのか	403
規模と成長の管理	遊び	バブソン航空機会社	50
	共感	投資家との交渉	210
	創造	成長のための選択肢を検討する	234
	創造	アントレプレナーに対する公共政策の在り方	287
	実験	サプライチェーンのイノベーションによって生態系への影響を軽減する	334

テーマ	実践	演習	参照ページ
規模と成長管理	省察	組織文化デザインゲーム	452
	省察	バブソン行動分析	430
	省察	未来を思い描く	392
	省察	不確実性とコーポレート・アントレプレナーシップ ——TMRO（Tomorrow）フレームワーク	409
検証	遊び	着席バケツ玉入れ	74
	遊び	パン焼き競争的な脚本制作活動	105
	遊び	ワーズ・ウィズ・フレネミーズ	82
	実験	アイデアズ・イン・モーション	383
	実験	小さなことから試し、大きく発展させる	350
	実験	ビジネスモデル・キャンバスを活用して アイデアをテストする	319
	実験	マインドシフト	330
	実験	機会評価チェックリスト	361
	実験	サプライチェーンのイノベーションによって 生態系への影響を軽減する	334
	実験	ピボットの重要性と価値——どの会社に投資するか	344
その他 （ジェンダー、アイデ ンティティー、運営、 公共政策）	創造	アントレプレナーに対する公共政策の在り方	287
	実験	包摂的なアントレプレナーのリーダーシップ能力とし てジェンダー感覚を涵	304
	実験	小さなことに汗をかく	370
	省察	自省—新たなベンチャーの立ち上げにおける 創設者のアイデンティティ	422

Abt, C.C. (1970), Serious Games, New York: Viking Press.

Amabile, T.M. (1983), 'The social psychology of creativity: a componential conceptualization', Journal of Personality and Social Psychology, 45 (2), 357–76.

Antonacopoulou, E.P. and T. Fuller (2020), 'Practising entrepreneuring as emplacement: the impact of sensation and anticipation in entrepreneurial action', Entrepreneurship & Regional Development, 32 (3-4), 257–80.

Aulet, B. (2013), Disciplined Entrepreneurship: 24 Steps To a Successful Startup, Marblehead, MA: John Wiley & Sons.

Baron, R.A. and M.D. Ensley (2006), 'Opportunity recognition as the detection of meaningful patterns: evidence from comparisons of novice and experienced entrepreneurs', Management Science, 52 (9), 1331–44.

Baron, R.A. and R.A. Henry (2010), 'How entrepreneurs acquire the capacity to excel: insights from research on expert performance', Strategic Entrepreneurship Journal, 4 (1), 49–65.

Barrows, H. (1985), 'A taxonomy of problem based learning methods', Medical Education, 20 (6), 481–6.

Billett, S. (ed.) (2010), Learning through Practice, New York: Springer.

Blank, S. (2013), The Four Steps to the Epiphany: Successful Strategies for Products that Win, repr. 2020, Marblehead, MA: John Wiley & Sons.

Blank, S. and B. Dorf (2012), The Startup Owner's Manual: The Step-By-Step Guide For Building A Great Company, repr. 2020, Marblehead, MA: John Wiley & Sons.

Bono, E. de (1985), Six Thinking Hats, New York: Little Brown.

Bourdieu, P. (1990), The Logic of Practice, Stanford, CA: Stanford University Press.

Brockbank, A. and I. McGill (2007), Facilitating Reflective Learning in Higher Education, London: McGraw-Hill Education.

Brown, T. (2008), 'Design thinking', Harvard Business Review, June, 84–92.

Brown, T. (2009), Change By Design: How Design Thinking Transforms Organizations and Inspires Innovation, New Yorker: Harper Collins.

Bruton, A. (2020), 'The innographer', accessed 4 August 2020 at https://theinnographer.com/.

Busenitz, L.W. and J.B. Barney (1997), 'Differences between entrepreneurs and managers in large organizations: biases and heuristics in strategic decisionmaking', Journal of Business Venturing, 12 (1), 9–30.

Chalmers, D.M. and E. Shaw (2017), 'The endogenous construction of entrepreneurial contexts: a practice-based perspective', International Small Business Journal, 35 (1), 19–39.

Cohen, D., D.K. Hsu and R.S. Shinnar (2020a), 'Identifying innovative opportunities in the entrepreneurship classroom: a new approach and empirical test', Small Business Economics, 30 July, 1–25, accessed 1 August 2020 at https://linkspringer-com.ezproxy.babson.edu/article/10.1007/s11187-020-00387-z#citeas.

Cohen, D., G. Pool and H. Neck (2020b), The IDEATE Method: Identifying High-

Potential Entrepreneurial Ideas, Thousand Oaks, CA: Sage.

Csikszentmihalyi, M. (1996), Creativity Flow and the Psychology of Discovery and Invention, New York: Harper Collins.

Davis, M.H., J.A. Hall and P.S. Mayer (2016), 'Developing a new measure of entrepreneurial mindset: reliability, validity, and implications for practitioners', Consulting Psychology Journal: Practice and Research, 68 (1), 21–48.

Dew, N., S. Read, S.D. Sarasvathy and R. Wiltbank (2009), 'Effectual versus predictive logics in entrepreneurial decision-making: differences between experts and novices', Journal of Business Venturing, 24 (4), 287–309.

Dunne, D. and R. Martin (2006), 'Design thinking and how it will change management education: an interview and discussion', Academy of Management Learning & Education, 5 (4), 512–23.

Dweck, C. (2012), Mindset: Changing the Way You Think to Fulfil Your Potential, London: Hachette UK.

Dweck, C. (2015), 'Carol Dweck revisits the growth mindset', Education Week, 35 (5), 20–24.

Giddens, A. (1984), The Constitution of Society, Berkeley, CA: University of California Press.

Greenberg, D., K. McKone-Sweet and H.J. Wilson (2011) The New Entrepreneurial Leader: Developing Leaders Who Shape Social and Economic Opportunity, San Francisco, CA: Berrett-Koehler.

Haynie, J.M., D. Shepherd, E. Mosakowski and P.C. Earley (2010), 'A situated metacognitive model of the entrepreneurial mindset', Journal of Business Venturing, 25 (2), 217–29.

Howard, M.O., C.J. McMillen and D.E. Pollio (2003), 'Teaching evidence-based practice: toward a new paradigm for social work education', Research on Social Work Practice, 13 (2), 234–59.

Hug, A. and D. Gilbert (2017), 'All the world's a stage: transforming entrepreneurship education through design thinking', Education + Training, 59 (2), 155–70.

Kafai, Y.B. (1995), Minds in Play: Computer Game Design as a Context for Children's Learning, Hillsdale, NJ: Lawrence Erlbaum Associates.

Kouprie, M. and F.S. Visser (2009), 'A framework for empathy in design: stepping into and out of the user's life', Journal of Engineering Design, 20 (5), 437–48.

Kuratko, D.F., G. Fisher and D.B. Audretsch (2020), 'Unraveling the entrepreneurial mindset', Small Business Economics, 17 June, 1–11, accessed 1 August 2020 at https://link-springer-com.ezproxy.babson.edu/article/10.1007%2Fs11187-020-00372-6.

Marton, F. (1975), 'What does it take to learn?', in N.J. Entwistle (ed.), Strategies for Research and Development in Higher Education, Amsterdam: Swets & Zeitlinger, pp. 125–5-8.

McLaren, K. (2013), The Art of Empathy, Boulder, CO: Sounds True.

Neck, H.M. (2010), 'Idea generation', in B. Bygrave and A. Zacharakis (eds), Portable MBA in Entrepreneurship, Hoboken, NJ: Wiley, pp. 27–52.

Neck, H.M. and A.C. Corbett (2018), 'The scholarship of teaching and learning entrepreneurship', Entrepreneurship Education and Pedagogy, 1 (1), 8–41.

Neck, H.M., P.G. Greene and C.G. Brush (eds) (2014), Teaching Entrepreneurship: A Practice-Based Approach, Cheltenham, UK and Northampton, MA, USA: Edward Elgar.

Neck, H.M., C.P. Neck and E.L. Murray (2020), Entrepreneurship: The Practice and Mindset, 2nd edn, Thousand Oaks, CA: Sage.

Osterwalder, A. and Y. Pigneur (2010), Business Model Generation: A Handbook for Visionaries, Game Changers, and Challengers, Marblehead, MA: John Wiley & Sons.

Pickering, A. (1992), Science as Practice and Culture, Chicago, IL: University of Chicago Press.

Preston, S.D. and F.B.M. De Waal (2002), 'Empathy: its ultimate and proximate bases', Behavioral and Brain Sciences, 25 (1), 1–20.

Ries, E. (2011), The Lean Startup: How Today's Entrepreneurs Use Continuous Innovation to Create Radically Successful Businesses, New York: Crown.

Rouse, J. (2007), 'Practice theory', in S. Turner and M. Risjord (eds), Philosophy of Anthropology and Sociology, Amsterdam: North-Holland, pp. 639–81.

Sarasvathy, S.D. (2001), 'Causation and effectuation: toward a theoretical shift from economic inevitability to entrepreneurial contingency,' Academy of Management Review, 26 (2), 243–63.

Sarasvathy, S.D. (2008), Effectuation: Elements of Entrepreneurial Expertise, Cheltenham, UK and Northampton, MA, USA: Edward Elgar.

Sarasvathy, S. (2012), 'Worldmaking', in A.C. Corbett and J.A. Katz (eds), Entrepreneurial Action, Bingley: Emerald, pp. 1–24.

Sarooghi, H., S. Sunny, J. Hornsby and S. Fernhaber (2019), 'Design thinking and entrepreneurship education: where are we, and what are the possibilities?', Journal of Small Business Management, 57 (S1), 78–93.

Schlesinger, L.A. and C.F. Kiefer, with P.B. Brown (2012), Just Start: Take Action, Embrace Uncertainty, Create the Future, Cambridge, MA: Harvard Business Review Press.

Schön, D.A. (1983), The Reflective Practitioner: How Professionals Think in Action, New York: Basic Books.

Schraw, G. and R.S. Dennison (1994), 'Assessing metacognitive awareness', Contemporary Educational Psychology, 19 (4), 460–75.

Shepherd, D.A. (2004), 'Educating entrepreneurship students about emotion and learning from failure', Academy of Management Learning & Education, 3 (3), 274–87.

Thompson, N.A., K. Verduijn and W.B. Gartner (2020), 'Entrepreneurship-as-practice: grounding contemporary theories of practice into entrepreneurship studies,' Entrepreneurship & Regional Development, 32 (3–4), 247–56.

Weick, K.E. (1995), Sensemaking in Organizations, Thousand Oaks, CA: Sage.

読者特典データのご案内

本書で紹介している記入用の配付資料用シートを読者特典としてご用意いたしました。ぜひご活用ください。読者特典データは、以下のサイトからダウンロードして入手いただけます。

https://www.shoeisha.co.jp/book/present/9784798182308

※読者特典データのファイルは圧縮されています。ダウンロードしたファイルをダブルクリックすると、ファイルが解凍され、利用いただけます。

●注意
※読者特典データのダウンロードには、SHOEISHA iD（翔泳社が運営する無料の会員制度）への会員登録が必要です。詳しくは、Webサイトをご覧ください。
※読者特典データに関する権利は著者および株式会社翔泳社が所有しています。許可なく配布したり、Webサイトに転載することはできません。
※読者特典データの提供は予告なく終了することがあります。あらかじめご了承ください。

本書内容に関するお問い合わせについて

このたびは翔泳社の書籍をお買い上げいただき、誠にありがとうございます。弊社では、読者の皆様からのお問い合わせに適切に対応させていただくため、以下のガイドラインへのご協力をお願い致しております。下記項目をお読みいただき、手順に従ってお問い合わせください。

●ご質問される前に
弊社Webサイトの「正誤表」をご参照ください。これまでに判明した正誤や追加情報を掲載しています。

正誤表　https://www.shoeisha.co.jp/book/errata/

●ご質問方法
弊社Webサイトの「書籍に関するお問い合わせ」をご利用ください。

書籍に関するお問い合わせ　https://www.shoeisha.co.jp/book/qa/

インターネットをご利用でない場合は、FAXまたは郵便にて、下記までお問い合わせください。電話でのご質問は、お受けしておりません。

〒160-0006　東京都新宿区舟町5　（株）翔泳社　愛読者サービスセンター
FAX番号　03-5362-3818

■回答は、ご質問いただいた手段によってご返事申し上げます。ご質問の内容によっては、回答に数日ないしはそれ以上の期間を要する場合があります。
■本書の対象を越えるもの、記述個所を特定されないもの、また読者固有の環境に起因するご質問等にはお答えできませんので、予めご了承ください。

※本書に記載されたURL等は予告なく変更される場合があります。
※本書の出版にあたっては正確な記述につとめましたが、著者や出版社などのいずれも、本書の内容に対してなんらかの保証をするものではなく、内容やサンプルに基づくいかなる運用結果に関してもいっさいの責任を負いません。

※本書に記載されている会社名、製品名、サービス名はそれぞれ各社の商標および登録商標です。

[監訳者紹介]

島岡未来子（しまおか・みきこ）

早稲田大学研究戦略センター教授／アントレプレナーシップセンター副所長
神奈川県立保健福祉大学　ヘルスイノベーション研究科教授/副研究科長
早稲田大学にて2013年に博士号取得（公共経営）。大学における起業家教育の強化に向けた「文部科学省グローバルアントレプレナー育成促進事業（EDGEプログラム）」、「次世代アントレプレナー育成事業（EDGE-NEXT）」の採択を受け早稲田大学で実施する「WASEDA-EDGE　人材育成プログラム」の運営に携わり、2016年より事務局長代行、2019年より事務局長。東京大学・東京工業大学・早稲田大学が主幹を務めるGTIE（Greater Tokyo Innovation Ecosystem）プログラム代表補佐。授業ではデザイン思考、リーンローンチパッド、企業内新規事業、コーチング等の科目を担当。2019年度春学期早稲田大学ティーチングアワード総長賞受賞。共著書に『Innovation in Global Entrepreneurship Education: Teaching Entrepreneurship in Practice』Edward Elgar(2020)、『場のイノベーション』（中央経済社）など。

朝日透（あさひ・とおる）

早稲田大学理工学術院先進理工学部生命医科学教授
1986年早稲田大学理工学部応用物理学科卒業、1992年博士（理学）、2007年経営学修士を取得。早稲田大学グローバル科学知融合研究所所長、ナノ・ライフ創新研究機構副機構長、「WASEDA-EDGE人材育成プログラム」副実行委員長を務め、学際的研究、アントレプレナーシップ教育、および博士人材の育成に精力的に取り組む。JSTスタートアップ・エコシステム形成支援事業『Greater Tokyo Innovation Ecosystem（GTIE）』のコアメンバー、内閣府ムーンショット型農林水産研究開発事業アイ・エフ・キューブ　プロジェクトの副プロジェクトマネージャーを務める。専門は、キラル科学、生物物性科学、結晶光学、機能性薄膜、循環型食料生産システムの研究。

山川恭弘　（やまかわ・やすひろ）

バブソン大学アントレプレナーシップ准教授
起業道、失敗学、経営戦略、及び国際ビジネスの分野で教鞭をとる。ピーター・ドラッカー経営大学院にて経営学修士課程修了（MBA）。テキサス州立大学にて国際経営学博士号取得（PhD）。リサーチの領域は、失敗からの学び、倒産法の国際比較、新規産業の創造等、執筆活動はアントレプレナーシップに関する多数の学術論文にわたる。日本での近著は『全米ナンバーワンビジネススクールで教える起業家の思考と実践術：あなたも世界を変える起業家になる』（東洋経済新報社）。10年間エネルギー業界にて新規事業開発やスタートアップ設立の経験を持つ。数々の起業・経営コンサルに従事するとともに、自らもベンチャーのボードメンバーを務める。ベンチャーカフェ東京共同設立者・代表理事。

[翻訳者紹介 T-UNITE+ チーム]（50音順）

伊藤紗也佳（いとう・さやか）
神奈川県立保健福祉大学イノベーション政策研究センター研究員。専門は技術経営学、社会科学。
ルール整備やアントレプレナー人材育成など、イノベーション促進のための社会基盤づくりを主な研究対象としている。アントレプレナーシップ関連のワークショップを多数開催し、小学生低学年向けのアントレプレナー教育プログラムの開発を行うなどしている。

枝川義邦（えだがわ・よしくに）
立命館大学OIC総合研究機構教授。早稲田大学理工学術院教授などを経て現職。研究分野は、脳神経科学、人材育成・組織開発、消費者行動など、人を中心とした経営システム工学。早稲田大学 T-UNITE － バブソン大学 Global Symposia for Entrepreneurship Educators（SEE）プログラム修了。

大森峻一（おおもり・しゅんいち）
早稲田大学理工学術院経営システム工学科准教授。専門はオペレーションズ・マネジメント、サプライチェーン・マネジメント。
早稲田大学にて2020年よりアントレプレナーシップ教育に携わり、複数のプログラムの企画運営に携わる。海外の大学や研究・教育機関とも連携し、デザイン思考を学ぶワークショップ、大企業とスタートアップのマッチングイベント、学生向けの英語でのピッチイベントなどを展開している。

軸屋泰隆（じくや・やすたか）
京都大学経営管理大学院博士後期課程、京都大学経営管理大学院グリーンアントレプレナーシップ寄附講座リサーチフェロー（RF）。専門はアントレプレナーシップ、ストーリーテリング、シンボリック相互作用論、認知科学。

鈴木祥之（すずき・よしゆき）
早稲田大学系属早稲田実業学校教諭。専門は数学（偏微分方程式）。
慶應義塾大学 基礎理工学専攻 数理科学専修 修了。『体系数学』（数研出版）、『Focus Gold Junior』（啓林館）編集協力者。早稲田実業学校の総合的な探究の時間「早実セミナー」にて、早稲田大学や国分寺市役所、民間企業などと連携しながらアントレプレナーシップ教育を実践している。

二歩裕（にぶ・ゆたか）
東海国立大学機構名古屋大学糖鎖生命コア研究所（iGCORE）戦略推進室、特任准教授・副室長。専門は研究マネジメント、分子生物学。
1995年に博士（農学）を取得。その後、18年間渡米し、大学においてポスドクやPIとして分子生物学の基礎研究に従事。2015年に帰国し、スタートアップ支援を含む研究マネジメントへ転身。2022年より現職。2019年より都立大の非常勤講師としてデザイン思考的教育法を取入れた運動分子生物学の集中講義を担当。

前畑英雄（まえはた・ひでお）
東京農工大学先端産学連携研究推進センター特任准教授、主任リサーチアドミニストレーター。専門は高分子材料化学（工学博士）及びオープン・イノベーション戦略（MBA）。
富士ゼロックス（株）にて、米国ゼロックス社、米国、カナダ等海外大学、スタートアップ企業等と連携し研究開発、事業開発を実践。2021年5月より現職、大学発スタートアップ支援を担当。

松野思迪（まつの・ことみち）
早稲田大学講師。専門はオペレーションズ・マネジメント（プロダクション・システム・エンジニアリング、サプライチェーンマネジメント）。
バブソン大学のアントレプレナーシップ教育プログラム、デザインシンキング・エフェクチュエーション原則などに基づく国内外のアントレプレナーシップ教育に携わる教員研修プログラムに参加。アントレプレナーシップを活かした組織マネジメントをテーマとする実証研究に取組む。

吉田伊織（よしだ・いおり）
東京都立白鷗高等学校・附属中学校公民科教諭。
早稲田大学大学院教育学研究科高度教職実践専攻を卒業後、現職。
著作に『高校文化祭の教育論 生徒の自主性・主体性を育てるために』（学事出版）がある。

吉田穂波（よしだ・ほなみ）
神奈川県立保健福祉大学大学院 ヘルスイノベーション研究科教授。専門はヘルスケア、産婦人科診療、コミュニケーション、産官学連携、人材育成。
日独英米での臨床経験を経てハーバード公衆衛生大学院留学。官公庁や自治体で公共政策や人材育成に携わり、臨床医・研究者・教育者としてアントレプレナーシップを実践。著書『「頼る」スキルの磨き方』（KADOKAWA）でもアントレプレナーシップ教育を紹介し普及に努める。

ブックデザイン　喜來 詩織（エントツ）
DTP　　　　　株式会社 明昌堂

世界一の
アントレプレナーシップ
育成プログラム

革新的事業を実現させるための必須演習43

2023年12月18日　初版第1刷発行

著者　　　ハイディ・M・ネック
　　　　　カンディダ・G・ブラッシュ
　　　　　パトリシア・G・グリーン
監訳　　　島岡 未来子、朝日 透、山川 恭弘
翻訳　　　T-UNITE＋ チーム
発行人　　佐々木 幹夫
発行所　　株式会社 翔泳社（ https://www.shoeisha.co.jp ）
印刷・製本　中央精版印刷 株式会社

ISBN978-4-7981-8230-8　　　　　Printed in Japan